Esta colecção
tem como objectivo proporcionar
textos que sejam acessíveis
e de indiscutível seriedade e rigor,
que retratem episódios
e momentos marcantes da História,
seus protagonistas,
a construção das nações
e as suas dinâmicas.

1 - HISTÓRIA DOS ESTADOS UNIDOS DESDE 1865
Pierre Melandri

2 - A GRANDE GUERRA - 1914-1918
Marc Ferro

3 - HISTÓRIA DE ROMA
Indro Montanelli

4 - HISTÓRIA NARRATIVA DA II GUERRA MUNDIAL
John Ray

5 - HITLER - PERFIL DE UM DITADOR
David Welch

6 - A VIDA DE MAOMÉ
Virgil Gheorghiu

7 - NICOLAU II
Marc Ferro

8 - HISTÓRIA DOS GREGOS
Indro Montanelli

9 - O IMPÉRIO OTOMANO
Donald Quataert

10 - A GUERRA SECRETA
Ladislas Farago

11 - A GUERRA DE SECESSÃO - 1861-1865
Farid Ameur

12 - A GUERRA CIVIL DE ESPANHA
Paul Preston

13 - A VIDA QUOTIDIANA NO EGIPTO NO TEMPO DAS PIRÂMIDES
Guillemette Andreu

14 - O AMOR EM ROMA
Pierre Grimal

15 - OS TEMPLÁRIOS
Barbara Frale

16 - NO RASTO DOS TESOUROS NAZIS
Jean-Paul Picaper

NO RASTO DOS TESOUROS NAZIS

Título original:
Sur la Trace des Trésors Nazis

«Sur la trace des trésors nazis» de Jean-Paul Picaper
© Tallandier Éditions, 1998.

Tradução: António Belo

Revisão da Tradução: Pedro Bernardo

Capa de José Manuel Reis

Depósito Legal nº 228902/05

Impressão, paginação e acabamento:
MANUEL A. PACHECO
para
EDIÇÕES 70, LDA.
Julho de 2005

ISBN: 972-44-1243-1

Direitos reservados para língua portuguesa
por Edições 70

EDIÇÕES 70, Lda.
Rua Luciano Cordeiro, 123 – 2º Esqº - 1069-157 Lisboa / Portugal
Telefs.: 213190240 – Fax: 213190249
e-mail: edi.70@mail.telepac.pt

---

www.edicoes70.pt

Esta obra está protegida pela lei. Não pode ser reproduzida,
no todo ou em parte, qualquer que seja o modo utilizado,
incluindo fotocópia e xerocópia, sem prévia autorização do Editor.
Qualquer transgressão à lei dos Direitos de Autor será passível
de procedimento judicial.

JEAN-PAUL PICAPER

NO RASTO
DOS TESOUROS
NAZIS

edições 70

A iniquidade é capaz de se apossar da quantidade, mas o mal nunca concretizará o seu objectivo. Não te dediques a maquinar contra a espécie humana, pois os deuses castigarão quem o fizer...

Extraído das máximas do sábio Ptah-hotep
(Antigo Egipto)

I PARTE

Merkers ou a Descida aos Infernos

Comemorações

Abril de 1945. O III *Reich* ainda não capitulou, as tropas americanas acabam de entrar na Turíngia, província bem no centro da Alemanha, a meio caminho entre Frankfurt e Berlim, onde irão permanecer apenas alguns meses, pois Roosevelt pretende respeitar absolutamente a partilha territorial que conseguira arrancar a Estaline. Estava previsto que a Turíngia seria devolvida aos Soviéticos. Mas esta incursão numa região que, no fim de contas, poderia ter permanecido na sua posse e que lhes valeu críticas por a terem abandonado, vai permitir aos Americanos apossarem-se de um fabuloso tesouro: o ouro maldito das SS, extorquido aos judeus assassinados.

Talvez no Verão de 1944, se bem que ainda muito jovem, também pude contemplar os bens roubados pelo inimigo. Meu pai e os seus companheiros da Resistência tinham ido recuperar alguns camiões da Milícia carregados de cobertores, conservas, vestuário, equipamentos diversos e armas. Este espectáculo foi para nós tão espantoso como o foi para os soldados americanos quando se depararam com o ouro dos nazis. Algo que nem mesmo uma criança jamais esquece. Os cúmplices do ocupante tinham preparado a sua fuga, mas, apanhados desprevenidos pela Libertação, abandonaram armas e bagagens.

Eis-me na Baixa Saxónia, no dia 15 de Abril de 1995. Alguém entoa um *kaddish*, a oração pelos defuntos judeus, junto ao memorial de Bergen-Belsen, na presença de Helmut Kohl, Gerhard Schröder, do Presidente da República Federal, Roman Herzog, e de muitos outros representantes da classe política alemã. Estavam também presentes personalidades e diplomatas israelitas e de outras nacionalidades. Também lá se encontravam sobreviventes, vindos um pouco de todo o lado: da Holanda, França, Israel e da Alemanha. Ao meu lado, os oficiais do *Bundeswehr* tiraram a boina.

Os seus uniformes em tom antracite são a antítese discreta dos usados pelas SS de Himmler e pelos seus sósias da RDA, os Grepos de Erich Honecker, concebidos para impor respeito. Nas forças armadas da democracia alemã, também o espírito se alterou profundamente. Estes mesmos militares haviam desfilado no 14 de Julho de 1994 nos Campos Elíseos, como irmãos de armas dos nossos soldados. E em 1998, por iniciativa de Volker Rühe, ministro da Defesa, um grupo de aspirantes a oficial alemães efectuou um estágio junto do Exército israelita, que se diz ser o melhor do mundo.

Sob o céu limpo, um ligeiro vento primaveril sopra sobre esta multidão reunida junto à base do obelisco da memória. A brisa perpassava pelas alamedas cimentadas e pelo Muro das Lamentações pejado, nesse dia, de coroas e palmas de flores. Introduzia-se nos túmulos onde jazem os restos de milhares de mortos anónimos. A assistência encontrava-se em profundo silêncio e recolhimento. Ao longe, o sol brilhava na floresta de bétulas do Norte da Europa.

Algures nesta terra de Bergen-Belsen repousam as ossadas da pequena Anne Frank. Nas décadas de 50 e 60, milhares de alunos alemães leram o seu diário íntimo, escrito num caderno escolar num sótão de Amsterdão, onde a *Gestapo* a foi buscar para a levar para a morte. Também aqui foi internada Francine Christophe, uma judia francesa com quem travei conhecimento. Após ter lido o seu livro *Une petite fille privilégiée* [Uma Jovem Privilegiada] onde relata as suas memórias do período da ocupação de Paris pelos nazis, de Drancy e de Bergen-Belsen, passei a chamar-lhe a «Anne Frank Francesa». Mas ela, milagrosamente, sobreviveu.

É pena que, para sua própria punição, os sequazes de Hitler, os arruaceiros e os assassinos do III *Reich* – e não os desprezíveis jovens nazis de hoje – não possam ver a Alemanha rejeitar completamente a sua funesta doutrina! E ser magnificamente bem sucedida a sua democracia! E perceberem que, ao servir a paz, a tolerância e o compromisso, a República Federal Alemã tornou-se mais próspera e mais poderosa do que o seu arrogante *Reich* de Mil Anos! Enquanto primeiros responsáveis, os Alemães fizeram *mea culpa* como nenhum outro povo europeu o havia feito, abominando na sua grande maioria o nazismo e todos os outros totalitarismos.

Chegou então a altura de o Presidente Roman Herzog discursar. Dirigiu-se simultaneamente à juventude do seu país e da Europa. Perto do final da sua alocução, este professor de Direito e antigo presidente do Tribunal Constitucional deixou um inesperado aviso, dizendo, em suma, que não devemos imaginar que vivemos num mundo sem ameaças. Felizmente que o III *Reich* desapareceu para todo o sempre e que a História nunca se repete da mesma forma. Mas o totalitarismo poderá ganhar formas que ainda não conseguimos imaginar. Não esqueçamos, permaneçamos vigilantes.

Num livro recente, o presidente do Pen-Club alemão, Carl Amery, combateu a ideia de que Hitler foi um acidente da História, uma ruptura fortuita na nossa época de progresso e de humanização dos costumes. Assim, o nazismo permanece sem explicação, escreve este autor, porque consegue escapar às formas do pensamento tradicional da nossa cultura euro-atlântica, herdeira da Renascença e do Movimento das Luzes. Contudo, segundo ele, essa negação agressiva da civilização e esse recuo para a mais obscura das barbáries que se chamou III *Reich* foram o sinal precursor do nosso futuro.

Muitas vezes admiramo-nos que um regime tão monstruoso tenha conseguido germinar sobre o húmus do humanismo alemão. Obcecado pela ideia de espaço vital, de autarcia e de purificação étnica, o hitlerianismo foi contudo o primeiro a colocar a questão da sobrevivência dos europeus em termos de concorrência num mundo de recursos limitados e ameaçado pelo sobrepovoamento. Acresce, ainda, que as soluções violentas e abruptas foram as mais perniciosas. Mas, sem concordar com todas as extrapolações de Amery, devemos estar-lhe gratos por ter tentado explicar este paradoxo. Não será lógico que estas perguntas tenham sido postas na Alemanha, o país tecnologicamente mais avançado e intelectualmente mais precoce, mas psicologicamente o mais frustrado e materialmente mais destabilizado da Europa da década de 30?

Torna-se necessário pensar em soluções para os problemas que o novo século coloca, mas sem voltar a cair no trilho do totalitarismo e da coerção. Guardemos o aviso e saibamos, desta vez, barrar o caminho aos que se aproveitam dos tempos de crise.

Neste princípio do século XXI, a História volta a desenrolar-se diante dos nossos olhos, qual rio negro, largo e profundo, incomensurável. No fundo do seu leito jaz o ouro e dele brota o sangue de milhões de mortos. Os tesouros escondidos manchados de sangue sempre fascinaram o Homem. Mas o livro cuja primeira página foi aberta em 1945 em Merkers ultrapassa em horror as histórias de piratas e de capa e espada. As suas personagens, os responsáveis nazis, foram os malfeitores de uma aventura demoníaca. Mais de meio século depois, o ouro de Merkers faz luz sobre uma tragédia sem paralelo na História.

1

O Ouro

A noite cai nesse 4 de Abril de 1945 sobre a pequena cidade de Merkers, na Turíngia. Normalmente, as ruas deveriam estar desertas, pois fora decretado o recolher obrigatório. De regresso ao seu aquartelamento um grupo de oficiais americanos cruza-se com duas jovens. Interrogam-nas, e uma delas diz, num inglês titubeante, que a amiga estava prestes a dar à luz e que se encontravam na rua porque estavam à procura de um médico. Os militares conduziram-nas à sua clínica e a conversa prosseguiu entre a alemã e os ocupantes.

Estes procuravam saber como a população alemã tinha vivido os últimos dias da guerra e se os nazis se encontravam emboscados algures. No momento, essa era a grande preocupação dos Aliados. Felizmente, ela mostrou-se desnecessária. A jovem fala muito e incidentalmente menciona que tinham chegado alguns comboios de camiões, transportando oficiais das SS e alguns senhores em traje civil, talvez elementos da *Gestapo* ou figuras importantes do Partido Nazi. Ela ignora a razão destas idas e vindas.

A ditadura tinha os seus segredos, que mais valia ignorar. Todavia, isso não impedia a população de esquadrinhar o que eles faziam, apesar de darem a entender que tapavam os olhos, os ouvidos e a boca com as mãos, sendo cegos, surdos e mudos. Não queriam pagar com a liberdade ou com a vida o facto de terem visto ou ouvido o que não podia ser visto ou ouvido.

Mas, agora, as línguas soltavam-se. Por fim a mulher narra o rumor que corria sobre a existência de um tesouro escondido na região. Um tesouro pertencente aos nazis? Seria o objecto dessa «acção noite e nevoeiro» que ela tinha observado? Sabia apenas que os prisioneiros de guerra tinham ajudado a transferir caixotes e sacos para um esconderijo não longe da cidade. Começaram, então, a procurar febrilmente ex-PG, os prisioneiros libertados.

Após terem sido interrogados, estes guiaram os militares até ao local: uma antiga mina de sal turíngia. A 6 de Abril de 1945, os militares americanos escavaram um troço entre a entrada emparedada da mina de Merkers e penetraram numa verdadeira caverna de Ali Babá. Registaram a existência na mina de 220 toneladas de ouro, uma enorme fortuna! Foi como no final dos contos orientais, quando o herói acaba por descobrir um esconderijo com cofres repletos de pedras preciosas, de jóias e de dinares em ouro que rebolam a seus pés, rodeados de obras de arte de rara preciosidade.

Em 1945, enquanto os Russos avançavam sobre Berlim, o presidente do Reichsbank, Walther Funk, deu ordens para serem transferidas as reservas de ouro para essa mina do maciço do Reno. Foram igualmente transferidas obras de arte de grande valor, em que se incluía um Manet, roubadas pelas SS aos legítimos proprietários nos países ocupados. E, por fim, os livros da contabilidade onde Albert Thoms, responsável pela divisão de metais preciosos do Reichsbank, tinha inscrito as entregas de ouro e de jóias retiradas aos detidos dos campos de concentração. Estas riquezas foram inventariadas com a designação de código «Melmer», nome de que mais tarde iremos compreender o significado, e depositadas numa conta em nome de um fictício «Max Heilinger». Os apontamentos de Melmer, o guardião do ouro dos campos, encontravam-se igualmente na mina.

Existem fotografias históricas que mostram os GI estupefactos face aos 8000 lingotes de ouro encerrados em 207 contentores e sacos, caixas e malas repletos de jóias, alianças, relógios, cigarreiras, aros de óculos em ouro, taças e candelabros rituais, mas, também, por centenas de quilos de coroas dentárias em ouro ou em ligas de metais preciosos que os SS tinham retirado dos mortos dos campos de concentração. À época um repórter narrou: «Jamais algum daqueles soldados tinha visto tal coisa. Elaboraram um relatório dirigido ao seu comandante-em-chefe e a 12 de Abril Eisenhower inspeccionou o depósito. Ele não conseguiu dizer outra coisa que não fosse: "Jesus Cristo!"».

Em 1945, sem a existência do ouro, provavelmente os Americanos não se teriam apercebido da importância da sua descoberta. Compreenderam que tinham levantado o véu de um dos segredos mais bem guardados do regime hitleriano, uma *geheime Reichssache* [um assunto secreto do *Reich*]. Nas semanas que se seguiram, os Aliados encontraram na Alemanha outros esconderijos de metais preciosos. Mas nenhum deles tão importante como o de Merkers. Os responsáveis políticos sabiam já, por outras vias, que a maior parte do ouro não tinha ficado na Alemanha.

O desejo de «obter ouro» foi desde sempre uma das grandes tentações da humanidade. E o velho sonho medieval dos alquimistas volta a surgir no *Fausto* de Johann Wolfgang von Goethe, como também em *O Ouro do Reno*, de Richard Wagner, onde um pavoroso gnomo – no qual a exegese viu por vezes a caricatura pré-nazi do judeu – guarda um tesouro escondido no fundo de um rio alemão.

Mas por que acumularam os nazis todo esse ouro? A atracção mágica do metal precioso remontava às raízes do seu movimento. Não podemos esquecer que o nazismo mais não era do que uma seita política que acabou por se apoderar do poder do Estado. Nos seus primórdios, o movimento nacional-socialista estava ligado a sociedades secretas. A ordem negra visível na caveira das SS é disso característica. O seu chefe, Heinrich Himmler, até no Sul da França ocupada mandou homens da sua confiança procurar afincadamente o ouro do Santo Graal.

A sede de riquezas dos nacionais-socialistas já se manifestava em 1936, quando entre os que rodeavam Hitler se definiu que o principal objectivo do regime seria a militarização a todo o custo. Mas já na década de 20, quando o país se encontrava exangue e de joelhos e – pior aos olhos dos nazis – parcialmente ocupado e desarmado, a Alemanha se debatia com uma cruel falta de ouro para pagar a dívida de guerra. Assim, não espanta que os nazis se tivessem tornado «ouro-dependentes», como diríamos hoje.

O movimento nazi firmou-se logo no início dos anos 20, primeiro na Áustria e depois na Alemanha, favorecido pelo Tratado de Versalhes, que estrangulava economicamente o império defunto dos Hohenzollern, e pelo Tratado de Trianon, que pusera fim à secular dinastia dos Habsburgo. O desejo de vingança que fervilhava na extrema-direita alemã não visava somente a reconquista territorial mas também a reconstituição das riquezas perdidas. Lembremo-nos que na época a maioria das moedas estava indexada ao padrão ouro, o que hoje já não se verifica, e que só podiam obter moeda estrangeira mediante a entrega de lingotes de ouro. Ouro e armas, era esta a associação sobre a qual os nazis haviam jurado fazer assentar o seu «*Reich* Milenar».

Mas em 1937, o presidente do Reichsbank e ministro da Economia, Hjalmar Schacht, avisou o governo que as reservas em divisas e em ouro estavam esgotadas e que não era possível continuar a passar cheques em branco destinados ao relançamento industrial e à indústria de armamento. Se se fabricavam bens e se se pagavam os salários era necessário criar também poder de compra, segundo a opinião do economista Schacht.

Mas ele subestimava a vontade dos nazis de transgredir as leis da oferta e da procura. Como muitos outros, ele ainda não percebera a verdadeira natureza do regime de Adolf Hitler, o que lhe valeu perder o cargo e ser substituído por um nazi fanático, Walter Funk, e acabar a guerra num campo de concentração, juntamente com os autores do golpe de estado falhado de 20 de Julho de 1944 contra Hitler.

O regime tinha estendido a autarcia até aos limites do possível, mas, a longo prazo, não conseguiria fazer andar a sua máquina industrial sem efectuar aquisições nos mercados externos.

Quando Funk, por seu lado, deu o alerta em 1939, indicando que as reservas de ouro do Reichsbank se encontravam esgotadas, não teve outra via que não fosse dar início às hostilidades para ir buscar ouro onde quer que ele estivesse.

O que significa fora da Alemanha e da Áustria, onde já haviam sido roubados os bens dos «inimigos do povo», essencialmente judeus. Era preciso lançar a *Wehrmacht* à conquista de outros países e explorar outras fontes de riqueza. Por outro lado, os nazis deveriam manter algumas placas giratórias em funcionamento para escoar esse dinheiro mal ganho a troco de divisas, pois a abertura das hostilidades iria tornar o *Reichsmark* inconvertível. Essa situação já se verificava *de facto* desde Janeiro de 1937, quando o Reichsbank declarou que a antiga regra da cobertura monetária pelo ouro «tinha perdido a sua validade e que o *Reichsmark* se poderia tornar numa moeda operacional».

Se se pretendia absolutamente encontrar divisas, era necessário passar pelos países neutros, transformados em verdadeiras «bombas financeiras», ou seja, autênticas oficinas susceptíveis de fornecer divisas, contra a entrega de ouro, com as quais se poderiam adquirir nos mercados mundiais os produtos indispensáveis. Na sua maior parte, o ouro roubado mudava assim de forma, transformando-se em notas de banco e em material de guerra. O franco suíço tornou-se no meio de pagamento externo do *Reich*. A mina de Merkers e os outros depósitos não encerravam mais do que as reservas que ainda não tinham tido tempo para serem levadas para fora das fronteiras ou que estavam destinadas a consolidar as reservas do Reichsbank e dos bancos alemães. O restante encontrava-se adormecido nas casas-fortes dos países europeus neutros e passava para outros continentes após ter mudado de mãos. Fica evidente que os nazis não acumularam todo este ouro com a finalidade de o entesourarem.

Quais os países que se prontificaram a servir de intermediários aos nazis na sua equação triangular «ouro alemão = divisas estrangeiras = produtos estratégicos»? O Japão e a Itália formavam o Eixo juntamente com a Alemanha, mas por seu lado tinham de sustentar o seu próprio esforço de guerra. Suíça, Suécia, Espanha, Portugal, Roménia e Turquia não estavam em conflito com Berlim nem envolvidos em guerra. Ainda mais longe, mas não fora do raio de acção dos submarinos alemães, a Argentina, com a sua importante colónia alemã, era um país amigo. No entanto, a maior parte destas nações não tinha suficiente peso financeiro e económico para ser uma ajuda eficaz para o III *Reich*. Foi assim que, pela força das coisas, fundamentalmente a Suíça e, de forma subsidiária, a Suécia acabaram por entrar neste jogo.

Em 1939, o ouro alemão chegava à Suíça em quantidades diminutas, mas em Maio de 1940, poucos dias antes da capitulação da França, a 10 de Junho de 1940, os Alemães efectuaram o seu primeiro grande depósito junto do Banco Nacional Suíço: 239 barras de ouro transformaram-se em poucos minutos em sonantes e pesados francos suíços. A ninguém ocorreu questionar sobre a proveniência daquele ouro. Somente o ministro dos Negócios Estrangeiros suíço de então, Marcel Pilet-Golaz, teria manifestado algumas dúvidas aos banqueiros do seu país sobre a licitude daquela transacção e dos pedidos de financiamento dos Alemães.

Sem dúvida que os governantes de Berna poderiam sempre invocar a razão de Estado. Mas, convencidos pelas vitórias de Hitler, parece que acabaram por obedecer em antecipação inúmeras vezes aos Alemães. Na Suíça havia resistentes e passadores de fronteira, mas havia igualmente simpatizantes dos nazis. No seu apogeu, o III *Reich* era um polvo cujos tentáculos sugavam o sangue da Europa. A Suíça, tal como os outros, embora não estivesse ocupada, era parasitada. O historiador suíço Werner Rings[1], autor do estudo *L'Or volé de*

---

[1] Para evitar notas incómodas, especificamos as nossas fontes no texto e na Bibliografia inserida no fim da obra.

l'Allemagne, escreveu que, em 1943, o presidente do Deustsche Reichsbank, Walter Funk, confessou que a Alemanha «não se teria aguentado mais de dois meses» se a Suíça tivesse parado de lhe fornecer divisas a troco de ouro. Seguramente que o ouro não foi o único móbil para desencadear a guerra e para a sua prossecução, mas foi um estímulo assaz poderoso para forçar a invasão dos países vizinhos. Como escreveu Maquiavel, «para ter soldados, é preciso ter ouro, mas com soldados pode-se ir buscar o ouro onde quer que ele se encontre».

Na posse de francos suíços, os nazis puderam, a partir de 1940, pagar os seus fornecimentos de matérias-primas, nomeadamente à Espanha, que era o país que lhes fornecia o volfrâmio. Walter Rings calculou que o valor do ouro transferido pelos nazis para a Confederação totalizou 1640 milhões de francos suíços, segundo a banca nacional, e 1716 milhões segundo as alfândegas. Rings descreveu a casa-forte onde se «manipulava» este ouro como uma divisão quadrada com 120m², cujas paredes estavam revestidas de armários de aço com portas gradeadas. O ouro, fundido em barras de doze quilos, estava empilhado nesses compartimentos. Cada lingote tinha o selo do banco central que o havia fundido e que garantia o seu peso e pureza. Na porta de cada um dos armários, um cartão indicava o número de barras e o banco central de origem. Uma vez por semana, três responsáveis do Banco Nacional Suíço desciam até àquela sala para fazer a contagem do *stock*. O edifício era guardado por uma unidade especial do Exército suíço.

Para pagar aos credores da Alemanha, o ouro era pura e simplesmente transferido de um armário para outro. As grades das portas alemãs foram abertas 110 vezes para ali serem colocadas 24 460 barras de ouro e 225 vezes para serem retiradas. Esta casa-forte de Berna continha o ouro roubado dos bancos centrais dos países ocupados. Existiam outras reservas confidenciais em Zurique e em Lucerna, bem como no reduto alpino.

Quer pelo lado dos suíços, que defendiam a sua reputação, quer pelo lado dos Americanos e dos seus aliados, que receavam que provocasse uma agitação que pusesse em causa a coesão do Ocidente, o ouro dos nazis foi um dos segredos mais bem guardados do pós-guerra.

Quando prosseguia os seus estudos na Suíça, o economista e romancista Paul Erdman deparou, em 1958, por acaso, com documentos de arquivos americanos que versavam sobre as conversações germano-suíças sobre o ouro que ocorreram durante a guerra. Incluiu alguns desses documentos na sua tese de doutoramento apresentada na Universidade de Lausana. Mal o Conselho Federal se apercebeu do facto, conta Erdman, procurou obstar à publicação do seu trabalho. O professor Edgar Salin, director do Departamento de Economia e, à época, também reitor da Universidade, qualificou esta atitude como uma ingerência na autonomia universitária e ameaçou tornar público o assunto. O governo suíço cedeu e a tese foi publicada em 1959.

No decurso do Inverno de 1978-79, um outro estudante suíço da Universidade de Berna, Peter Utz, encontrou novamente um grosso maço de documentos, perdidos nos Arquivos Federais suíços, que ilustravam estas transacções. A sua descoberta foi apresentada no decurso de um seminário de História realizado na Universidade de Berna, animado pelo historiador suíço Walter Hofer, célebre activista dos direitos humanos. Também este *dossier* tinha caído no esquecimento. Naquele momento, a classe política europeia e americana tinha os olhos virados para os euromísseis SS-20 soviéticos, ao mesmo tempo que a esquerda pacifista procurava por todos os meios impedir os Estados Unidos de instalarem os seus mísseis Pershing no nosso continente.

Durante a década de 80, os bancos suíços tiveram de suportar o fogo gerado por uma campanha de imprensa desencadeada pela publicação do livro do arquivista suíço Robert Urs Vogler, *Les tractations de l'or de la Banque nationale suisse avec la Deutsche* Reichsbank *de 1939 à 1945* [*As Transacções do ouro do Banco Nacional Suíço com o Deutsche* Reichsbank *de 1939 a 1945*], onde se afirmava que «o Banco Nacional tinha comprado ouro» ao banco central do *Reich* nazi «no valor de milhares de milhões» e que se podia «pensar que, já durante a Guerra, esse ouro alemão provinha em parte dos territórios ocupados e que tinha sido confiscado pelo Reichsbank, com total desprezo pelo direito dos povos». Contudo, estava ainda longe do valor total, tendo sido pressionado para se demitir.

Em 1983 surgiu também *La Nouvelle Histoire de la Suisse e des Suisses* [*A Nova história da Suíça e dos Suíços*], na qual o professor Hans Ulrich Jost escreveu que entre 1939 e 1945, o seu país tinha integrado *de facto* o espaço económico alemão e que tinha colocado as suas indústrias ao serviço de Berlim. Segundo Jost, a maior parte dos países neutros, nomeadamente Suécia e Portugal, recusaram o ouro alemão. Tornou-se então necessário que o metal amarelo germânico fosse branqueado pela Suíça. Esta conversão do ouro em divisas e em materiais efectuou-se, afirmava Jost, «sob o controlo do Banco Nacional e com autorização do Conselho Federal».

A seguir vem Jean Ziegler. Este professor de Sociologia da Universidade de Genebra e deputado suíço, homem com o aspecto sólido e rude de um camponês das terras altas, com sotaque germânico grave, é um rebelde nato. Passou toda a sua vida a desafiar a ordem estabelecida e a moral calvinista, como ele próprio afirma. Em Fevereiro de 1998, numa emissão da estação TV 5 Europe intitulada *Le Bonheur d'être suisse* [*A Felicidade de ser Suíço*], Ziegler autopsicanalisou-se, contando como se revoltou aos 14 anos contra o pai, um juiz que, segundo ele, tinha dificuldade em assumir a dupla consciência que lhe era imposta pela sua profissão. Mas a moral protestante que lhe havia sido inculcada pela mãe, que se resumia à divisa «Faz o teu trabalho», colou-se-lhe à pele para o resto da vida, conforme admitiu, permitindo-lhe superar, mediante um grande esforço diário, as metamorfoses de uma existência em contradição com a sua cultura helvética. Terceiro-mundista apaixonado e comunista expulso por força do seu espírito crítico, Ziegler – que calcorreou o mundo, em particular a África do Sul, onde combateu o *apartheid* – contou nessa emissão como, ainda bastante jovem, tinha entrado em contacto com Che Guevara aquando duma visita a Genebra do ídolo dos estudantes esquerdistas. O revolucionário latino-americano conduziu-o até ao terraço de um grande hotel da metrópole helvética, mostrou-lhe as luzes da cidade ao cair do dia, os letreiros dos grandes bancos e das empresas capitalistas, e dissuadiu-o de o seguir, dizendo-lhe: «Olha, tu és daqui, o teu combate está aqui.»

Não admira que este eterno adolescente sobredotado se tenha transformado num dos mais virulentos adversários do mundo bancário suíço e que seja perseguido nos tribunais por aqueles que ataca. Há ainda que acrescentar a sua predilecção pelo exagero e o seu talento de polemista que se exprime, por exemplo, no título de uma suas obras *La Suisse lave plus blanc*(*). Cinco anos depois, Ziegler prossegue a sua luta contra o *superego* dominante do pai, o juiz calvinista, e a sua moral destinada a julgar o homem primordialmente mau mas que só pode ser recuperado pelo trabalho, pela ascese e pelo perdão. É sempre ele que alimenta o fogo que os bancos não conseguem extinguir, ao mes-

---

(*) *A Suíça Lava Mais Branco*, Editorial Inquérito, Lisboa, 1990 (*N. do T.*)

mo tempo que a ofensiva sistemática do Conselho Mundial Judaico de Edgar Bronfman, de Nova Iorque, apoiada pelo combativo senador d'Amato, lhe veio dar uma preciosa ajuda.

«Entre 1939 a 1945 foram depositados no *bunker* do ouro de Berna lingotes, moedas, dentes de ouro num valor superior a 1,7 mil milhões de francos suíços. A este valor deve juntar-se uma quantia desconhecida de ouro roubado que foi vendido e depositado pelos SS ou seus agentes directamente nas contas abertas em sociedades fiduciárias, bancos privados, etc.», escreve Ziegler no seu livro *La Suisse, l'or et les morts*. Tais quantidades de metal precioso não poderiam ter sido transportadas em malas de viagem, antes foram levadas para a Suíça em comboios de camiões. Perante estes ataques, os bancos suíços não puderam permanecer durante muito tempo de braços cruzados.

Saberia a Suíça, na altura, que era criminosa a origem do ouro e do dinheiro depositados nos seus cofres e em contas bancárias? Ou teria sido obrigada a fechar os olhos? Será que nos poderemos colocar hoje na situação que então se vivia?

Para sobreviver, os países neutros tiveram de celebrar um pacto com o Diabo. O Diabo daquele tempo era alemão e para cear com o Diabo era necessário ter uma colher muito longa. A ameaça que se abatia sobre a Suíça, e em menor grau sobre a Suécia, com a Europa ocupada pela *Wehrmacht*, tinha-se tornado incontrolável. A Suíça estava cercada pelas potências do Eixo. A Suécia também estava encurralada. Na Primavera de 1940, os caçadores alpinos do general Dietl tinham repelido os Aliados em Narvik. A Dinamarca e a Noruega tinham passado para mãos alemãs e os Finlandeses eram seus colaboradores.

Em 1940, Hitler tinha recebido um relatório produzido pelas forças armadas, com base em documentos encontrados em La Charité-sur-Loire, segundo os quais a França e a Suíça se comprometiam a ajudar-se mutuamente para contra-atacar a Alemanha. O *Führer*, que tinha os Suíços em muito pouca consideração, ficou profundamente colérico. Começou de imediato a conceber as represálias. O secretário de Estado dos Negócios Estrangeiros, Ernst von Weizsäcker e o almirante Canaris, chefe da *Abwehr*(*), foram encarregados de informar os serviços secretos suíços das consequências graves que adviriam se o seu país continuasse a provocar o *Führer*.

(*) Serviço de contra-espionagem alemão (*N. do T.*)

Mas nada foi tão convincente como a *Blitzkrieg* de Hitler. A 5 de Julho de 1940 foi assinado o primeiro acordo de crédito com o III *Reich*, incidindo sobre 150 milhões de francos suíços. Em Fevereiro de 1941, a linha de crédito foi aumentada para 315 milhões de francos suíços, quatro meses mais tarde para 850 milhões e em 1943 para mais de mil milhões. Segundo Werner Rings, o apelo do lucro ditou também as concessões feitas aos conquistadores da época.

Todavia, a Suíça preparava a sua defesa no reduto alpino, de acordo com os planos do seu herói de então, o comandante-em-chefe general Henri Guisan. Como contrapartida dos créditos oferecidos, a Confederação podia comprar ferro, gasolina e carvão à Alemanha. Por outro lado, os Alemães autorizavam que a Suíça importasse, com trânsito através de França e de Itália, produtos alimentares originários da Europa e de outras regiões fora da Europa.

Segundo o Ministério dos Negócios Estrangeiros britânico, os nazis tinham depositado em países neutros o equivalente a 550 milhões de dólares americanos em ouro roubado a particulares judeus e aos bancos centrais dos países ocupados. O valor actual daquele montante seria qualquer coisa como 7 mil milhões de dólares (ou 10,5 mil milhões de marcos – cerca de 5,25 mil milhões de euros). De acordo com Elan Steinberg, director do Congresso Mundial Judaico (CMJ), 10% dessa riqueza tem origem nos prisioneiros dos campos.

Ora, na Europa só havia dois países realmente neutrais: a Suíça e a Suécia. A Suíça ocupava uma situação financeira e geopolítica mais interessante do que a Suécia, visto ser a placa giratória e o maior comprador do ouro do *Reich* nazi: no mínimo, 1,7 mil milhões de francos suíços, não exclusivamente o «ouro Melmer», recolhidos nos campos.

No decurso de um colóquio onde estiveram presentes testemunhas e historiadores, consagrado à «A Suíça durante a Segunda Guerra Mundial», organizado em Paris pelo Centro de Documentação Judaica Contemporânea, no princípio de Dezembro de 1977, o historiador suíço Philippe Marguerat defendeu o seu país, afirmando que a compra do ouro nazi pelo Banco Nacional em Berna «tinha sido um dos melhores trunfos de que a Suíça dispunha para dissuadir o *Reich* de a invadir». Segundo este professor da Universidade de Neuchâtel, a única coisa que se pode reprovar às autoridades helvéticas é «não terem explorado a imunidade alcançada para acolher refugiados».

O historiador falava de ouro: a 10 de Agosto de 1938, o encarregado de negócios suíço em Berlim foi-se queixar a Ernst Woermann, chefe da Divisão Política de Negócios Estrangeiros do *Reich*, do fluxo de refugiados judeus que estava a entrar na Confederação desde que Hitler anexara a Áustria. As autoridades suíças não queriam de modo algum uma «judeização» do seu país, conforme acentuou Woermann. O chefe da polícia do Ministério da Justiça de Berna, Heinrich Rothmund, declarou que «a Suíça tem tão pouca necessidade de judeus como a Alemanha». Em 27 de Setembro de 1938, Rothmund esteve durante três dias em Berlim, na sede da *Gestapo* na Prinz-Albrecht Strasse, para negociar com o *Standartenführer SS* Werner Best, conselheiro jurídico de Heydrich, tendo conseguido que os passaportes de todos os judeus passassem a ser marcados «no alto da primeira página com um J vermelho de três centímetros». Assim, ficava facilitada a sua identificação e a cobrança daquilo que tinham a pagar a partir do momento que passavam a fronteira... Como contrapartida, a Confederação mantinha-se aberta ao ouro e ao dinheiro roubado aos judeus.

«A Suíça não podia rigorosamente fazer outra coisa que não fosse comprar o ouro do III *Reich*», afirmou o professor Marguerat, «mas o que faltou foi a prática pelas autoridades suíças das virtudes da humanidade e da caridade». Sem dúvida que tem razão. Entalada entre a *Grossdeutschland* [Grande Alemanha] de Adolf Hitler e a Itália de Benito Mussolini, a Suíça poderia no mínimo ter sido transformada num protectorado. Assim tivesse ela os recursos para sobreviver à sua arma secreta, a sua capacidade financeira: o dinheiro bancário, um sector onde dispunha de um assinalável conhecimento.

Mas a intervenção do professor provocou reacções diferentes entre a assistência. Os peritos em metais preciosos estimavam que o III *Reich* tenha adquirido 90% das suas divisas na Suíça; que o Banco Nacional suíço ainda possuía nos seus tesouros 12 mil milhões de francos suíços de ouro nazi. Políticos britânicos calculam que o ouro roubado no montante de 24 mil milhões de francos franceses ainda repousa entre o Lago de Genebra e o Lago Constança.

Outro historiador, Thomas Maissen, professor em Potsdam, definiu assim as motivações suíças: «Uma motivação monetária e uma motivação psicológica.» Graças ao ouro que lhe chegava, a Suíça podia limitar a massa monetária em francos que circulava e assim estancar a inflação. Quanto à motivação psicológica, aquela geração de banqueiros havia sido educada no culto dos efeitos benéficos do estalão-ouro. Eram prisioneiros da sua ideologia monetarista.

Como escreveu a revista económica alemã *Wirtschaftswoche*, «sem o papel de placa giratória do ouro que foi desempenhado pela

Suíça, a guerra na Europa teria terminado mais rapidamente, por falta de dinheiro».

Mas segundo Marguerat, não se pode acusar a Suíça de ter, com o seu comportamento, contribuído para o prolongamento da guerra, pois «paralelamente o Banco Nacional suíço e a Confederação venderam francos aos Aliados contra ouro num montante pouco mais ou menos equivalente». Se a Alemanha nazi lucrou com o seu comércio com a Suíça, acrescenta ele, os Aliados igualmente beneficiaram da indústria suíça e serviram-se de um país que tinha permanecido independente e neutro como «posto de observação único» sobre o que se passava na restante Europa ocupada. Só que a Suíça apenas intensificou as suas transacções com os Aliados a partir do momento em que a roda da fortuna deixou de sorrir aos Alemães nos campos de batalha.

No *Frankfurter Allgemeine Zeitung* de 23 de Maio de 1997, um perito alemão de Coblença, Wilhelm Heinz, escreveu: «Parece que esquecemos que a Suíça durante a guerra estava totalmente cercada pelos Alemães. Hitler tinha proferido a ameaça de fazer ingressar na asa protectora da mãe pátria alemã todas as regiões germanófilas da Europa. Esta espada de Dâmocles estava suspensa sobre a cabeça dos Suíços. Nenhuma potência do mundo, nem a América que hoje verte toneladas de acusações sobre a Suíça, o poderia impedir. O seu total isolamento obrigou a Suíça, quanto mais não fosse pela necessidade urgente de satisfazer as suas necessidades alimentares, a ter de se entender com os Alemães.»

O professor Marguerat admitia, no entanto, que a Suíça tinha a obrigação «moral, se não jurídica», de restituir o ouro ilegalmente apresado pelos nazis aos bancos centrais da Holanda ou da Bélgica e, «em menor escala», aos judeus deportados, «o que só em parte foi feito ».

Outro historiador suíço presente no debate, Marc Perrenoud, sublinhou a dependência da Suíça face à Alemanha antes e durante a guerra, estabelecendo um paralelo entre a política da Suíça e a de Vichy, na medida em que as autoridades helvéticas tinham praticado «uma política de acomodação económica e financeira para acalmar o poderoso vizinho e para o dissuadir a invadir o país».

Acomodou-se a Suíça por necessidade, foi um receptador passivo ou um ponto de passagem obrigatório? Ou foi antes um cúmplice activo? Com o álibi de alguns judeus colocados nos seus conselhos fiscais, de alguns célebres professores judeus e intelectuais alemães antinazis de renome nas suas universidades, compradora de ouro, fornecedora de créditos e intermediária nas aquisições de armamento, não teria ela adquirido o direito à sua não ocupação mediante uma colaboração financeira e económica dinâmica com o regime hitleriano?

Na televisão alemã, em Julho de 1997, após a transmissão de um documentário produzido pela BBC e intitulado *Nazigold und Judengeld* [Ouro Nazi e Dinheiro dos Judeus], o presidente do Congresso Mundial Judaico, Edgar Bronfman, e o seu secretário-geral, Israël Singer, pronunciaram um severo requisitório contra a Suíça, com particular insistência no tráfico de armas: «Nos hotéis de Berna, os nazis encontravam-se com banqueiros suíços e compravam quantidades enormes de armas suíças.» O que foi contestado pelo historiador suíço, o professor Rock, de Rheinfelden, especialista nesta matéria: «As importações militares originárias da Suíça não chegaram a representar 0,5% da produção alemã de armamento».

O filme acrescentava ainda: «Após o fim da guerra, até aos anos 50, os milhares de milhões que a indústria alemã havia escondido na Suíça foram repatriados para financiar o milagre económico. A nação vencida e os seus banqueiros prosperaram como jamais tinham podido imaginar».

Não foi então o Plano Marshall, mas sim o dinheiro alemão depositado na Suíça que permitiu recuperar a economia alemã das ruínas da Guerra? Uma tese audaz, contestada na estação televisiva Sat 3 pelo antigo secretário de Estado americano Paul Jones que garantiu que todas as contas alemãs na Suíça estiveram congeladas desde Fevereiro de 1945 até 1952.

Mas as vendas de armamento? Já nos anos trinta a Suíça entregava armas ao *Reich*. Durante o Verão de 1940, o negociante alemão Johannes Hemmen visitou Berna, levando uma lista de encomendas. Segundo o jornalista da *Spiegel* Peter F. Koch, autor de um livro muito bem documentado, embora polémico e pouco estruturado, sobre os depósitos secretos efectuados na Suíça, 80% da indústria de instrumentos de precisão, 75% da indústria relojoeira e 60% das fábricas de armamento suíças produziam para o *Reich*, tudo isto financiado pelos créditos conferidos pela Confederação à Alemanha.

Quando em 1941 o governo britânico teve conhecimento destas vendas enviou uma nota de protesto a Berna. O ministro suíço Hans Sulzer dirigiu-se a Londres. Após um ano de negociações, acabou por ceder e concordou que a Suíça poria fim a tais vendas. Só que os créditos oficiosos ultrapassavam largamente os créditos oficiais, como mostra o teor de uma nota do Reichsbank. Quanto às transferências de ouro alemão para a Suíça, não pararam de crescer. Passaram os 590 milhões francos suíços no ano da derrota de Estalinegrado e só começaram a cair até aos 16,8 milhões durante os quatro primeiros meses de 1945, e somente devido à falta de meios de transporte.

O nome de quem fez a entrega foi divulgado por uma nota da caixa central do Reichsbank datada de Março de 1944. Tratava-se do conselheiro ministerial Dr. Fritz Maede, representante do Ministério das Finanças do *Reich* em Sigmaringen. Qual a razão por que um funcionário tão importante se teria instalado numa cidade periférica sem importância? Porque se encontrava a dois passos da fronteira suíça. Ele deslocava-se regularmente a Berna para inspeccionar as reservas de ouro alemão e para as transformar em francos.

Só uma única vez, em Janeiro de 1945, o seu superior, Emil Puhl, director-adjunto do Reichsbank, fez o trabalho sem ele. Emil Puhl levava consigo ouro, sete toneladas no total, garantindo aos Suíços que se tratava de reservas constituídas antes da Guerra. Mas tratava--se ainda de dentes de ouro fundidos. Transportado por Puhl, o último carregamento passou a fronteira germano-suíça três semanas antes do suicídio de Hitler.

Esta aventura temerária em nada honra os Suíços. Desde 8 de Março de 1945 que se tinham comprometido, através de um acordo celebrado com os Estados Unidos, França e Grã-Bretanha, a não voltar a comprar ouro nazi e a identificar e a localizar o saque alemão.

No começo de Abril de 1945, quando o *Reich* já se encontrava praticamente ocupado e à beira da capitulação, os Alemães ainda deviam 17 milhões de francos suíços à Confederação Helvética, que se tinham comprometido pagar em ouro. A 13 de Abril de 1945, o Banco Nacional suíço enviou um camião do seu exército e um dos seus directores à fronteira alemã, em Kreuzlingen, para recolher o último carregamento de ouro do *Reich*.

Eles sabiam que tinham sido transportadas quatro toneladas de moeda e duas toneladas de lingotes para a filial do Reichsbank em Constança, a alguns quilómetros da fronteira, a fim de as porem a salvo dos Russos.

Mas o camião helvético viu ser-lhe negado o acesso ao território alemão. Os banqueiros suíços subornaram então alguns condutores de ambulâncias americanos. E foi assim que o último ouro nazi penetrou na Suíça, transportado num veículo pintado com uma cruz vermelha. Isto numa altura em que se sabia, porque fora testemunhado, que os nazis despojavam do ouro até os mortos dos campos de concentração.

Nesse 13 de Abril de 1945, três semanas antes da capitulação do *Reich*, o Banco Nacional suíço pode dar por encerrado o contrato com a Alemanha. A Europa estava reduzida a escombros, 55 milhões de seres humanos tinham perdido a vida, obras industriais e artísticas haviam sido destruídas em massa, mas a guerra praticamente nada custara aos Suíços.

O único dano de guerra importante que sofreram foi o bombardeamento da cidade fronteiriça de Schaffhausen, devido a um engano da Força Aérea norte-americana. Os Americanos compensaram-lhes os estragos com 52 milhões de francos suíços, após os contabilistas helvéticos os terem ameaçado com uma penalização de 5% de juros por atraso no pagamento. Durante a guerra, a Suíça conseguiu duplicar as suas reservas em divisas, fazendo-as passar para 4,9 mil milhões dos seus francos. Em Março de 1945, 30 milhões de francos suíços de aplicações alemãs garantiam uma dívida de 50 milhões. No fim das hostilidades, o *Reich* nazi tinha assim uma dívida 20 mil milhões de francos suíços para com a Confederação Helvética.

Até muito recentemente, todo o interesse versava sobretudo as armas e os exércitos do III *Reich*, esquecendo o outro elemento do seu poder, o ouro maldito roubado aos vencidos e às vítimas e o dinheiro sujo da tirania assim obtido com esse ouro. Esta dimensão sórdida estivera sempre mais ou menos oculta. Contudo, já durante o Verão de 1942, um antigo redactor do *Frankfurter Zeitung* assinalava, num artigo publicado no *Neue Zürcher Zeitung*, que «as potências do Eixo tinham consolidado o seu aprovisionamento de ouro com as suas vitórias». O governo de Londres admitiu que fora informado das transacções de ouro efectuadas durante a guerra.

Após a invasão da Checoslováquia, do esmagamento da Polónia e dos Estados bálticos, da ocupação do Benelux, da França, Dinamarca e Noruega, os bancos nacionais desses países foram alvo de pilhagem. Mas as suas reservas de ouro, que Berlim tinha largamente sobrestimado, foram rapidamente esgotadas. Era necessário encontrar novas fontes de capital. Jóias, diamantes, ouro dentário e mesmo tecidos pertencentes aos judeus foram transformados em dinheiro vivo.

Alertados, ao que parece pela União Soviética, que tinha obtido a informação por intermédio daquilo a que a *Abwehr* alemã chamava a «Orquestra Vermelha», os Britânicos passaram a vigiar a Suíça a partir de 1942. A Orquestra Vermelha foi desmantelada na Alemanha, mas um dos seus responsáveis, Rado, refugiou-se na Suíça juntamente com vários dos seus colaboradores. Eles accionaram três emissores, que informaram Moscovo através de mensagens cifradas até a contra-espionagem suíça ter conseguido descodificar os seus despachos. Rado foi bem sucedido no recrutamento de um colaborador, funcionário do Banco de Basileia, um imigrante polaco, encarregado das transações do ouro, que depois foi discretamente eliminado. Rado conseguiu escapar à prisão em 1943 e escondeu-se junto da comunidade comunista de Genebra, tendo-se escapado para França a bordo de um comboio que transportava leite.

A partir de Dezembro de 1943, os Britânicos endureceram o tom. Treze Estados em guerra contra a Alemanha dirigiram ao governo de Berna uma «Declaração contra os actos de expropriação» que especificava que as transacções que envolvessem ouro roubado seriam consideradas nulas e sem efeito e obrigariam à restituição sem indemnizações. Sob pressão dos Americanos, a Suíça aceitou reduzir os fornecimentos de armas, munições e aparelhos de óptica e de precisão aos Alemães. Em 22 de Fevereiro de 1944, Washington enviou a Berna uma *Gold Declaration*, avisando que lhe seriam pedidas contas sobre as aquisições do ouro. Primeiramente tinham avisado um alto funcionário do Banco Nacional.

Mas só após a Bulgária e a Roménia terem cortado com Hitler, da reconquista de Itália pelos Aliados e da libertação de Paris, e das tropas americanas terem chegado a Aix-en-Chapelle, é que os banqueiros suíços alteraram a sua política. Como forma de mostrar a sua boa vontade aos Aliados, a 26 de Fevereiro de 1945 congelaram todos os bens germânicos para os inventariarem, incluindo as contas privadas ilegais, procuraram fazer aprovar uma lei sobre a restituição do ouro e decidiram não aceitar mais ouro nazi. A 8 de Março de 1945, comprometeram-se então renunciar a efectuar qualquer transacção com a Alemanha.

Normalmente, seria necessário saldar as contas após a capitulação da *Wehrmacht*, mas a partir de 1947 o ramalhete era tão incómodo que preferiram remetê-lo para onde não pudesse ser visto. No final, as decisões tomadas em 1945 só foram aplicadas cinquenta anos mais tarde. Como se uma amnésia generalizada tivesse entretanto posto o problema entre parêntesis. Durante todo este tempo, houve apenas uma decisão judicial federal que obrigava os bancos, advogados e gestores de patrimónios a declararem todos os bens, moeda ou títulos existentes nos cofres-fortes «que se possam presumir pertencentes às vítimas do nazismo».

Quem alguma vez saberá quantas contas adormecidas esperam nos bancos suíços que chegue o seu príncipe encantado para as acordar? Recentemente foi encontrada uma conta de Lenine, com o equivalente a pouco mais de 150 francos suíços [cerca de 97,50 euros]. Desde tempos imemoriais, as pessoas enviam o seu dinheiro para a Suíça. Ainda deverá existir dinheiro em contas suíças dos nobres guilhotinados durante a Revolução Francesa. A seguir à guerra de 1870, os Franceses passaram a depositar as suas economias na Confederação, fazendo os Alemães outro tanto. Após esta derrota da França foi a Suíça que ficou encarregada de regularizar os pagamentos das reparações de guerra francesas ao império de Guilherme II.

As comunidades judaicas viraram-se muitas vezes para os bancos suíços. Ao longo dos séculos e em todos os países da Europa, menos na Suíça, tinham sido perseguidas ou expulsas a determinada altura. Razão por que tinham confiança neste país que funcionava como refúgio para os desesperados. Segurança e discrição, tal era a reputação da Suíça. Em 1934, o sigilo bancário passou a ter força de lei, sendo punida a sua violação com seis meses de prisão e cinquenta mil francos de multa. Na década de 30, a vocação de cofre-forte do planeta de que a Suíça gozava atraiu evidentemente todos os perseguidos.

Ao relançar em 1955 o debate sobre o ouro roubado pelos dirigentes nazis às suas vítimas e sobre as contas bancárias esquecidas destes, o Congresso Mundial Judaico de Nova Iorque e o seu presidente Edgar Bronfman abriram então a caixa de Pandora, considerando que o extermínio em massa dos judeus fora uma espécie de assalto e que ao fazerem circular ou ao colocarem o seu ouro e o seu dinheiro na Europa, e até talvez mais longe, os nazis tinham corrompido uma parte da elite alemã e estrangeira.

Corrompida tão eficazmente que após o fim da guerra se esqueceu não só esse ouro dos culpados como também as contas das vítimas existentes nos bancos. Como se anestesiam as consciências? Até 1943, os nazis eram vitoriosos, depois durante dois anos ainda viveram das suas conquistas, fazendo reinar a arbitrariedade nos países ocupados e instilando o medo naqueles que tinham permanecido neutrais. Num cenário destes é cómodo ignorar os malefícios e os seus autores e de se ater ao *business as usual* antes que as fontes se esgotem. Toda esta riqueza poderia acabar por cair em más mãos. Não estaria ela em segurança nos templos onde, desde sempre, foi venerada? O dinheiro não tem cheiro, mas o ouro ainda tem menos.

Infelizmente o homem é fraco face às grandes tentações. No que respeita às contas das vítimas e dos malfeitores caídos em desgraça, porquê e a quem as devolver se ninguém as tinha reclamado? Que financeiro se entregaria a tais excessos de zelo, quando se está perante saídas e não entradas de numerário?

Mas a sã gestão do dinheiro dos outros acabou por se virar contra os banqueiros suíços. Eles foram promovidos a bodes expiatórios das torpezas do III *Reich*, convencidos de que tinham sido suficientemente rapaces para com o ouro ensanguentado dos nazis. Tinham ocultado a existência das contas das vítimas e dos carrascos, não só por preocupação de confidencialidade, mas também por esperarem poder ficar com o dinheiro para si.

Só Deus sabe porquê, a atitude geral alterou-se em 1995. Ainda que os países ocidentais tenham mostrado pouca vontade em perseguir os criminosos nazis e em encontrar os tesouros perdidos por sua culpa ou em seu benefício, percebe-se que cinco ou seis anos após a queda do Muro de Berlim teve início uma nova era. De repente, a mudança de milénio apressa e excita. Era necessário que este problema das restituições fosse rapidamente regularizado: «Não podemos entrar no novo século sem ter resolvido os problemas do presente», afirmou em Dezembro de 1997 o secretário de Estado do Comércio americano Stuart Eizenstat, historiador e perito bancário.

Após meio século de silêncio, não seria fácil recuperar os bens roubados e os ladrões, da Europa à Argentina, passando pela Síria e pelos países neutrais da Europa, sem esquecer os vencedores de 1945. O tesouro dos nazis estava disperso pelo planeta, senão reciclado em investimentos efectuados por sociedades que tinham recebido benesses do regime hitleriano. Contas feitas, as decisões tomadas em 1943-1944 só foram aplicadas cinquenta anos mais tarde. A partir de 1947, os Aliados ocidentais tiveram de se reconciliar com os inimigos alemães de ontem e deixar de os importunar com os programas de desnazificação. Foi assim que uma amnésia colectiva ocultou o problema.

Como referiu Eizenstat, num relatório lido em 1996 durante uma audiência na Assembleia Federal suíça: «A Guerra Fria que tinha começado, a necessidade urgente de fazer recuar a União Soviética e a obrigação de apoiar uma Alemanha Ocidental democrática, aliada do Ocidente, conferiram prioridade às novas considerações securitárias. Este imperativo minorou a vontade dos Estados Unidos de exercerem pressões sobre os países neutrais no quadro da questão por resolver das restituições».

Torna-se necessário recuar um pouco e regressar ao período imediatamente a seguir ao fim da guerra. Segundo as actas de restituição elaboradas pelos Americanos no princípio dos anos 50, a lista das quantidades de ouro roubadas que ainda estava na sua posse subdivia-se em noventa e um capítulos.

Em 1996, o Presidente Clinton, pressionado pelo senador eleito por Nova Iorque, Alfonso d'Amato, perito em questões bancárias do Senado, retirou a classificação de segurança a catorze milhões de documentos sobre crimes de guerra (*War Crimes Disclosure Act*). De acordo com um deles, publicado no Outono de 1996 pelo *Nouvel Observateur*, 337 toneladas de ouro nazi recuperadas após a Guerra, isto é qualquer coisa como 70 milhões de dólares encontrados nos cofres do Reichsbank, teriam sido partilhadas por nove países: França, Checoslováquia, Itália, Jugoslávia, Polónia, Albânia e Grécia. A França teria recebido ouro belga e luxemburguês, mas tê-lo-ia devolvido aos seus antigos proprietários.

Existia também um relatório do Exército americano intitulado «O Saque das SS». Este documento, que foi utilizado pelas organizações judaicas e pelos senadores americanos para calcular em 1997 qual a quantidade que a Suíça recebera de ouro roubado pelos nazis, estimava, através de contas feitas imediatamente após o fim da guerra, em 36 milhões de *Reichsmarks*, ou seja cerca de 240 milhões de *Deutsche Marks* actuais [120 milhões de euros], o total de liquidez, metais preciosos e jóias roubados pelas SS desde 1942 até ao fim da guerra. O cálculo foi muito facilitado pela meticulosidade do Reichsbank, que inscreveu nos seus registos a proveniência do seu ouro, fosse daquele que guardava ou do que saía da Alemanha, bem como o destino das jóias roubadas que revendia. A contabilidade dos espoliadores caiu, como vimos, nas mãos dos Americanos.

No pós-guerra, os Americanos restituíram o essencial deste tesouro encontrado em Merkers e em outros locais aos bancos centrais dos governos espoliados, mediante a ajuda do contabilista de metais do Reichsbank, Albert Thoms. As organizações judaicas receberam somente uma pequena parte, «uma parte demasiado pequena», confirmou Stuart Eizenstat, encarregado dos cálculos. Mais, os «amigos» receberam mais do que tinham direito.

Em plena Guerra Fria, para os presidentes Truman e Eisenhower tratava-se de consolidar as reservas dos bancos centrais dos países aliados. Uma decisão sem dúvida injusta mas mais cómoda do que verificar um a um os pedidos de indemnização. Foi igualmente ditada pela razão de Estado e pela preocupação em garantir a coesão do bloco dos países livres face ao bloco soviético. Inegavelmente, foi de uma certa eficácia política.

Fontes alemãs recentes afirmam que países como a Checoslováquia ou a Albânia, que procuravam o seu ouro desaparecido, nada obtiveram e que Tirana ainda continua em busca do seu ouro, que estaria depositado no Banco de Inglaterra, retido graças a artifícios jurídicos. Contudo, tudo parece indicar que a Albânia e a Jugoslávia viram o seu ouro ser restituído pelos Americanos, razão pela qual se afastaram de Moscovo, lançando-se Tirana nos braços de um algo estranho maoísmo e Belgrado na chefia do Movimento dos Não-alinhados.

Foi assim que prevaleceram critérios de oportunidade política. Deste modo, o ouro roubado ao banco central italiano pelos nazis foi entregue ao banco central austríaco numa altura em que Washington temia que este país se passasse para a esfera de influência soviética.

Estamos assim em presença de uma série de problemas. Para se poder ter uma percepção clara é necessário classificar e distinguir vários conjuntos de documentos: os que respeitam às transferências de ouro do banco central do *Reich* para os bancos suíços; outros que são subsidiários, os das vendas de ouro nazi a outros países que não a Suíça; os referentes às contas abertas na Confederação Helvética por judeus entretanto assassinados pelos nazis; e, por fim, os que dizem respeito a contas abertas na Suíça pelos próprios nazis a título privado.

Do lado das restituições, os problemas são similares. No entanto, ao ouro devido aos bancos centrais dos países que sofreram a ocupação da *Wehrmacht* e ao ouro retirado às vítimas nos campos junta-se uma miríade de bens móveis e imóveis requisitados pelos nazis e seus cúmplices em prejuízo dos judeus e dos adversários do nazismo. Aqui incluem-se as contas bancárias e as apólices de seguro «esquecidas» na Suíça, mas também na Alemanha e noutros países. E por último, as reparações materiais devidas a todos os que sofreram, que foram condenados a trabalhos forçados, a confinamento prisional ou que perderam os seus entes queridos.

A sua dor vale bem o ouro. Mas não será possível indemnizar toda a gente nem reparar o mal que foi feito. A sua dimensão escapa aos normativos humanos.

2

A Morte

E foi assim que o metal amarelo de Merkers ficou manchado de vermelho. Nesta caverna cheirava a morte. Os oficiais americanos rapidamente se aperceberam disso. Havia restos orgânicos ainda agarrados a algumas próteses dentárias. Era como se aquele ouro queimasse as mãos dos que lhe tocavam. O metal que os antigos Egípcios chamavam «a carne dos deuses» simbolizava aqui a carne dos mortos.

Nos princípios de 1945, à medida que iam progredindo pelo *Reich* vencido, os Aliados acabaram por descobrir nos campos de concentração a morte colectiva. O horror que se lhes revelava ultrapassava tudo quanto os políticos ou os militares aliados poderiam imaginar, por muito bem informados que estivessem. Depois, aqueles que haviam testemunhado calaram-se, por pudor e por discrição, como o fez uma personagem-chave das relações franco-alemãs bastante mal conhecida, Henri François-Poncet, falecido a 5 de Junho de 1998 em Munique, com 74 anos de idade.

Era filho de André François-Poncet, embaixador de França em Berlim de 1931 a 1939 e posteriormente alto-comissário na Alemanha de 1948 a 1955. Henri François-Poncet conheceu o III *Reich*. Com 7 anos, tinha andado ao colo de Göring, que lhe dava presentes pelo Natal. Amigo das maiores famílias de industriais alemães, os Quandt, Flick, Oetker, Thyssen, Reemtsma, e de numerosos políticos da Alemanha do pós-guerra, tornou-se no embaixador do gosto francês além-Reno, sendo o representante naquele país da Moët et Chandon, Louis Vuitton e de Christian Dior. Foi um mágico da reaproximação franco-alemã que procurava pôr em contacto os cidadãos dos dois países.

Este homem mundano, que dizia com elegância «nunca ter escutado outra pessoa que não ele próprio», fora profundamente marcado por um acontecimento de que nunca falava. Somente com 21 anos, tenente do Exército francês e oficial de ligação no Norte da Alemanha, foi um dos que abriram, a 15 de Abril de 1945, as portas do campo de concentração de Bergen-Belsen, a norte de Hanôver. O espectáculo com que deparou era dantesco: estavam empilhados 13 000 cadáveres de detidos mortos de fome ou de tifo, alguns já em estado de decomposição. Dos 60 000 sobreviventes reduzidos à condição de esqueletos devido à fome, 13 000 morreram imediatamente após a libertação, muitos vítimas de alimentação contendo gordura e *corned beef* que lhes foi dada pelos Americanos. Os seus corpos depauperados não conseguiram suportar aquela alimentação tão rica.

Entre os sobreviventes, existiam alguns milhares de judias francesas. Contava Henri François-Poncet: «A primeira coisa que nos pediram foi que lhes arranjássemos pentes, espelhos e objectos de maquilhagem na aldeia vizinha para que pudessem retocar a sua beleza. No dia seguinte, era arrepiante ver aqueles rostos macilentos que tentavam ser belos de novo.» «Só aqueles que viveram aquela época é que podem compreender», dizia ele. Eis a razão por que se resolveu calar. Apesar do enorme crime que tinha testemunhado, este francês que falava perfeitamente a língua germânica «amava e admirava os Alemães com uma espécie de fascínio crítico», escreveu um jornal alemão no dia seguinte ao seu falecimento.

A *Shoah* foi o maior genocídio organizado de todos os tempos. O balanço do século XX deve tê-la em conta. Falando em massacres que deixaram um rasto doloroso na memória europeia, os três séculos de repressão ao cristianismo na Roma antiga saldaram-se em 18 000 mortos, a Revolução Francesa em 17 000 guilhotinados e massacrados e a Comuna de Paris em 20 000 fuzilados. Não se podem opor mortos a mortos, mas é evidente que o século XX foi o pior de todos.

Anteriormente, exércitos especializados na guerra combatiam entre si. Em princípio, os civis não eram molestados (se bem que, durante a Guerra dos 30 Anos, metade da população alemã existente à época tenha sido dizimada pela guerra, pela fome ou pela doença). Em contrapartida, os bombardeamentos e a artilharia mataram no decurso da última guerra mundial mais civis do que combatentes. A França perdeu milhão e meio de homens durante a Primeira Guerra e a Alemanha ainda mais. Os 68 meses da Segunda Guerra Mundial custaram a vida a qualquer coisa como 55 milhões de pessoas, sem referir os milhões de feridos e de mutilados, a destruição de cidades e a destruição de países. Jamais época alguma conheceu tamanha selvajaria.

A deriva em direcção à morte organizada e colectiva não fez a sua aparição no início do III *Reich*. «Em 1937-1938», constata o historiador alemão Ulrich Herbert, «este extermínio sistemático era ainda impensável». Procuram-se vários meios para se livrarem dos judeus, sendo o mais lucrativo a expulsão para o estrangeiro mediante contrapartidas financeiras. E posteriormente, os nazis esforçaram-se por camuflar tanto quanto possível o massacre. Mas não será preciso imaginar que, levados pelos acontecimentos, tenham criado por acaso os campos da morte. O apelo à morte estava inscrito nos cromossomas do seu movimento e no livro de Hitler, *Mein Kampf*. Existia na própria doutrina nacional-socialista, tal como no fascismo, uma tendência para a necrofilia. Mas só o nacional-socialismo era fundamentalmente racista. O mesmo não sucedia com os fascismos italiano ou espanhol. É este elemento mortífero que o distingue de todos os fascismos da sua época.

«*Obersturmbannführer*, quantos judeus foram mortos?», perguntava em 1944 um jovem SS a Adolf Eichmann. «Mais de cinco milhões», respondeu o responsável pela «Solução Final». «Mas o que acontecerá quando o mundo após a guerra perguntar o que se passou com esses milhões de pessoas?» Eichmann respondeu: «Cem mortos são uma catástrofe, um milhão são estatística.» Segundo o SS seu adjunto, Wilhelm Höttl, ainda hoje vivo, «Eichmann tinha falado em seis milhões de mortos, quatro milhões nos campos de extermínio e dois milhões mortos pelos pelotões de execução ou pelas epidemias».

Numa entrevista gravada que concedeu em 1956 sob o anonimato da sua falsa identidade argentina ao antigo SS holandês Willem Sassen, Eichmann afirmara: «De forma alguma me prostrarei aos pés da cruz. Não posso, porque no fundo de mim mesmo há qualquer coisa que me repugna admitir que estávamos enganados. Devo dizer com toda a franqueza: se dos 10,3 milhões de judeus que Korherr tinha contado (Korherr era inspector das estatísticas do gabinete do *Reichsführer SS*), tivermos efectivamente morto 10,3 milhões então ficarei satisfeito por poder dizer: "Bom, destruímos um inimigo!"»

A sua obra enchia-o de orgulho. Nas setenta bobines de gravação da entrevista com Sassen, das quais só algumas foram preservadas, ele fez um balanço da sua vida «na plena posse da sua liberdade física e psíquica». Em 1945, nas ruínas de Berlim, afirmou ao seu amigo *Reichsicherheitshauptman* Dieter Wisleceny: «Se for preciso, darei saltos de alegria sobre a campa, pois o sentimento de ter cinco milhões de judeus a pesar-me na consciência dá-me uma sensação de grande satisfação.» Na Argentina, perante Sassen, desmentiu parcialmente aquela afirmação, ao afirmar que teria mencionado «inimigos do *Reich*» e não «judeus». Mas também nesse encontro referiu: «Se eu tivesse de desempenhar as funções de comandante de um campo de concentração, não teria agido de forma diferente (subentenda-se de Rudolf Höss, comandante de Auschwitz-Birkenau). Se recebesse a ordem para gasear ou fuzilar os judeus, eu teria executado essa ordem.»

Até ao fim dos anos 90 do século XX, os historiadores não dispunham de mais do que algumas magras provas do genocídio de Auschwitz, excepto os depoimentos do seu comandante Rudolf Höss, de Adolf Eichmann e de outros carrascos, bem como as de alguns raros sobreviventes. Ao abandonarem o campo, os nazis tinham dinamitado os fornos crematórios e as câmaras de gás e queimado os arquivos. Os erros e as contradições das testemunhas orais encorajaram os adeptos da pretensa «mentira de Auschwitz» a contestar a existência das câmaras de gás.

Conhecemos um professor primário alemão, Werner Krüger, que tinha sofrido com a guerra. Apesar «desse maldito uniforme» da *Wehrmacht* que usara, ele tinha procurado por sua conta e risco contactar com os vencidos, Franceses, Holandeses, nos países ocupados, e passados trinta anos ainda mantinha relações de confiança com antigos resistentes holandeses.

Sem dúvida que ele trouxe da «sua guerra bizarra» um gosto pelo segredo e pela rebelião, pois organizou imediatamente após o fim da guerra na zona soviética uma rede de resistência anticomunista, usando uma cooperativa leiteira como camuflagem. Acabou traído por um agente duplo, o seu contacto no Ocidente, tendo a rede caído nas malhas do KGB. Os seus membros, ele incluído, conheceram os calabouços soviéticos e depois os da Alemanha Oriental.

Admirador de Frederico, *o Grande*, e leitor dos clássicos da literatura, dedicou os últimos anos da sua vida a procurar febrilmente provas da não existência das câmaras de gás. Não acreditava que a Alemanha tivesse sido capaz de tal feito. Após o seu falecimento, foi encontrada na sua cave abundante documentação sobre o Zyklon B e Auschwitz, sobre a utilização de gases tóxicos como desinfectantes. Pretendia reabilitar o seu país e a sua cultura contra todas essas «calúnias». Morto prematuramente devido às sequelas dos seus

ferimentos e da sua detenção, repousa no cemitério de Berlin-
-Zehlendorf, a alguns metros da campa de Willy Brandt.

Outros, pelo contrário, consideraram Auschwitz o fim da história
alemã. Günther Grass era contrário à reunificação que ocorreu em
1989-1990, pois considerava que o seu país não tinha «mais o direito
a existir após Auschwitz». Mas esta opinião conduzia necessariamente à aprovação da existência do Muro de Berlim e a branquear os
crimes da STASI da Alemanha Oriental. Era a punição pelos crimes
da *Gestapo*, conclusão tirada pelo escritor no seu livro mais controverso, e literariamente bastante fraco, *Ein weites Feld* (*), surgido em
1995 e saudado por um artigo incendiário do seu ex-amigo, o crítico
literário Marcel Reich-Ranicki.

Auschwitz não deixa de pesar na consciência humana. Quando
foi perguntado ao escritor e jornalista franco-alemão Peter Scholl-
-Latour: «Deus morreu em Auschwitz?», ele respondeu: «Não, mas
o Diabo, esse mostrou-se, o *sheitan* que os Árabes esconjuram três
vezes por dia à pedrada.» Mas, em Auschwitz, os detidos não possuíam pedras para esconjurar o Maligno.

É a um velho «revisionista», o francês Jean-Claude Pressac, que
devemos hoje a existência de um balanço preciso sobre o massacre,
especialmente em Auschwitz-Birkenau. Conselheiro do Museu de
Auschwitz e do Museu do Holocausto em Washington, Pressac publicou em 1993 um livro intitulado *Les Crématoires d'Ausschwitz.
La machinerie du meurtre de masse* [*Os Crematórios de Auschwitz.
A Máquina do Assassínio em Massa*], após ter investigado 80 000
documentos da Direcção de Edifícios do campo, caídos em 1945 nas
mãos dos Soviéticos e mantidos em segredo pelo KGB até ao colapso da União Soviética.

Trabalhando com uma quantidade de plantas, de desenhos industriais, fotografias, orçamentos e a volumosa correspondência trocada
entre a direcção técnica do campo e as empresas de construção e os
fornecedores, este investigador conseguiu esclarecer certas contradições dos depoimentos das testemunhas. Pressac encontrou a prova
escrita da utilização do ácido cianídrico (ou ácido prússico), ou seja,
o Zyklon B. Corrigiu também algumas informações consideradas até
então como sendo dados históricos. Por exemplo, que os primeiros

---

(*) *Uma Longa História*, tradução de Maria Antonieta Mendonça, Editorial
Presença, Lisboa, 1998 (*N. do T.*)

gaseamentos não ocorreram em Setembro de 1941, como até aí se pensava, mas sim em Dezembro de 1941. Que o extermínio sistemático de mulheres, crianças e idosos judeus nas câmaras de gás não teve início em 1941, mas em Julho de 1942. Estas datas correspondem às da directiva a que dirigentes nazis chamaram «Solução Final» e ao lapso de tempo necessário para a pôr em funcionamento.

Depois da guerra, a comissão soviética de Auschwitz calculou em 5,5 milhões o número de pessoas mortas neste campo. O número oficial polaco situava-se em quatro milhões e assim permaneceu até 1990, data em que historiador polaco Francis Piper o reduziu a 1,1 milhões, número próximo do referido pelo seu colega americano Raul Hilberg que fala em 1,2 milhões em Auschwitz. Ao analisar os 46 registos dos falecimentos de deportados aptos para o trabalho conservados em Moscovo e ao fazer a interpretação cuidadosa de todos os dados técnicos, Pressac chega a 800 000 mortos.

Foram mortos pelo III *Reich* cinco a seis milhões de judeus, donde mais de três milhões nos campos e nas câmaras de gás. Mais de um milhão foram executados em fuzilamentos colectivos, nomeadamente na Europa Central, e cerca de dois milhões morreram de formas diversas durante as perseguições nazis. Em 1939, segundo cálculos mais precisos do que os dos nazis, viviam na Europa 9,2 milhões de pessoas de religião ou de cultura israelita. Em 1945, não restavam mais que 3,1 milhões. Em 1939, viviam no mundo 15 milhões de judeus. Em 1945, não eram mais que nove milhões. Hitler não foi bem sucedido na extinção do povo judaico, como o pretendera, mas o Holocausto deixou uma marca sangrenta nessa comunidade: mais de um terço dos seus membros foram eliminados pelo genocídio.

Ulrich Herbert, historiador da Universidade de Friburgo, lembra que durante o Holocausto foram executadas 1,8 milhões de crianças «e nem todas de forma organizada». O que significa que, por cada criança executada, existiu um assassino que podia ser, na sua terra, um bom pai de família. Em 20 de Julho de 1942 Adolf Eichmann dera ordem para as crianças serem igualmente deportadas para os campo de morte. Até Junho de 1944, 15 000 crianças judias francesas foram enviadas para as câmaras de gás. Muitas foram arrebanhadas por polícias franceses, auxiliares zelosos do ocupante. O organizador da morte declarou a Rudolf Höss, comandante de Auschwitz, que era necessário matar primeiro as crianças pois eram a «célula germinal da raça judia», a geração dos futuros vingadores.

Havia muitos assassinos, entre as pessoas «normais», e sem dúvida que depois da guerra, nos anos 50 e 60, muitos deles entre nós.

Apesar desta máquina de morte, não teria sido possível deportar e matar tanta gente sem inúmeros auxiliares. Estatisticamente, contudo, os carrascos foram uma pequena minoria, em comparação com a massa da população alemã e dos efectivos mobilizados pela *Wehrmacht*.

Sem dúvida que não se pode esquecer nesta pavorosa contagem a outra grande ditadura do século XX. *Le Livre noire du communisme* (*), publicado em 1998 pelo antigo maoísta Stéphane Courtois, dá conta de 80 milhões de vítimas do comunismo, ainda que tenha esquecido algumas do Terceiro Mundo.

Os debates desencadeados pela publicação deste livro começam a inculcar a ideia de que o comunismo, diferentemente do nazismo, era uma doutrina animada por boas intenções, mas que foi mal posta em prática. Esta interpretação foi muito propalada na segunda metade do século XX. Nem o célebre caçador de nazis Simon Wiesenthal lhe escapou.

Conta ele que «há alguns anos, ia cinco ou seis vezes por ano aos Estados Unidos para falar aos jovens das universidades. Penso que isto se passou na Universidade de Chicago. Perguntaram-me: "Qual é para si a diferença entre nacional-socialismo e comunismo?" Pensei durante dez segundos e disse: "O nacional-socialismo era na ideia e na prática um crime. O comunismo só é um crime na prática."»

Este ponto de vista não corresponde de forma alguma ao que sabemos actualmente. Não só no que diz respeito aos massacres, como também em razão do esbulho dos bens das vítimas, o marxismo--leninismo nada fica a dever ao nazismo. Ainda Stéphane Courtois, no seu livro *Qui savait quoi?* [*Quem Sabia o Quê*], consagrado ao extermínio dos judeus, realçou particularmente bem o silêncio do Partido Comunista Francês, mesmo depois do ataque de Hitler contra a Rússia em 1942, sobre o Holocausto dos judeus.

Courtois salienta que «a partir de Outubro de 1942 – quer dizer no momento em que precisamente começavam a surgir as primeiras informações sobre o genocídio – a imprensa afecta ao Partido Comunista não dedicou um único artigo à perseguição dos judeus, e nem sequer lhe fez qualquer alusão». A posição ideológica do PCF assemelhava-se estranhamente à dos nazis, racismo à parte, no sentido

---

(*) *O Livro Negro do Comunismo – Crimes, Terror e Repressão*, tradução de Maria da Graça Rego e Lila V., Quetzal Editores, Lisboa, 1998 (*N. do T.*)

em que o seu alvo era a pretensa «riqueza» dos judeus. É assim, assinala Courtois, que em Maio de 1942 *L'Humanité* denunciava o tratamento odioso aplicado «aos judeus despojados de meios de fortuna, mas denunciava na mesma penada dezoito "judeus capitalistas"».

A publicação do livro de Pressac provocou em 1993 o desmentido dos «revisionistas» que negavam o genocídio pelo recurso ao gás e o número dos judeus mortos nos campos. Herdeiros de Paul Rassinier, falecido em 1967, o francês Robert Faurison e o suíço Jürgen Graf contra-atacaram, o último mais documentado e sistematizado, alegando nomeadamente que os «exterminacionistas», como lhes chamavam, não tinham conseguido apresentar «uma única fotografia das câmaras de gás» e que o transporte dos corpos dos gaseados bem como a sua cremação posterior não eram tecnicamente possíveis. Graf punha igualmente em dúvida o testemunho do comandante de Auschwitz, Rudolf Höss, que desaparecera depois da guerra, mas que havia sido encontrado pelos Britânicos em Março de 1946 e que confessou ter gaseado 2,5 milhões de pessoas. Entregue à Polónia, redigiu de imediato as suas «notas biográficas» na prisão de Cracóvia antes de ser executado. Sem dúvida que Höss cometeu alguns erros quanto aos números, as datas e alguns nomes (por exemplo, a sua alusão ao campo de «Wolzek», inexistente segundo Graf, mas que se trata com toda a certeza de Belzec).

Importa salientar que a descrição feita por Höss dos procedimentos foi extremamente precisa: «Nós injectávamos o ácido cianídrico cristalizado Zyklon B por uma pequena abertura existente na câmara da morte. Eram necessários entre 3 e 15 minutos, dependendo das condições atmosféricas, para matar as pessoas que ali se encontravam encerradas. Sabíamos quando as pessoas estavam mortas porque deixavam de gritar. Normalmente esperávamos uma meia hora antes de abrir as portas. Após os cadáveres serem retirados, os nossos agrupamentos especiais retiravam os anéis e extraíam os dentes de ouro dos corpos.» A nova câmara de gás de Auschwitz, precisou Höss, comportava 2000 pessoas de cada vez, enquanto que cada uma das dez de Treblinka não levava mais que 200.

Graf afirma que o Zyklon B permanecia no ar e que não se poderia ali entrar sem arriscar a vida. Mas – confirmado por Höss – os detidos que retiravam e despojavam os corpos eram eles próprios também executados periodicamente a fim de serem substituídos por outros, dado que as suas vidas não tinham qualquer importância. Por outro lado, dado tratar-se de um produto desinfectante frequentemente utilizado em depósitos e fábricas de moagem, o espaço de meia hora, com ventilação para o neutralizar, era realista. Quanto à ignorância dos Aliados e de outros, ela é plausível dado tratar-se de uma tarefa mantida secreta sob pena de morte. Quanto a saber, como avança Graf, por que os judeus se deixaram condenar sem resistir; por que razão os Aliados não bombardearam as câmaras de gás, por que razão os dirigentes nazis começaram por negar o genocídio; qual a razão por que o Vaticano e a Cruz Vermelha permaneceram mudos... as respostas são tão evidentes que é inútil formular perguntas.

Estes factos estão hoje de tal forma provados que as leis que os impedem de ser contestados, tanto na Alemanha como em França, deverão ser consideradas supérfluas. Os argumentos do principal crítico americano do genocídio, Arthur Butz (*A Impostura do Século XX*), também não suficientes para convencer. Existem vários testemunhos dos gaseamentos em Auschwitz, nomeadamente do judeu eslovaco Filip Müller, membro dos agrupamentos especiais, que sobreviveu cinco vezes a acções de liquidação, narrados em livro da sua autoria e publicado em 1979. A tarefa de Müller era «arejar as câmaras durante alguns minutos». Esta abordagem não contradiz os depoimentos de Höss: os detidos, evidentemente, não tinham relógios e a noção do tempo, em cativeiro, torna-se fluida. Analisaremos mais detalhadamente outros testemunhos.

O Holocausto foi a morte colectiva mais espectacular do século, se não da História, por três razões: visava uma determinada comunidade, foi «telecomandado» e optimizado a partir de Berlim e a sua execução permaneceu de princípio a fim na mão dos mesmos aparelhos repressivos. A ponto de os seus organizadores procurarem reprimir os desvelos locais e os desvios sádicos, considerando que estes excessos de zelo comprometiam o bom andamento do trabalho de extermínio.

Crueldades e sevícias implicavam uma perda de tempo e provocavam perturbações na engrenagem. Os «aperfeiçoamentos» consistiam na eliminação tanto quanto possível do confronto directo. No final, os executores não viam praticamente uma única gota de sangue. Jamais anteriormente tanta gente fora morta com tanto tecnicismo, um pouco como efectuar subtracções no papel. As SS tinham por objectivo liquidar com frieza e indiferença, pois era necessário cumprir com normas de rendimento ambiciosas, como nos matadouros.

Todavia, havia diferenças entre os vários campos, que faziam com que neles se morresse rápida ou lentamente. Uma visita ao campo de Sachsenhausen, bem perto de Berlim, permite compreender o martírio suportado pelos detidos. Por exemplo, «o ensaio dos sapatos». Com os sapatos novos calçados, deviam correr ao longo de uma pista de pedras transportando cargas que variavam entre os dez e os trinta quilos. E as ordens de sentido!, fosse sob um sol de chumbo ou um frio glacial, duravam horas, sobretudo se faltava algum detido. Os prisioneiros tinham de assistir às execuções, fosse por fuzilamento, fosse por enforcamento. Muitos lançavam-se contra as redes metálicas de 1000 volts para se suicidarem.

Toda a gente já viu as fotografias de sádicos de uniforme, infligindo a dor ao mesmo tempo que riem de uma forma que lembra as *Alegrias do Esquadrão*. Em Sachsenhausen tinha servido um bruto, Michael Kolnhofer, comitre do 5.º Batalhão da Guarda da divisão SS Caveira. Impressionado pelo seu irmão mais velho, Anton, igualmente pertencente às SS em Buchenwald, perto de Weimar, juntamente com os seus camaradas SS, tornou os campos num inferno na terra. Todos os dias havia detidos enforcados. Torturava-se por desporto. À chegada, as crianças eram separadas dos pais. Em 1945, Kolnhofer desapareceu. Em 1951, pediu um visto permanente aos Estados Unidos, instalou-se ali com a mulher e uma filha, tendo-se tornado cidadão americano. «Um bom vizinho, viúvo, tranquilo, um pouco resmungão com o seu bom aspecto e a sua cabeça rapada», dizia-se na zona de Kansas City onde habitava, quando no princípio de Janeiro de 1998 a polícia americana ali o foi prender. Recebeu os polícias a tiro de pistola. Ferido nas pernas, foi preso e faleceu no hospital.

As duas grandes guerras que dilaceraram o século XX provocaram um salto tecnológico extraordinário e até então único, com a optimização das capacidades de organização e a abolição das distâncias, graças ao progresso das técnicas de transporte de homens e de mercadorias e aos equipamentos de transmissão da informação, sem o que o massacre dos judeus não teria sido possível num lapso de tempo tão breve e numa escala tão grande.

Foi a utilização da técnica para fins homicidas pelo país tecnologicamente mais evoluído do planeta que fez a especificidade do Holocausto. Sem o recurso às vias férreas, «só» teria morrido um milhão de judeus. Mas sem a aviação, a vitória sobre o hitlerianismo teria demorado. Teriam perecido dez milhões de judeus e não seis. Um «pormenor da História», como em várias ocasiões tem sido afirmado por Jean-Marie le Pen? «Da forma como decorreu o Holocausto, de uma forma industrial, foi o maior crime da história da humanidade. E o "pormenor" é o que ficou», replica Simon Wiesenthal.

Donde vinha esse ódio pelos judeus? Da propaganda, claro. Numa primeira fase, inúmeros judeus alemães recusaram-se a acreditar no pior. Não era a primeira vez na história que o seu povo sofria perseguições, mas consideravam-se cidadãos alemães, existindo entre eles muitos condecorados da Grande Guerra e famílias que tinham perdido os pais ou os filhos na frente.

A Alemanha era o país da Europa onde os judeus estavam mais bem integrados e onde tinham dado a contribuição mais importante para a cultura nacional. O anti-semitismo também não era tão virulento em Berlim como noutras capitais do Leste europeu ou em Viena. Um adversário do III *Reich*, hoje falecido, Sebastian Haffner, que emigrara para Londres, dizia-nos que o anti-semitismo berlinense era nos anos 20 uma «hostilidade de substituição».

Após o afastamento da aristocracia prussiana pela República de Weimar, algumas famílias judaicas ocuparam lugares de destaque, nomeadamente na imprensa, e constituíram nesse vazio uma «aristocracia de substituição». A população invejava estes felizes possidentes, mas sem sentir a seu respeito o ódio visceral e patológico que caracterizava Hitler e a sua camarilha.

Mas donde vinha todo esse ouro dos judeus? Os que ainda hoje colocam a questão assim parece que querem desculpar os nazis. A atracção que o dinheiro, os valores e a cultura exerciam efectivamente sobre os judeus vem de muito longe.

Diz-nos Simon Wiesenthal que «o anti-semitismo não é explicável em poucas frases. Existem inúmeras faces, aspectos políticos, sociais e económicos. Esta corrente chama-se assim desde meados do século XIX, anteriormente existia o antijudaísmo, de componente religiosa. Os judeus eram obrigador pela Igreja a viverem em guetos. Algumas profissões estavam-lhes interditas. Então, o que podiam fazer? Eram pessoas instruídas, tinham estudado medicina e direito. Quando, durante o século XIX, os guetos foram dissolvidos e os judeus se tornaram parte da população verificou-se que a sua educação superior, essa cultura que lhes fora imposta, fazia deles os mais capazes. Este foi o ponto de partida do anti-semitismo. As pessoas queriam ser representadas por um bom advogado, queriam ser vistas pelo melhor dos médicos».

«Foi esta elite», prossegue ele, «que os nazis dizimaram. Veja-se a lista dos laureados com o Prémio Nobel antes da Guerra. O homem

No Rasto dos Tesouros Nazis

comum passa privações para que os seus filhos cheguem mais longe na vida do que ele. Estes adquiriram o bacharelato sem terem andado no liceu. Entre os judeus havia muitos autodidactas. Naturalmente que isso não lhes granjeou muitas amizades, mas muita inveja. Assim, os judeus juntaram ouro e prata. Não compravam terras porque pensavam permanentemente na necessidade de o seu capital estar disponível para poderem fugir.»

Mas estavam solidamente implantados na sociedade alemã. Por essa razão foi relativamente fácil saqueá-los. Eles não desconfiavam do Estado, do «seu» Estado. Os dirigentes nazis foram instalando gradualmente a violência sob pretexto de proteger os interesses da «comunidade» alemã, a *Volksgemeinschaft*, contra os açambarcadores, e até à «Solução Final» foram digerindo mais ou menos intensamente o seu projecto de erradicação de populações inteiras.

3

A Memória

Mais do que de memória, iremos antes falar de lapsos de memória. Ao exterminar 95% da *intelligentsia* judaica europeia e ao eliminar todos aqueles que poderiam contar (não se saía vivo de um campo de extermínio), os nazis trataram de suprimir as testemunhas. Depois, com a passagem do tempo, o sucesso da sua empresa confirmou-se.

Hoje, os sobreviventes já são raros. Ainda que gravadas na sua carne, as memórias envelheceram com eles. Os últimos criminosos e os fósseis nazis ainda vivos atingiram também eles uma provecta idade. A maior parte dos responsáveis e dos carrascos morreram entretanto, levando consigo para a tumba os seus terríveis segredos. Felizmente, alguns processos exemplares tiveram lugar ainda em tempos recentes, como os de Barbie, Priebke, Papon, em França, e o de Johannes Thümler na Alemanha, possibilitando assim ensinar às gerações mais jovens o que se passou.

Num pequeno escritório de Viena, cheio de trabalho, num dos seus compartimentos onde o peso das ideias, aqui congeminadas ao longo dos anos, iguala o peso dos documentos nas prateleiras, um homem que lutou durante meio século contra o esquecimento ainda ali trabalha. As paredes estão forradas com livros e pastas com documentos, com excepção de uma onde o dono da casa colocou um enorme mapa da Europa. Estrelas assinalam todos os campos e locais de massacre onde pereceram entre 1939 e 1945 as vítimas do Holocausto. A Polónia é uma constelação.

Este mapa é oficial, concebido pelas autoridades alemãs em 1960 tendo em vista o processo contra os antigos nazis. Está pregado na parede do gabinete de Simon Wiesenthal no Centro de Documentação da Federação das Vítimas do Nazismo, situado na Saltztorgasse em Viena. Uma organização que, como salienta o seu fundador e director, nunca aceitou dinheiro de nenhum governo, mas que sempre foi conseguindo sobreviver através de doações privadas de pessoas que tinham sido elas próprias perseguidas ou que se interessavam pela sua acção.

Wiesenthal nasceu em 1908 no seio da pequena burguesia de Buczaz, na Galícia, então integrada no império austro-húngaro. Entre as duas guerras esta região passou para as mãos da Polónia, tendo passado para a soberania soviética em 1945 e hoje pertence à Ucrânia. Seu pai, Ascher Wiesenthal, um negociante, morreu durante a Primeira Guerra Mundial, em uniforme austríaco. Sua mãe, Rosa, Rapp de apelido de solteira, foi quem o criou.

O jovem Simon frequentou a escola municipal de Lemberg, depois a de Viena e o liceu na sua cidade natal de Buczaz, na Polónia, onde concluiu os estudos secundários em 1928. Mas na Polónia o acesso dos judeus à universidade estava limitado, pelo que se inscreveu em Praga e em Lemberg nas faculdades de arquitectura e na escola de engenharia.

Preso na Polónia pelos nazis, após a ofensiva alemã de 1941, faz parte dos sobreviventes. «Constatámos que restavam menos de 500 judeus na minha antiga cidade de Lemberg. Antes da guerra, eram 150 000. Eu sou um dos 500», confidenciou ao *Neue Zürcher Zeitung*. «Tive insónias com frequência, pois pensava que não fazia o suficiente por aqueles que não tinham sobrevivido.»

Quis o destino que tivesse sido desviado para Auschwitz mas que não tenha permanecido mais que três dias na gare do campo. Os SS acharam-no jovem e apto para trabalhar pelo que o voltaram a embarcar em direcção a outros destinos. Até ao seu internamento em Mauthausen, na Alta Áustria, de onde as tropas americanas o libertaram em 1945, o detido dos nazis passou por diversos campos mais pequenos, uma boa meia dúzia no total: «Estive nomeadamente em Lemberg, depois em três pequenos campos onde não permaneci mais que algumas semanas ou dias, de seguida em Plasow, em Cracóvia, onde estava Schindler, Grossförsen e em Buchenwald.»

Após um pausa para reflectir, o ancião prossegue: «Vou-vos fazer uma confidência. O que tenho vindo a fazer desde há cinquenta anos não é a resposta à morte de seis milhões de judeus. É a memória desses crimes que me importa e, na medida do possível, a punição dos autores imediatos desses crimes. Mas para conseguir o máximo de punições seriam necessários cem escritórios como o meu. Assim, poder-se-ia fazer qualquer coisa. No princípio, durante dois ou três anos, conseguimos actuar.»

E lembra a Guerra Fria, que colocou um fim provisório às suas investigações: «Os seus únicos beneficiários foram os nazis e os criminosos de guerra. Os Americanos, os Franceses e mesmo os Britânicos libertaram centenas de milhares de SS que se encontravam internados nos campos de prisioneiros, porque a partir de fins de 1947, princípios de 1948, a desnazificação deixou de ser uma prioridade. Foi ultrapassada pela defesa daquilo que restava da Europa, porque Estaline tinha mostrado grande apetite por este resíduo de Europa. E nesses doze anos de Guerra Fria, praticamente nada se conseguiu fazer».

Como lhe perguntámos se «estava satisfeito por Jacques Chirac ter admitido a culpabilidade do Estado francês sob ocupação alemã», ele respondeu: «Naturalmente, mas Papon e tantos outros, há dezenas de anos que se sabia existirem. Era preciso que se dissesse em todos os países ocupados pelos nazis: "Se vivo aqui, vivo no meio de assassinos." É um processo que chega tarde. Passei por isso de cada vez que levei um octogenário a tribunal. O público presta-lhe toda a sua simpatia. Dizem: "Deixem esse ancião morrer tranquilamente"».

E o velho caçador de nazis enumera as lembranças que lhe enchem a cabeça: «Tomemos como exemplo o caso Schwammberger. Ele fuzilara 26 pessoas e, em Przemysl, na Polónia, tinha deportado 3500 judeus dos quais só uma vintena regressaram vivos. Este homem tinha 82 anos. Protestaram contra mim devido à sua idade. Eu disse: "Para mim, um assassino com cem anos continua a ser um assassino." Mas não sou um nazi. Se três médicos confirmam que a sua saúde não lhe permite responder perante um tribunal nem, por maioria de razão, ir para a prisão, então isso já é outra coisa.»

O nosso interlocutor pensa que é importante abrir os processos por três razões: «As razões jurídicas são as que pesam menos. Mas as razões históricas e pedagógicas são mais importantes. Juridicamente, devemo-nos contentar com o resultado. Os crimes dos nazis são tão abomináveis que nós não os podemos punir de modo algum. Eu não tenho qualquer prazer quando levo um nazi a tribunal. Todos os dias me lembro que muitas das testemunhas estão mortas. No entanto, utilizamos muitas indicações dadas por pessoas falecidas há muito tempo.»

Quisemos saber porquê, então, abrir processos que não o satisfazem. A sua resposta é filosófica: «A utilidade de um processo é separar o Bem do Mal e fazer crer às pessoas que o Mal pode ser punido.

Infelizmente, já vos disse, as penas não estão à altura dos crimes. Eu sou contra a pena de morte, mas já sou a favor de uma prisão perpétua autêntica que só existe em dois estados, em Itália e nos Países Baixos. Na Holanda, a Rainha nunca perdoará ninguém se a família da vítima não estiver de acordo. O mesmo se passa em Itália. Em todos os outros países, a chamada prisão perpétua dura entre dez e vinte anos.»

Wiesenthal leva a cabo um trabalho de exorcista. Não se consegue banir o demónio, mas é preciso mantê-lo à distância através do esconjuro dos que foram possuídos por ele. Com o seu rosto fino e magro de um idoso bem conservado, com a sua dicção algo obscura, mas firme, ele procura explicar-nos a razão por que, de repente, há condições para os documentos dos nazis voltarem a ser examinados. Para isso recorre ao humor.

«O nosso escritório em Viena», diz ele, «é o último no mundo e não se passa um só dia que não recebamos dez ou vinte cartas de sobreviventes ou de testemunhas. Mas essas cartas já nos deviam ter sido enviadas há vinte ou trinta anos. Muitos dos assassinos estão mortos ou foram soltos ou até talvez condenados. Os sobreviventes dispersaram-se em todas as direcções após a guerra. Os que estavam a Leste tiveram de emigrar para Ocidente para refazer a sua vida. Agora, já na reforma, escrevem, e quando são religiosos dizem: "Em breve morrerei e em breve irei encontrar os que foram assassinados. Eles perguntar-me-ão: 'Que fizeste por nós após a nossa morte?' " Eles não poderão responder: "Abri uma loja de tecidos ou um escritório de advocacia." Eles responderão: "Escrevi uma carta a Simon Wiesenthal."»

Sorri: «É humor judeu. Não tive muitas razões para me rir nos campos de concentração. Mas à medida que ia fazendo as minhas investigações, recuperei o humor. O que faço são lágrimas e sangue. Eu, de algum modo, prolonguei o meu tempo de cativeiro. Sem morrer de fome, é certo mas arriscando-me a ser assassinado. Vistes os polícias diante da minha porta. Habituei-me à polícia como me habituei aos meus móveis. O humor é uma parte importante da cultura. Não conheci nazi algum que tivesse sentido de humor. Para eles o humor era invenção de judeus.»

O Centro Simon Wiesenthal de Viena não passa de um modesto apartamento onde uma meia dúzia de colaboradores se afadigam a telefonar, dactilografar, classificar fichas, recortar e colar artigos. Os arquivos não estão informatizados, não só por falta de meios mas porque trinta ou quarenta anos de documentação acumulada é demasiado para ser digitalizado. Este escritório tem uma extensão além--Atlântico, o Simon Wiesenthal Centre em Los Angeles.

O único sinal da importância da sua missão é dado por uma mulher-polícia que se encontra de vigia nas escadas. Sentada numa cadeira perto da janela, lê uma revista e cumprimenta educadamente os visitantes.

Wiesenthal busca a verdade, uma arma que mete medo aos monstros e aos culpados. As análises feitas pelo Centro são sérias. O seu fundador e director sempre deu provas de uma notável intuição, que soube inculcar aos seus colaboradores mais próximos. E sobretudo, nunca acusou sem provas susceptíveis de poderem ser confirmadas perante os tribunais. Contra ele foram intentados apenas quatro processos. Ganhou três e o seu quarto opositor acabou por retirar a queixa.

Após ter trabalhado durante dois anos para o US War Crimes Office, Wiesenthal fundou o Centro em 1947, em Linz, quando Viena ainda estava ocupada pelos Soviéticos, tendo-o refundado na capital austríaca após o processo de Eichmann em 1961, depois de uma interrupção de sete anos, de 1954 a 1961. Nessa altura, fez entrega dos seus arquivos ao Memorial do Yad Vashem em Jerusalém, pois acreditava que o seu trabalho estava definitivamente encerrado.

A Guerra Fria criara outras prioridades. Tinha deixado de ser o momento para remexer no passado como faziam Wiesenthal, Serge e Beate Klarsfeld e outros que causavam perturbação e escândalo. Eram vistos com suspeição porque na procura de informações iam, por vezes, a Berlim Leste, a Praga ou a Budapeste, onde os documentos falsos eram abundantes. A URSS manipulava o espectro do nazismo defunto para destabilizar as sociedades e os governos ocidentais e para os virar contra o seu grande opositor, a República Federal da Alemanha.

Antigos serventuários de Hitler tinham certamente retomado o serviço na administração, nas forças armadas e nos serviços de informações. Na maioria não eram criminosos, se bem que entre eles houvesse alguns culpados. Como também havia homens honestos que foram apontados como antigos nazis e acusados à custa de documentos falsos, fabricados pela desinformação comunista.

Mas o recalcamento das memórias foi praticamente sistemático. Todos, salvo os pacifistas desenfreados, estavam obcecados pelas divisões soviéticas estacionadas na RDA, na Polónia, na Checoslováquia e na Hungria, pelos mísseis balísticos apontados aos Estados Unidos e pelos mísseis de médio alcance apontados à Europa.

No Rasto dos Tesouros Nazis

Sem contar com a infiltração dos serviços secretos de Leste. Era a época de James Bond e Markus Wolf.

Simon Wiesenthal calcula em doze anos o período de hibernação. Na realidade, esse longo Inverno político, o tempo da Guerra Fria, prolongou-se durante quarenta e dois anos, desde a ruptura da aliança anti-hitleriana, em final de 1947, até à queda do Muro de Berlim, no fim de 1989. Wiesenthal lamenta esse corte: «Quando encerrei o meu escritório em 1954, nenhum tribunal queria aceitar mais acusações. As testemunhas tinham emigrado. Avistava-me com os juízes e dizia-lhes: "Temos aqui três testemunhas. Vão emigrar. Por favor, interrogue-as." A resposta era não. Em Viena, o governo encarava a possibilidade de se transferir para Salzburgo, pois a capital parecia estar ameaçada pelos Soviéticos. Toda a população vivia como se estivesse na sala de espera de uma estação de caminhos-de--ferro. Todos os meus colaboradores tinham emigrado. Portanto, fechei o escritório e só o voltei a abrir em 1961.»

Ele empreendeu o último assalto do seu combate contra o passado. Alguns responsáveis mais jovens da comunidade judaica diziam-lhe que era necessário parar e que não se podia viver eternamente do «capital» da *Shoah*. Contudo, essa recta final da desnazificação, imediatamente anterior ao fim do século XX, deu lugar a intensas e febris pesquisas. Tudo se passou como se houvesse medo que após o ano 2000 estas questões deixassem de ser julgadas.

«Biologicamente, as pesquisas sobre os autores dos crimes nazis dentro em breve chegarão ao fim», afirma o fundador do Centro. «As testemunhas morrerão, eu também morrerei. Tudo quanto aqui está seguirá para um museu em Los Angeles. Espero somente que a secção consagrada à observação no neonazismo permaneça em Viena.» Ele tem contactos com correspondentes em todo o mundo e criou no seu Centro uma secção que observa os movimentos de extrema-direita e neonazis no mundo inteiro. Agora, o importante é reconstruir o que se passou, com recurso a documentos, compreendendo cada vez melhor e lutando contra as ressurgências. Para isso é necessário manter viva a tradição antitotalitária forjada na luta contra as duas ideologias do século passado, o nacional-socialismo e o marxismo-leninismo.

Embora se lamentem as lacunas, não se pode negar que, naqueles anos difíceis, perante um império soviético armado até aos dentes, as razões de estado exigiam uma Alemanha Ocidental estável e sólida. Em particular, para a reconstrução económica da sua economia e o fortalecimento da sua moeda, era necessário que essa sociedade ainda frágil não fosse retalhada nem pela luta de classe dos comunistas nem pela caça às bruxas nazis, ou seja, pelo desejo de vingança. Não é agradável, é mesmo imoral afirmá-lo, mas a política deve acompanhar o passo mais apressado.

Hoje, as coisas passam-se de modo diferente numa Europa unida e livre da «grande ameaça» soviética. Enriquecidos pela experiência da luta contra o comunismo, já não vemos os acontecimentos do III *Reich* como aqueles que os viveram há já sessenta anos. Para isso foi necessário entregarmo-nos a um trabalho de reconstrução pelo saber. É necessário voltar a formular as questões e tentar responder-lhes. Na maior parte dos casos recorrendo a documentos que é necessário inventariar.

Os homens morrem, mas os escritos permanecem. Os documentos da época podem merecer mais credibilidade que os testemunhos eivados de subjectividade sobre os quais nos baseámos até aqui. Continuam a existir pilhas de documentos inexplorados, pois os escrivães do massacre e do esbulho tudo ordenaram com uma minúcia sórdida para prestarem contas aos seus superiores e para justificarem o equilíbrio dos seus orçamentos. Agora que soa a hora do balanço e que se procura compreender o que foi o século passado, a obra dos contabilistas da morte revela-se preciosa para nos ajudar a relembrar.

Aqueles que penetraram na caverna do dragão em Merkers não sabiam que a tensão Este-Oeste rapidamente iria relegar a sua descoberta para os arquivos. O achado encontrava-se em território conquistado pelos Americanos. Antes da chegada do Exército Vermelho, tiveram o bom-senso de transferir essas riquezas para Frankfurt, juntamente com a documentação ali encontrada. Mas os Americanos mantiveram-nos vedados e devolveram-nos aos Alemães, que os esconderam, donde uma parte se perdeu, enquanto que os Russos, por seu lado, conservavam selados outros documentos que tinham em sua posse. Também na Alemanha Ocidental, no Departamento Central para o Estudo dos Crimes Nazis, em Ludwigsburg, dezenas de milhares de pastas estão ainda vedadas ao estudo. A sua análise implicará um trabalho de desbaste simultaneamente qualificado e fastidioso.

No seguimento das revelações sobre o ouro nazi depositado em bancos estrangeiros e distribuído à vontade pelos Americanos no fim da guerra, o presidente da comunidade judaica da Alemanha, Ignatz

Bubis, não esteve com meias medidas. Num programa do primeiro canal da televisão alemão, ARD, em Setembro de 1997, qualificou de «indecente» o facto de se ter esperado cinquenta anos para se abrirem estes documentos. É evidente que a situação é mais confortável para desvendar tudo isto agora que a grande maioria dos sobreviventes dos campos de concentração já morreu.

Nascido em 1927 em Breslau, na Silésia, Ignatz Bubis fugiu juntamente com a família para a Polónia, em 1933, a fim de escapar aos nazis. Foram recapturados pelos carrascos quando a *Wehrmacht* invadiu a Polónia em 1939, tendo sobrevivido internados no gueto da pequena cidade polaca de Deblin. Mas Ignatz, na altura com 14 anos, não conseguiu impedir a deportação de seu pai para Treblinka onde veio a falecer. Ele próprio teve «sorte» em só ter sido encarcerado no campo de trabalho da fábrica de munições de Tschentochau, de onde saiu vivo passados cinco anos.

Em vez de emigrar para os Estados Unidos ou para Israel, como muitos outros dos seus correligionários, Bubis permaneceu «judeu alemão», especifica ele, e não «judeu na Alemanha» como outros. Ele quis persuadir os seus amigos de que era possível viver numa Alemanha regenerada pela democracia. Mas na condição, segundo pensa, de os judeus intervirem como ele na política. Em 1992, após o falecimento do seu antecessor, o berlinense Heinz Galinski, cidadão de Frankfurt por adopção, Bubis, foi eleito presidente da comunidade judaica.

Mais moderado que o seu antecessor, é membro do Partido Liberal que o fez eleger para o parlamento de Frankfurt nas eleições comunais do Hesse em Março de 1997. Goza na Alemanha de uma real notoriedade e de grande prestígio, ao ponto do seu nome ter sido referido como candidato à Presidência federal.

Aquando da abertura do achado de Merkers, os militares americanos não desconfiavam da importância que aqueles documentos iriam ter cinquenta anos depois, nem que iria haver uma busca febril para os encontrar acompanhada de mil e uma dificuldades.

Mas eis que são redescobertos os documentos financeiros que se pensavam perdidos. Os bancos suíços levantaram o segredo sobre as contas respeitantes ao III *Reich*, multiplicando as revelações com a força de uma avalanche vinda do Eiger.

II PARTE

A Quem Aproveitou o Crime?

A grande cólera de Edgar Bronfman

Em Setembro de 1995, Edgar Bronfman, presidente do Congresso Mundial Judaico, tinha um encontro marcado com Associação de Bancos Suíça (ABS). Os mandarins da finança tinham sido solicitados para ajudar o CMJ a investigar as contas suíças de judeus mortos sem herdeiros. Bem instalados nas suas poltronas, sem lhe oferecerem uma cadeira para se sentar de onde pudesse expor a sua argumentação, fizeram-lhe uma oferta: 37 milhões de dólares pelas 774 contas abandonadas.

Bronfman saiu batendo com a porta, ao mesmo tempo que gritava «a mim não me conseguem corromper como o fizeram a muitos outros, incluindo grupos importantes, mas esta tentativa passa todas as marcas». A mentalidade suíça, afirmou mais tarde o presidente do CMJ, pode resumir-se assim: «Pegue neste dinheiro e não o queremos ver mais.» Foi preciso todo o peso da finança americana, mobilizada pelo CMJ, juntamente com o seu aliado, o senador por Nova Iorque Alfonso d'Amato e uma ameaça de boicote para obrigar os Suíços a saírem das suas trincheiras.

1

A Suíça Sai-se Bem e a Baixo Custo

Durante meio século, os sobreviventes do Holocausto não tiveram qualquer apoio para encontrar as suas contas bancárias. «Os gnomos de Zurique» – como o primeiro-ministro britânico Harold Wilson chamou um dia aos banqueiros da Confederação – pareciam ter perdido as chaves dos seus cofres e arquivos. As diligências foram penosas e incertas. Os que tinham escapado estavam antes de mais preocupados com a reconstituição das suas famílias ou das suas relações e a recuperar do trauma da *Shoah*. Mas como saber o que os defuntos pais e avós tinham depositado, no maior segredo, em Zurique ou em Basileia? Com a preocupação de proteger o dinheiro dos seus depositantes, os Suíços haviam acumulado obstáculos.

Na década de 90, a imprensa norte-americana começou a referir quantias fabulosas, milhares de milhões de dólares, o equivalente a 4,2 mil milhões de euros. Os números contestavam uma avaliação unilateral dos bancos suíços que situava em 32 milhões de dólares em numerário depositados pelos judeus em fuga ao nazismo e não recuperados posteriormente.

Em Março de 1995, o conselheiro dos estados de Friburgo, o socialista Piller, surpreendeu o Conselho Federal. Relatava ele que «a imprensa estrangeira informou que os nossos bancos se apropriaram de valores eventualmente consideráveis pertencentes a clientes de quem não há notícias há décadas e cujos herdeiros não podem fazer valer os seus direitos, por ser necessário conhecer as palavras--passe e os números das contas».

Parecia que os Helvéticos estavam a viver um pesadelo. Será que os queriam marginalizar? Será que pretendiam impedir a sua adesão à união monetária europeia? E de continuar a preservar ciosamente o seu sigilo bancário? Eles tinham o sentimento de estar a pagar por serem pequenos, neutrais e isolados no xadrez diplomático. No entanto, os Suecos, membros da União Europeia, foram tão atacados quanto eles.

Então, a riqueza suíça estava a ser vigiada de perto? Os bancos da Confederação gerem 40% dos 12 000 milhões de dólares (10 000 milhões de euros) das fortunas privadas do mundo. Mas nem tudo que brilha é ouro. Tumultos provocados por jovens, imigração descontrolada, a droga, fizeram a sua entrada nas margens do rio Limat com algum atraso em relação ao resto do planeta, porque na Suíça tudo corre um pouco mais lentamente.

Um jornalista suíço, Jean-Philippe Chenaux, publicou em 1997 um livro com um título sugestivo: *La Suisse stupéfiée*, que tem a ver com a campanha de banalização da droga na Confederação. Chenaux ataca também «uma parte da classe mediática que progressivamente renunciou à sua função de dizer a verdade e de contrapoder, preferindo antes servir como correia de transmissão da nomenclatura política do momento». Mas a crise também chega à economia. As exportações helvéticas sofrem com a sobrevalorização do franco suíço. O dinheiro cada vez vale menos. Os dois maiores bancos da Confederação fundiram-se, suprimindo 7000 postos de trabalho.

Foi necessário fazer sacrifícios. Para facilitar as pesquisas aos particulares, a 1 de Janeiro de 1996 a Suíça deu um passo em direcção a um levantamento parcial do sigilo bancário ao aceitar uma rotina informática que permitia detectar as contas cujos proprietários não se manifestavam há dez ou mais anos. Foi igualmente previsto um sistema de segurança para que «colaboradores indelicados não debitem de maneira ilegal as contas cujo titular deixou de se manifestar».

Foi montada uma central de investigação nas instalações de um mediador dos banqueiros de Zurique. Os interessados deviam identificar-se junto desse organismo através de documentos que registassem óbitos, testamentos, provas de filiação ou outros. A central comunicava aos bancos os dados necessários para que o herdeiro ou o seu representante legal recuperasse o bem até então declarado perdido ou não localizável.

Mas a pressão continuava a aumentar. «Íamos virar do avesso o sistema bancário suíço», confidenciou-nos um militante judeu. Por vezes tem-se a impressão que o antigo ouro dos nazis e as contas dos mortos não eram os únicos visados. A Confederação Helvética não desejava que se tocasse nos fundamentos do seu sistema bancário. Os seus tesoureiros receavam mais a publicidade do que o Diabo teme a água benta. Ora, a confidencialidade era um espinho cravado no pé de muita gente. Na verdade, depois de 1987 deixou de ser possível abrir anonimamente uma conta na Suíça. Mas nunca se fora tão longe no desmantelamento do sigilo.

Em Março de 1995, o semanário de Zurique *Sonntags-Zeitung* revelou, ou melhor, «lembrou» que ainda existiam contas que não tinham herdeiros.

Foi assim que a ABS, que agrupa qualquer coisa como 400 instituições de crédito, onde se incluem os três grandes, Union des Banques Suisses (UBS), Crédit Suisse e Société de Banque Suisse (SBS), acabou por ceder parcialmente, tornando públicas a 12 de Setembro de 1995 as conclusões de um primeiro inquérito aos 12 bancos mais importantes abrangendo as contas abertas antes de 1945 e que tinham ficado «sem notícias».

Na sua preocupação pela neutralidade, a Confederação recorreu ao Comité Internacional da Cruz Vermelha e a intermediários privados. Um grande banco apelou a dois rabinos. Foram pagos 7,5 milhões de francos suíços a pessoas individuais e os 2 milhões restantes que não foi possível identificar foram entregues à Federação Suíça das Comunidades Israelitas e à Organização de Ajuda aos Refugiados.

Mas estas quantias foram consideradas «simbólicas» pelo secretário-geral do Congresso Judaico Europeu, Serge Cwajgenbaum. Porque não foram arroladas 893 contas onde se encontravam adormecidos 40,9 milhões de francos suíços, qualquer coisa como 26,5 milhões de euros? Entre estes depósitos alguns, «relativamente pequenos» e «com montantes normalmente pouco elevados», continuaram a não ser identificáveis.

Em Fevereiro de 1996, não tendo conseguido vencer a sua causa junto dos responsáveis bancários, Edgar Bronfman lançou a sua campanha contra a Confederação. Em Abril de 1996, os representantes dos bancos suíços foram ouvidos pela Comissão Bancária do Senado dos Estados Unidos.

No decurso do Verão de 1996, Madeleine Albright, secretária de Estado dos Estados Unidos, nomeou Madeleine Kunin embaixadora dos Estados Unidos em Berna. A senhora Kunin é judia e nascida em Zurique. Em 1940, então com sete anos, a sua família refugiou-se nos Estados Unidos. Ela segue muito atentamente a forma como, face à opinião pública mundial, os Suíços lidam com este problema. Em Julho de 1998, foi encontrada uma pequena conta com cem dólares que fora aberta por sua mãe, «prova de que eles fizeram bem o seu trabalho», admite ela.

No entanto, em Setembro de 1996 verificou-se uma alteração substancial, quando o ministro britânico dos Negócios Estrangeiros, Malcolm Rifkind, de origem judia, enviou às autoridades de Berna um *dossier* elaborado com base em observações efectuadas no período imediatamente após o fim da guerra. O Banco Nacional Suíço tinha procedido, lembravam aqueles documentos, à conversão, ou branqueamento, do ouro maldito em francos suíços. Este património servira para a Alemanha pagar os fornecimentos efectuados pela indústria suíça e para comprar ferro à Suécia, tungsténio a Portugal e manganésio a Espanha.

A situação agravou-se. Em Outubro de 1996, Berna montou um estado-maior de crise para desemaranhar o imbróglio. Por fim, em Fevereiro de 1997, o governo suíço optou pela criação de uma fundação de solidariedade financiada com quinhentas toneladas de ouro do Banco Nacional Suíço e suportada pela ABS. A fundação destinou 7 milhões de francos suíços, mais 272 milhões de francos suíços (177 milhões euros) a um fundo humanitário e 600 milhões de dólares para indemnizações às vítimas do Holocausto, indemnização considerada de imediato como insuficiente.

Entretanto, Stuart Eizenstat, sub-secretário americano do Comércio, redigiu o primeiro relatório americano, após 1996, em que o governo suíço era posto em causa e que foi objecto de debate na Assembleia Federal helvética. Publicado em Maio de 1997, este primeiro relatório de Eizenstat estigmatizava o comportamento da Suíça entre 1939 e 1945.

Neste interim, um incidente veio incendiar ainda mais a questão. Em Janeiro de 1997, Christophe Meili, curador da Union de Banques Suisses, enviou a algumas organizações judaicas os arquivos das décadas de 30 e 40 que o banco se preparava para destruir. Foi acusado de ter traído o sigilo bancário e perseguido pela justiça do seu país, o que o obrigou a refugiar-se nos Estados Unidos. Mas em Outubro de 1997, a Suíça mandou arquivar o processo e foi a vez de Meili, em Janeiro de 1998, intentar uma acção contra a UBS.

No princípio de Julho de 1997, o Ministério dos Negócios Estrangeiros britânico tinha por seu lado difundido um relatório onde se confirmava que o ouro suíço teve origem na pilhagem dos países ocupados e de vítimas individuais. Este texto desencadeou o terramoto que obrigou os bancos suíços a fazer qualquer coisa. Convenceu também o Banco de Pagamentos Internacionais de Basileia a participar na conferência sobre o ouro e as restituições que se realizou em Londres em Dezembro de 1997.

A Société de Banque Suisse admitiu por fim ter «adormecidos», desde 1945, 17 milhões de francos suíços, 10 dos quais tinham pertencido a vítimas do Holocausto. Depois, a ABS publicou a 23 de Julho de 1997 os nomes dos titulares de 1872 contas «adormecidas», a que se seguiu a divulgação, em Outubro do mesmo ano, de uma nova lista de 13 700 titulares de contas de quem os bancos não tinham notícias desde 1945. Pela primeira vez, a Confederação Helvética renunciava ao seu sigilo bancário: um acontecimento sem precedentes.

Acontece que os herdeiros ignoravam a existência dessas contas. Assim, a ABS mandou publicar nas páginas dos jornais de vinte e sete países, *Le Monde, Le Figaro, New York Times, Frankfurter Allgemeine Zeitung, Star* de Joanesburgo, *Jerusalem Post* e outros, 1756 nomes de pessoas que tinham aberto contas antes de 1945. No dia seguinte, estes anúncios surgiram nos jornais israelitas, o que motivou nova avalancha de perguntas. Uma outra publicação referindo 20 000 nomes seguir-se-ia, garantiam.

Vários milhares de pessoas fizeram valer imediatamente os seus direitos. Os telefones dos centros de informação criados pela ABS em Basileia, Budapeste, Nova Iorque, Telavive e Sydney ficaram paralisados. Só em Nova Iorque foram registadas 880 chamadas em seis horas.

«Tenho vergonha! Ao percorrer a lista que publicámos no mundo inteiro, apercebo-me de que não era difícil encontrar os herdeiros. Nunca seremos capazes de encontrar uma capa suficientemente grande que esconda a negligência dos meus colegas do pós-guerra», declarou aos órgãos de comunicação social Georg Krayer, presidente da ABS. A lista valia 60,2 milhões de francos suíços (39 milhões de euros), nitidamente mais do que os 40,9 que tinham sido admitidos até então. Nela constavam 30% de nomes franceses, seguidos por 16% de alemães, 7% de austríacos, 5% de italianos e 3,5% de americanos. Segundo o Centro Simon Wiesenthal, somente 20% dos apelidos eram judaicos.

Já uma vez, em 1946, a França tinha colocado na ordem do dia a questão do ouro roubado. Por sua iniciativa, efectuou-se a 16 de Março de 1946, em Washington, uma conferência de representantes da

Suíça, Estados Unidos, Grã-Bretanha e França. A Confederação, que se sentava no banco dos réus, saiu-se airosamente ao constituir um fundo voluntário de solidariedade destinado à reconstrução europeia no montante de 250 milhões de francos suíços (550 milhões de dólares de hoje ou 460 milhões de euros). O acordo de Washington obrigava também os Suíços a restituírem 51 toneladas de ouro aos Belgas. Perante isto, os Aliados renunciavam a efectuar quaisquer outras reivindicações. O Presidente Truman falou de um «acordo leal». Como se tratava de reconstrução e não de reparações, a honra estava salva. Berna interpretou este acordo como «uma contribuição voluntária da Suíça para a reconstrução da Europa».

Em 1946, todas as contas suíças domiciliadas nos Estados Unidos (um total de 5,3 mil milhões de francos suíços) estavam congeladas. Perto de um milhar de empresas suíças estavam nas listas negras americanas. O historiador Thomas Maissen escreveu que «a Suíça encontrava-se no princípio de 1946 isolada internacionalmente e, em particular, os Americanos e parte da sua imprensa consideravam que ela lucrara com a guerra. Em matéria de política, ela nada tinha para oferecer aos vencedores [...] Só os Britânicos, amarrados à livre-troca, a apoiavam um pouco contra as ameaças das sanções americanas.»

Mas os Britânicos fizeram-se pagar por esse apoio. Percebe-se do relatório do funcionário do Tesouro americano, Laughlin Currie, datado de 10 de Outubro de 1945, que a Inglaterra tinha acabado por fechar os olhos à origem do ouro roubado para se reconciliar com os Suíços, junto de quem tinha obtido um financiamento a taxas muito favoráveis destinado à sua própria reconstrução. O chanceler do Tesouro britânico, Hugh Dalton, tentara em vão obter crédito junto dos Americanos. Laughlin Currie deslocou-se diversas vezes a Berna para encontrar a pista das contas dos nazis. Esteve prestes a chegar a vias de facto com os banqueiros suíços, a quem chamou «filhos de uma cadela».

Como eles se defendiam tenazmente, o caçador de tesouros pôs na mesa a prova de que os pais do conde Ciano, genro de Mussolini, tinham conseguido esvaziar a sua conta bem recheada de divisas estrangeiras e que o *Volksbank* de Berna dera 20 000 francos suíços à viúva de Mussolini. Verificou também que poucos dias antes da capitulação da Alemanha, alguns dos seus dignitários conseguiram levantar o que se encontrava depositado nas suas contas numeradas, apesar da promessa do governo de Berna de congelar os bens alemães.

Sobre as contas alemãs liquidadas em 1952, a Suíça pagou 170 milhões de dólares, dos quais foram retirados 20 milhões para a Organização Internacional de Refugiados (OIR). Foi este acordo de restituição que foi revisto entre 2 e 4 de Dezembro de 1997 na conferência de Londres pelos países participantes. Fora feito pelo senador Alfonso d'Amato um pedido de revisão dos acordos de 1946 e 1952 concluídos pela comissão tripartida dos Aliados mais a Suíça. Mas, segundo o Congresso Mundial Judaico, ainda se encontrava nas caves do Banco de Inglaterra um terço do ouro da organização quadripartida do pós-guerra que não havia sido integralmente redistribuído. Segundo ele, as restituições efectuadas depois da guerra pela Suíça não representavam mais que 12% do ouro nazi que tinha atravessado o Reno e o Lago Constança.

Na conferência de Londres de 1997, foi entregue à Comissão Internacional do Ouro o remanescente do ouro roubado. Apesar das recomendações do novo ministro dos Negócios Estrangeiros britânico, Robin Cook, que apontavam no sentido de os 15 países ainda com direito a efectuar reivindicações sobre este metal precioso deverem renunciar às suas exigências para que o contravalor do ouro fosse distribuído pelas vítimas individuais do nacional-socialismo, nenhum deles se mostrou disposto a ceder, pelo que foi agendada uma nova conferência. O Luxemburgo, a Áustria, a Argentina, a Croácia e a Grécia manifestaram alguma boa vontade. Os Estados Unidos e a Grã-Bretanha, que tinham perdido os seus direitos sobre o ouro restante, assumiram compromissos financeiros concretos. A França considera que o ouro que lhe foi destinado deverá ser distribuído essencialmente dentro das suas fronteiras. Os representantes de 40 governos, o Vaticano, a Comissão do Ouro criada após a guerra para gerir o tesouro dos nazis, os bancos nacionais dos Estados Unidos e da Grã-Bretanha, o Banco de Pagamentos Internacionais, quatro organizações judaicas e a União Romani Internacional, representante das vítimas ciganas de Hitler, participaram nessa enorme conferência, no decurso da qual foi lida uma trintena de relatórios.

Ali, a Suíça reconheceu que o seu banco central comprara durante a guerra ouro aos nazis no valor de 1,2 mil milhões de francos suíços. Que o tinha pago através do fornecimento de armamento ou equipamentos industriais e de matérias-primas destinados ao *Reich*. Mas defendeu-se pela voz do chefe da sua delegação à conferência, Tomas Borer, dizendo que fora obrigada a actuar para compensar o congelamento das suas contas no estrangeiro por parte dos Aliados.

Na Primavera de 1998, Berna insurgiu-se. Enquanto os três bancos principais faziam braço de ferro com o Congresso Mundial Judaico, o Presidente da Confederação, Flavio Cotti, deslocou-se a Israel onde denunciou a anexação de aldeias palestinas por Israel. Acusados de terem querido conservar nas suas reservas e fazer frutificar em seu proveito o dinheiro dos mortos, os «gnomos» passaram à ofensiva.

Após ter dito: reconstrução sim, indemnizações não, a Suíça acabou por aceitar o princípio do reembolso mas recusou o das indemnizações. O refugiado judeu, Josef Spring, de 71 anos, preso em 1943 pela guarda de fronteira suíça na posse de documentos falsos, acabou por ter de suportar o prejuízo. Os Suíços tinham-no entregue às SS, a quem informaram sobre a sua origem judaica. Pelos 400 dias passados em Auschwitz, Spring exigiu 100 000 francos suíços de indemnização. Por quatro votos contra três, o Conselho de Ministros helvético rejeitou o seu pedido.

Esta decisão foi considerada mesquinha. Em 1995, por ocasião do aniversário da libertação dos campos, não apresentou o Presidente da Confederação, Kaspar Villiger, desculpas públicas ao povo judeu e não reconheceu que o número de refugiados repelidos durante a guerra para a fronteira alemã seria superior aos 10 000 geralmente admitidos?

Mas o vento soprava a favor dos Suíços. O Congresso Mundial Judaico foi aconselhado a não esticar de mais a corda para não se arriscar a estilhaçar o sistema bancário suíço que é um elemento da estabilidade monetária internacional.

Todavia, em Abril de 1998, os principais bancos, Crédit Suisse, Union de Banques Suisse e Société de Banque Suisse, encetaram novas negociações com o CMJ e com os advogados das vítimas. Ofereceram 600 milhões de dólares, tendo subido posteriormente para mil milhões a fim de saldar as contas. Edgar Bronfman exigia 3000 milhões de dólares. As vítimas do Holocausto reclamavam 20 000 milhões.

A 2 de Junho de 1998, o Departamento de Estado americano publicou o segundo relatório Eizenstat, 180 páginas que provam que Espanha, Portugal, Suécia, Turquia e Argentina tinham entregue à Alemanha, com ajuda suíça, matérias-primas estratégicas importantes até ao momento em que a derrota do III *Reich* passou a ser considerada como certa. Aquelas matérias foram pagas, insistia o relatório, com o ouro roubado às famílias judias e aos bancos centrais dos países ocupados.

Mas não tinham esses países acolhido centenas de milhares de refugiados, salvando a vida a esses infelizes? Ao apresentar esta análise ao Departamento de Estado, Stuart Eizenstat evitou acusá-los: «Não os queremos condenar. É necessário ter presente a angústia em que estes países se encontravam pelo perigo que corriam de serem ocupados pelos nazis.»

Mas outros foram mais severos: «Não existe qualquer dúvida de que a cumplicidade da Suíça com os nazis prolongou consideravelmente a guerra», comentou, alguns instantes depois, o senador d'Amato na televisão. O católico d'Amato sempre levou a peito os interesses dos seus eleitores judeus de Nova Iorque.

Em Julho de 1998, rejeitando as exigências, os banqueiros suíços romperam as negociações. A pressão subia após três anos de polémica. Os Estados Unidos arriscavam assim a prova de força. A moratória instaurada durante as negociações secretas foi levantada e o dispositivo das represálias foi posto em marcha.

«Vou dar instruções para que a Califórnia não coloque mais fundos em bancos suíços ou nas suas filiais», declarou a 2 de Julho o secretário estatal das Finanças californiano, Matt Fong, em Nova Iorque perante uma comissão de secretários estatais das Finanças e governadores dos bancos estatais. Atingia 3,6 mil milhões de dólares o montante investido por este estado americano na Suíça. As autoridades nova-iorquinas elaboraram um «programa gradual», que ia da retirada de todos os depósitos até ao boicote global de todas as exportações helvéticas.

A Pensilvânia, que tinha investido mais de 700 milhões de dólares em empresas suíças, associou-se às sanções. A comissão Hevesi, do nome do responsável pelas Finanças de Nova Iorque e coordenador da ofensiva, apelou que os outros estados e grandes cidades os seguissem. Todas as grandes empresas suíças, Nestlé, ABB, Alusuisse, Novartis, Roche, Suisse de Réassurence e outras, foram prejudicadas. 10% das exportações suíças têm como destino os Estados Unidos.

A Suíça reagiu vivamente, lembrando que os seus bancos tinham cooperado igualmente com os Aliados durante a Segunda Guerra Mundial e tinham salvo numerosas contas em perigo, como os Estados Unidos e Israel tinham reconhecido. Berna pedia a Washington para proibir aquelas sanções e ameaçava o governo americano com a apresentação de um recurso junto da Organização Mundial de Comércio. Os bancos suíços consideravam, por seu lado, a possibilidade de recorrer à justiça.

Por fim, a 13 de Agosto de 1998, duas semanas antes de expirar o prazo do ultimato de boicote à Suíça, o Crédit Suisse e a UBS (nascida da fusão entre a Union des Banques Suisses e da Société de Banque Suisse) empenharam-se em conjunto com o CMJ, perante um tribunal de Brooklyn, Nova Iorque, em encontrar a forma de serem repartidos 1,25 mil milhões de dólares entre os sobreviventes e seus descendentes. Elan Steinberg, porta-voz do CMJ, saudou o acordo: «Um triunfo para a justiça e para a defesa da memória histórica.» Para a distribuição, «é necessário ter a sabedoria de Salomão», acrescentou o seu director, Israël Singer. O Presidente Bill Clinton saudou de imediato o compromisso como «um acto de justiça esperado desde há muito». Esta intervenção do Presidente leva a pensar que o governo americano usou os seus bons ofícios para facilitar uma solução amigável.

No fim das contas, os financeiros da Bahnhofstrasse de Zurique resistiram bastante bem à tempestade. Sem poderem distratar inteiramente a hipoteca moral, acabaram por se portar razoavelmente bem do ponto de vista financeiro. Argumentaram que nenhuma lei lhes exige que sejam averiguadas as pessoas titulares de contas que não dêem sinal de vida durante muitos anos. Ao resistirem durante muito tempo às solicitações para as tornar públicas que lhes foram feitas, consolidaram a sua reputação de discrição. O segredo que traíram só foi, em princípio, o dos mortos, no fim de um período equivalente ao prazo para desclassificação dos documentos históricos.

Um dia haveremos de perceber que esta operação não prejudicou tantos os Helvéticos como se poderia imaginar, antes forneceu uma prova da regularidade da sua gestão. Mais, eles aceitaram reembolsar, mas sem darem o flanco aos pedidos de indemnização que surgiram em cadeia.

As intervenções do Congresso Mundial Judaico foram bastante rudes. Mas a nenhuma se pode negar eficácia. Desbloquearam uma situação congelada durante meio século. E Edgar Bronfman obteve o que queria, mesmo que não tenha conseguido o máximo. Em todo o caso, o montante final é superior àquele com que em 1996 a Agência Judaica lhe aconselhou que se contentasse.

Os que criticaram os métodos de Bronfman talvez não tenham tido razão. Entre eles, o veterano Simon Wiesenthal, que não aprovava estes ataques frontais. Partidário da diplomacia e da circunspecção, dava sobre a Suíça um veredicto matizado, estabelecendo uma distinção entre o início e o decurso da guerra: «Após o começo da guerra», dizia-nos ele, «a Suíça teve um verdadeiro pavor que a Alemanha de Hitler se tornasse incontrolável. É a razão por que os Suíços organizaram a sua política para os refugiados de uma tal maneira que os nazis nunca tiveram qualquer razão para os atacar. Mas após Estalinegrado, tudo foi diferente. Se nos finais de 1943 e princípios de 1944 a Suíça repatriou refugiados, não tinha qualquer razão para o fazer. É certo que aceitou uma parte dos refugiados e estes puderam ficar. Mas na época, quando se repatriavam pessoas, bem sabíamos onde elas iam parar. No entanto, estabeleço uma distinção entre as pessoas, o governo e os bancos. Há que ser honesto. Não se deve acusar todos os cidadãos pelo que alguns fizeram. A culpa é sempre individual, nunca colectiva. Esta foi sempre a minha linha de conduta.»

Partidário da circunspecção diplomática, o patriarca de Viena aconselhava a «tratar estas coisas sem emoção e com lealdade para que se conseguisse alguma coisa». «Se começamos aos gritos e se tentamos endossar a responsabilidade para pessoas do nosso tempo, muitas delas que ainda não eram nascidas na época do III *Reich*», acrescentava, «então iremos conseguir exactamente o oposto daquilo que pretendemos fazer.» Para ele, os judeus não se podem permitir atacar as pessoas de frente e, por maioria de razão, países inteiros como a Suíça, senão as portas fecham-se e nada se consegue.

Este comportamento mais não fez que granjear inimizades a Wiesenthal no seio do CMJ. Já aquando dos ataques contra o Presidente austríaco Waldheim, entre 1986 e 1987, os seus irmãos judeus nova-iorquinos não lhe perdoaram ele não os ter apoiado. Wiesenthal disse que a verdade estava primeiro do que a solidariedade. Ele ainda hoje é alvo de um subtil descrédito, apesar da veneração que suscita. Mas o mal-entendido resulta do fosso cultural que separa o idoso vienense Wiesenthal, filho da monarquia austro-húngara, dos americanos do CMJ.

Viena é a civilização do subentendido e do eufemismo. Nova Iorque a do regateio e da liberdade de expressão. Muitos judeus nascidos depois de 1945 em território americano não viveram a mesma experiência da guerra e do pós-guerra que o idoso homem da Áustria. Na época da Guerra Fria, o caçador de criminosos nazis tinha de caminhar prudentemente, quase na clandestinidade. A sua especialidade foi a caça na sombra, e só depois a acção junto da justiça. O CMJ vive num mundo aberto, receptivo às campanhas mediáticas e ao espectáculo do debate. É dirigido por Americanos que não tiveram de curvar a cerviz sob o jugo nazi para tentar sobreviver nos campos.

Por último, ocupado durante quarenta anos a perseguir homens, Wiesenthal não pensou no dinheiro das vítimas.

Ele não foi o único a fazer críticas. Antigo presidente da Federação Suíça de Bancos Israelitas e vice-presidente do Congresso Judaico Europeu, Michaël Kohn afirmou em Março de 1998 que o CMJ perdeu a sua «honorabilidade» ao ameaçar boicotar os bancos suíços. Ele deixou escapar na edição de 13 de Maio de 1998 do *La Tribune de Genève* que «desde o momento em que foram tomadas medidas justas, os métodos agressivos do Congresso Mundial Judaico tornaram-se contraproducentes. [...] Na questão dos fundos judaicos», garante ele, «o dinheiro substituiu a moral.» Acabou por reconhecer o seu engano e admitir que sem as pressões que foram feitas a ABS jamais faria alguma coisa para reencontrar as contas das vítimas da *Shoah*.

Por fim, alguns acreditavam que esta política do punho fechado por oposição à da mão estendida acabaria por se voltar contra os próprios judeus, segundo o princípio de que «o que é de mais é de mais», no preciso momento em que se desenrolava o processo de Papon em França; quando as revistas conotadas com a oposição alemã revelavam incidentes provocados pela extrema-direita no seio do *Bundeswehr*, alguns já ocorridos há bastante tempo; e quando o governo de Israel pusera fim às negociações com os Palestinianos.

Não iria a opinião pública virar-se a favor da Suíça injustamente acusada por alguns invejosos? Qual recife no mar europeu, a Suíça incomoda. Branqueamento de narcodólares e dos lucros da Mafia, porto seguro para os capitais terroristas, gestão de dinheiro sujo dos potentados exóticos e, *last but not least*, refúgio, a exemplo do Luxemburgo, dos capitais que fogem à frente do rolo compressor fiscal, não era por isso pecado os «duendes do Lago Léman» não serem acusados.

Finalmente, os judeus americanos não foram assim tão inflexíveis como parecia à primeira vista. A partir do momento em que contestou que o dinheiro «perdido» na Suíça não eram só os 40 milhões de francos suíços referidos pela ABS, Bronfman foi suficientemente sábio para insistir na formação de uma comissão de investigação independente. Deve dizer-se que se o CMJ não tivesse tomado conta do caso, os roubados e espoliados nunca teriam conseguido vencer a causa. Foi Bronfman quem mandou publicar a documentação secreta americana contendo as primeiras listas das contas. Foi ele que provocou a ameaça de boicote.

A acção deste rico homem de negócios foi determinante. O próprio Simon Wiesenthal se deixou também convencer. Quando lhe perguntámos se ele pensava que a questão dos bens roubados aos judeus se iria colocar igualmente em França, ele respondeu: «Seguramente, também em França havia bancos, bens imobiliários e obras de arte que pertenciam a judeus e objectos que os deportados não levaram consigo mas que permaneceram nas mãos dos que deles se apoderaram.»

Mas diferentemente dos bancos suíços que agiram com conhecimento de causa e deliberadamente, os bancos franceses executaram os confiscos sob a autoridade de Vichy. Uma lei do Estado francês, datada de 22 de Junho de 1941, determinava a «arianização da economia». A Caisse des Dêpots et Consignations (CDC) foi investida na qualidade de consignatária de uma parte dos valores confiscados.

Igualmente diferente da Confederação, as contas bancárias em França não criam raízes. Ao fim de dez anos, as contas inactivas são transferidas para a CDC, que as conserva por 20 anos, antes de as enviar para a Administration des Domaines, tutelada pelo Estado.

Entretanto, aumenta a pressão dos requerentes e dos seus advogados americanos. Oito estabelecimentos bancários franceses estão envolvidos, Paribas, BNP, Société Générale, Crédit Lyonnais, CCF, Natexis (grupo BFCE), o Crédit Agricole (grupo Indosuez) e o Banque Worms. Em França, foi criada em 1997 a Comissão Matteoli que tinha por objectivo actualizar os arquivos sobre a espoliação de que foram vítimas os judeus internados em Drancy. Mas ela esbarrou com o sigilo bancário.

Assim, em Março de 1998 foi constituída uma comissão de supervisão, sob a égide do Ministério das Finanças e do Banco de França, que tem por objectivo verificar as pesquisas efectuadas nos arquivos dos bancos. Quem dirige esta comissão é Jean Saint-Geours, antigo presidente da Commission des Opérations de Bourse, coadjuvado pelo secretariado do Conseil Général du Crédit.

Será necessário procurar em definitivo da parte do Estado quem, no entanto, acabou por fazer algum gesto. Como foi anunciado no fim de Agosto de 1998 por um porta-voz do Ministério dos Negócios Estrangeiros francês, a França tinha decidido destinar um total de 3,3 milhões de dólares para reparações (cerca de 2,75 milhões de euros).

Por outro lado, a CDC ainda possui a lista das contas dos judeus das quais Vichy tinha retirado mil milhões de francos franceses da altura como forma de participação «no esforço de guerra nazi». Além disso, os bancos franceses têm algumas centenas de cofres abandonados nas suas caves desde o fim da guerra. Como para praticamente tudo em França, será necessária uma autorização do Estado para os abrir na presença de um funcionário judicial.

Do lado das seguradoras, a Axa, que figura na queixa colectiva, ou *class action*, referente a 16 000 milhões de dólares interposta em Março de 1997 contra 16 companhias europeias, à data não tinha encontrado mais do que um contrato assinado na década de 30 por uma filial checoslovaca da UAP. A GAN nada encontrou e não foi objecto de qualquer reclamação. A Generali, de Trieste, a primeira a comprometer-se com o montante global destinado a indemnizações de 100 milhões de dólares recebeu palavras duras. As seguradoras europeias devem criar um fundo comum no quadro de um compromisso de restituições.

A partir de Abril de 1945, o governo provisório francês aprovou um regulamento que permitia restituir imediatamente os bens confiscados a judeus franceses. Mas sobre 7,5 milhares de milhões de francos franceses (1,24 mil milhões de euros) de valores apresados, o Estado só reembolsou até agora 1,2 mil milhões (198 milhões de euros). Mais de duzentas sessões por ano da Comissão de Restituição permitiram, no pós-guerra, efectuar, cada uma, cerca de quarenta restituições, mas normalmente tratavam de bens imobiliários. O problema destas decisões judiciais é estarem ordenadas por ordem cronológica, enquanto os arquivos do confiscos de bens que agora se começam a explorar estão baseados na ordem alfabética.

A abertura do processo do ouro nazi mudou a ideia que se tinha dos países neutrais e que «o juízo feito sobre certos países, com a Suíça e a Suécia à cabeça, torna-se hesitante», como diz Wiesenthal. O célebre jornalista da televisão alemã, Werner Höfer, entretanto falecido, disse-nos um dia: «A Alemanha e a França têm um destino. A Suíça só tem uma história.» Mas o caso do ouro mostrou que a Suíça não escapa à fatalidade, apesar de o seu horizonte estar limitado pelas montanhas.

É claro que não se poderá indemnizar toda a gente individualmente. É necessário aceitar a ideia que existem infelicidades históricas irreparáveis, nas quais se inclui o Holocausto. Também se deverá fazer a compensação, confiando que os historiadores esclareçam todas as expropriações da era nazi. Na esperança de que neste século surjam outras verdades sobre outros crimes, nos países comunistas.

«Aqueles que sofreram e sobreviveram têm o direito a conhecer toda a verdade», declarou o ministro britânico dos Negócios Estrangeiros Robin Cook. Só a História pode apaziguar. O conhecimento exacto dos factos proporcionará uma certa acalmia.

Até há pouco tempo, estes factos eram desconhecidos em absoluto pelos cidadãos helvéticos. Eles agarravam-se à convicção de que o seu país não fora invadido porque o seu exército de 600 000 homens bem treinados e preparados para a guerra de guerrilha tinha suscitado o receio dos nazis. A 20 de Agosto de 1954, o ex-vice-presidente do Reichsbank, Emil Puhl, escreveu numa carta, publicada pela revista económica *Wirtschaftswoche* de Düsseldorf, que conseguiu obter o original: «Sei que em muitos meios suíços se lamenta hoje que o seu governo tenha sido obrigado a devolver o ouro que tinham comprado de boa-fé.»

É pena que um tão grande amigo da Suíça tenha morrido há tanto tempo. Não: felizmente que um amigo tão comprometedor faleceu há muito.

2

Estrangular a Economia Alemã?

Em Julho de 1998, após uma sessão do parlamento do seu *Land*, o candidato socialista a chanceler, Gerhard Schröder, felicitou a empresa Volkswagen por ter aceite indemnizar no montante de 20 milhões de marcos, extensível em caso de necessidade, os trabalhadores forçados que tinham trabalhado nas suas oficinas durante a guerra. «Uma decisão inteligente, um exemplo que deveria ser seguido por outras empresas», afirmou Schröder. Enquanto ministro presidente da Baixa Saxónia, Schröder fez parte do conselho fiscal da Volkswagen, de que o governo da Baixa Saxónia detém 20% do capital.

Após o compromisso firmado em Nova Iorque a 13 de Agosto de 1998 entre os bancos suíços e as vítimas do nazismo, tornou-se imediatamente evidente que os bancos alemães teriam de ceder também aos que contra eles haviam apresentado queixa. Foi o que anunciou a 17 de Agosto de 1998 Michael Witti, advogado estabelecido em Munique e representante de uma velha senhora nova-iorquina, Ruth Adams, que tinha intentado um processo contra o Dresdner Bank de Frankfurt.

Mas Ignatz Bubis disse na rádio que as empresas alemãs não deveriam ser demasiadamente sobrecarregadas e que a Alemanha já tinha pago no pós-guerra, contrariamente à Suíça. Segundo o presidente dos judeus alemães, o objectivo não pode ser amarrar os bancos ao pelourinho, mas sim dar-lhes a oportunidade de revelarem os pormenores, de fornecerem os nomes dos responsáveis implicados na época nazi. «E foram muitos», concluiu ele.

A mesma opinião foi emitida pelo deputado democrata-cristão, membro da presidência do partido de Helmut Kohl e vice-presidente da comunidade judaica da Alemanha, Michel Friedman, para quem o montante das indemnizações importa menos do que «desbloquear a amnésia do Deutsche Bank e do Dresdner Bank, bem como dos restantes bancos». Em sua opinião é «insuportável» que eles tenham estado calados cinquenta anos. De origem judaico-polaca, a família do advogado Michel Friedman beneficiou da ajuda do célebre empresário Oskar Schindler. Friedman nasceu em 1956 em Paris.

Já em 1996 o fabricante de automóveis de Wolfsburg tinha tomado a iniciativa de mandar publicar um estudo intitulado *As Fábricas Volkswagen e os Seus Trabalhadores sob o III Reich* da autoria de dois historiadores, Hans Mommsen e Manfred Grieg. Este relatório lê-se como se de um romance negro se tratasse. Por ali se fica a saber que as fábricas Volkswagen, destinadas a fazer a felicidade dos Alemães em 1938 com o Carocha, tinham sido rapidamente transformadas por Hitler numa forja de Vulcano, ou antes Thor, o deus guerreiro germânico que brandia um martelo. Um dos precursores do programa militar foi Ferdinand Porsche, construtor do Volkswagen. Um organograma da empresa, datado dos princípios de 1945, qualificava-o como *Unternehmensführer*, ou seja *Führer* de uma empresa.

Muito considerado por Hitler, Porsche dirigira durante algum tempo a totalidade da produção dos *Panzer* do *Reich*. Na época, o seu adjunto era Anton Piëch. Ferdinand Porsche foi o avô e Anton Piëch o pai do actual presidente do conselho de administração da Volkswagen, Ferdinand Piëch. Também se pode pensar que esta responsabilidade familiar teve algum papel na decisão de indemnizar tomada em 1998. Já em 1941 a Volkswagen empregava prisioneiros de guerra franceses, tinha estudantes holandeses adstritos ao serviço de pessoal e polacos recrutados à força. Em 1942, dois terços dos seus efectivos compunham-se de trabalhadores forçados. Em 1945, somente um assalariado em cada dez tinha um contrato de trabalho regular.

Quando Philipp Holzmann, número um da construção civil na Alemanha, propôs que se edificasse em Frankfurt o centro da comunidade judaica, começaram as manifestações. Como de imediato observou Ignatz Bubis, será que se poderá encontrar uma só empresa de construção que não tenha empregado trabalhadores deportados durante os 12 anos do III *Reich*?

A implicação das empresas privadas na engrenagem nazi, particularmente durante a guerra, foi quase total. Mas algumas desempenharam um papel particular. Por exemplo, quando em 1997 o industrial Karl Diehl foi nomeado cidadão honorário de Nuremberga, grupos oposicionistas descobriram que durante a guerra ele tinha empregado prisioneiros dos campos de concentração e trabalhadores forçados nas fábricas de armamento na Europa de Leste. Entretanto, Diehl declarou estar disposto a indemnizar individualmente as suas vítimas. O mesmo se passou com a Degussa, que tinha empregado prisioneiros políticos numa fábrica de coque na Polónia. Todavia, esta sociedade, que fundia metais preciosos, insistiu para que estes pagamentos não fossem considerados indemnizações, evitando assim as reclamações em cadeia.

O grupo Degussa admitiu ter desempenhado um papel importante durante o III *Reich*, mas retractou-se com honra. Já em 21 de Outubro de 1996, o Centro Simon Wiesenthal em Viena tinha escrito ao seu presidente do conselho de administração, Dr. Uwe Ernst Bufe, em Frankfurt, para lhe solicitar um inquérito às actividades da sua empresa durante o período nazi, bem como informações sobre a quantidade de ouro pertencente a detidos que fora fundida durante a guerra. A resposta, assinada pelo responsável das relações da Degusa com os países estrangeiros, Dr. Michael Jansen, chegou dia 7 de Novembro de 1996. Nela se explicava que só tinham sido conservadas algumas notas da filial berlinense da empresa e que os responsáveis pela fundição dos objectos de ouro durante a guerra ou já se tinham reformado ou morrido.

De seguida, o Centro inquiriu sobre pormenores dos lingotes de ouro produzidos naquela época. Por exemplo, tinham sido modificados os selos apostos sobre as barras de ouro a fim de camuflar as suas datas de fundição? Sugeria também que os reformados fossem ouvidos. A 12 de Dezembro de 1996, o Dr. Jansen deslocou-se a Viena para falar pessoalmente com Simon Wiesenthal. Jansen mostrou-se muito cooperante e prometeu tudo fazer para obter informações sobre o comportamento da Degussa ao serviço do III *Reich*. Mas as suas pesquisas ainda demoraram algum tempo.

Seis meses mais tarde, em Junho de 1997, a Degussa admitiu ter fundido ouro pertencente às vítimas do Holocausto e decidiu fazer luz sobre esse passado, confiando tal decisão a um estudo «independente» a elaborar pela Universidade de Colónia, após o qual um especialista redigiria «com total independência» a sua tese de doutoramento sobre o papel desempenhado por esta empresa nas décadas de 30 e 40.

A Degussa tem uma dimensão nada negligenciável. Teve um lucro recorde durante o exercício de 1997-98, após ter conseguido lucros brutos no valor de 523 milhões de marcos e lucros líquidos de 317 milhões de marcos em 1996-97, para um volume de vendas de 15 343 milhões de marcos (um aumento de 11% em relação a 1996), dos quais 3397 milhões na Alemanha e 11 946 milhões no estrangeiro. Continua especialista em metais raros (7931 milhões), bem como em produtos químicos (4329 milhões) e em produtos farmacêuticos (3083 milhões), não obstante algumas actividades na banca e na área alimentar.

Após o grupo químico Henkel ter vendido em 1997, por 501 milhões de marcos, as acções que detinha da Degussa, esta anunciou no início de 1998 a sua fusão com a empresa química Hüls AG, pertencente em 99% ao fornecedor de energia Veba, já seu accionista e chamado a torna-se o seu proprietário maioritário. O novo grupo passou a chamar-se Degussa-Hüls, empregando 50 000 pessoas, com um volume de negócios de 25 mil milhões de marcos. Em 1997-98, a Degussa progrediu muito nos mercados estrangeiros, onde o seu volume de negócios aumentou 9%, ou seja, para 89 464 milhões de marcos em nove meses, passando assim a percentagem das actividades além-fronteiras para 78% do total.

Garantindo firmemente «nunca ter feito mistério do seu passado», considerou então em 1997 ter estado implicada «nas estruturas económicas, da mesma forma que inúmeras outras empresas de quem o Estado detinha em grande parte as rédeas». Segundo um comunicado da direcção, «o estado actual dos conhecimentos não permitia descortinar qualquer justificação para os pedidos de indemnização das vítimas». A empresa precisava que, «conhecendo a sua própria história, ela apoiava desde há muitos anos inúmeras instituições judaicas em Israel, nos Estados Unidos e na Alemanha».

A Degussa já fora obrigada a defender-se em vários processos contra ela intentados no pós-guerra por força de ter sido accionista da Degesch, que produzia conjuntamente com o grupo químico IG Farben (o qual deu lugar, por desmembramento depois da guerra, aos grupos químicos Hoechst, de Frankfurt, Bayer, de Leverkussen e BASF, de Ludwigshafen) o Zyklon B. Mas quando do processo de Nuremberga, não foi possível provar que os responsáveis pelo fabrico daquele gás sabiam que ele seria utilizado para eliminar vidas humanas. Em princípio, podia ser utilizado como desinfectante de vestuário, de calçado, de compartimentos, como exterminador de pulgas e outros insectos nocivos.

Contra a Degussa, o advogado Edward Fagan apresentou em 23 de Agosto de 1998 um pedido de indemnização equivalente ao património da empresa. Em 1996-97, a totalidade dos bens e equipamentos da empresa fora avaliada em 4,5 mil milhões de marcos, o quer dizer que a Degussa não teria, apesar do seu poder, conseguido sobreviver a tal sangria. Embora saudando este recurso, Ignatz Bubis considerou excessivo o montante exigido.

Com o processo do ouro é um novo campo de investigações que se abre para esta empresa. Pode ler-se no relatório Eizenstat que já em 1946, segundo um documento americano, era evidente que os metais preciosos provenientes de Auschwitz e doutros campos eram fundidos de acordo com um processo chamado *scheidage* (de origem numa palavra alemã) pela Degussa que estava autorizada a guardar uma percentagem a título de remuneração, entregando o restante ao Reichsbank. Este, dizia um documento dessa época, registava o contravalor dos metais preciosos numa conta das SS. A Degussa era a oficina de transformação do metal.

Sabiam os responsáveis da Degussa, à época, qual a proveniência desse ouro? O relatório Eizenstat indica que se podia ler nas caixas, entregues pelas SS ao Reichsbank, que eram oriundas de Auschwitz. Eram entregues assim mesmo à Degussa? Enquanto se espera uma resposta a esta pergunta, percebe-se que, pelo contrário, quanto ao gueto de Lodz a Degussa sabia muito bem do que se tratava. O perito em ouro roubado, Hersch Fischler, de Düsseldorf, encontrou nos arquivos municipais do antigo gueto desta cidade, então chamada Litzmannstadt, cartas que provam que a Degussa não se contentava ali em receber os metais preciosos, mas que ela própria os procurava activamente. Fischler possui uma carta da filial da Degussa em Berlim, escrita a 4 de Outubro de 1940 ao burgomestre de Lodz, oferecendo-lhe 35,50 *Reichsmarks* por quilo de prata fina e 3,40 *Reichsmarks* por grama de ouro fino, deduzidos os custos de transporte e de fundição. Tratava-se nessa mensagem de «entregas de metais preciosos», sem indicação de proveniência.

Mas na carta seguinte, datada de 31 de Outubro de 1940, são referidos expressamente «objectos de ouro e de prata de origem judaica». Nesta correspondência, como noutra carta datada de 3 de Dezembro de 1940, a Degussa lamentava que a sua oferta não tivesse merecido resposta. «Devem saber que o tratamento desses metais se mostrará vantajoso para V. e ficaremos contentes por receber em breve da vossa parte uma resposta positiva», concluía a missiva. Uma factura de Março de 1941, descoberta igualmente por Fischler, confirma a recepção de 1410 quilos de prata e um saldo a favor do burgomestre no valor de 35 137,25 *Reichsmarks*. Estes documentos confirmam as afirmações de uma obra do Instituto de História Contemporânea de Munique, publicada em 1996, e segundo a qual a Degussa, só no decurso do mês de Abril de 1943, recebera «nove caixas com cerca de 1500 quilos» de prata e de ouro oriundos do gueto de Lodz.

Os livros de contabilidade da filial berlinense da Degussa não mostram quaisquer vestígios destas entregas, conforme indica a directora dos arquivos da empresa, Mechthild Wolf. Até então, a direcção julgava não poder desmentir que recebera ouro do gueto de Lodz, mas também pensava que isso não poderia ser provado. Ora, essa factura de 1941 mostra a lista das operações de fornecimento de metais preciosos realizadas naquela data. Os livros das operações de fundição encontram-se nos arquivos da empresa e com eles é possível reconstituir essas operações, segundo declarou um porta-voz da Degussa em Junho de 1996 ao diário económico *Handelsblatt*.

Entretanto, os representantes da firma deram a conhecer que havia nessas listas das actividades industriais indicações como *Jd'silber* e *Jd'gold*, abreviaturas evidentes de *Judensilber* e *Judengold*, «prata e ouro judeus». Trata-se, neste caso, de metais preciosos confiscados aos judeus a partir do ano de 1939. Este ouro transitava primeiro pelo Instituto de Penhores de Berlim para depois entrar nas oficinas da Degussa. O estudo dos arquivos, aos quais se deve juntar os espólios dos arquivos da Europa de Leste, permitirá talvez elucidar em que medida a elite industrial alemã da época estava ao corrente do extermínio dos judeus. Mas a comparação da correspondência comercial, dos arquivos da Degussa e dos arquivos do Estado levará o seu tempo.

Por que razão esperou a Degussa até que lhe solicitassem para explorar o seu passado? Quando a Daimler-Benz, a Volkswagen e o Deutsche Bank já tinham procedido por vontade própria a essa introspecção? Temia que os artigos de imprensa influenciassem negativamente os accionistas e que as vítimas fizessem ao grupo pedidos de reparação consideráveis.

Até ao início de 1998, a Daimler-Benz e a Volkswagen não tinham pago as indemnizações pessoais aos detidos que tinham trabalhado como forçados nas suas oficinas. Contudo, estas empresas tinham em seu poder os nomes dos interessados, enquanto a Degussa tinha fundido ouro judeu anónimo.

Entretanto, as coisas modificaram-se. A Daimler-Benz abriu um fundo que começou a ser distribuído às organizações judaicas no início em Julho de 1998, a Volkswagen renunciou a defender, como outras empresas alemãs que descartaram essa responsabilidade para o Estado alemão, que não era herdeira do seu passado. No seguimento de uma reclamação de trinta antigos detidos judeus que reivindicavam uma indemnização de 4000 marcos por cada mês de trabalho forçado para a Volkswagen – um salário médio alemão de hoje –, o fabricante de automóveis de Wolfsburg decidiu criar um fundo privado para indemnizar esses queixosos e eventualmente outros. É claro que a jurisprudência evolui e que mais valia jogar em antecipação. A comissão de empresa, apoiada pelo sindicato IG Metall e pelo próprio Gerhard Schröder, criticou a avareza de um grupo que acabava de comprar a Rolls-Royce por alguns milhares de milhões de marcos.

O grupo Siemens criou, a 23 de Setembro de 1998, um fundo de 20 milhões de marcos gerido por personalidades e organizações independentes livre de qualquer formalidade burocrática. O grupo de Munique lembra que, já na década de 60, tinha doado vários milhões de marcos à Jewish Claims Conference e que participa, no mundo inteiro, na formação profissional de jovens para lhes dar a oportunidade de viverem num mundo de paz e de amizade. Em Outubro de 1997, antigos trabalhadores forçados de toda a Europa juntaram-se em Berlim para formular as suas reivindicações, não muito longe do local onde o número um europeu da electrónica celebrava os seus 150 anos na presença de 3500 convidados. Declarou o presidente do conselho de administração, Heinrich von Pierer, que «a questão da participação da Siemens num fundo indemnizatório não se coloca, visto que o nosso grupo vem a alimentar um tal fundo desde há quarenta anos». A Siemens, acrescentou ele, deplora «muito profundamente o que naquele tempo foi cometido em nome do povo alemão, mas o trabalho forçado, também na Siemens, era ditado pelo poder».

Em contraponto, os sobreviventes clamavam que «só 2000 judeus foram indemnizados», exigindo do grupo o reconhecimento dos seus direitos e um pedido de desculpas. Segundo a Federação dos «Accionistas Críticos» da Siemens, os trabalhadores forçados chegaram a representar durante o III *Reich* 30% dos efectivos. O checo Jan Jecah acusa a Siemens de estar à espera da «solução biológica» do problema, isto é, o falecimento de alguns dos 8500 sobreviventes.

A partir de 1940, este grupo industrial domiciliado em Berlim e depois em Munique pôde recorrer, com o beneplácito do regime nazi, a esta mão-de-obra oriunda de toda a Europa, judeus, prisioneiros de guerra, estrangeiros. Era necessário colmatar o vazio deixado pelo soldados mobilizados para a frente. Em 1942, a Siemens abriu oficinas perto dos campos de concentração de Ravensbruck e de Auschwitz onde podia escolher os trabalhadores à vontade. Muitos destes escravos morreram de fome e de esgotamento ou então vítimas dos bombardeamentos.

Não contente por poder implicar a Degussa, o caçador de documentos comprometedores, Hersch Fischler, colocou-se na peugada de dois poderosos bancos de Frankfurt. Sabia-se até então que o Deutsche Bank e o Dresdner Bank haviam sido implicados nos bons negócios e na política do III *Reich* ([2]), mas causou surpresa saber que eles tinham entrado nas transacções do ouro dos campos. Era a primeira vez que se incriminavam outros bancos que não os suíços. Estas honradas casas de crédito, hoje os número um e dois da praça financeira de Frankfurt, declararam-se espantadas.

Ora, constata-se que o Reichsbank entregou vinte e três lingotes do ouro de Melmer ao Dresdner, 16% da totalidade do metal precioso confiado a esta instituição pelo banco central. O presidente da comunidade judaica alemã, Ignatz Bubis, afirmou a 2 de Dezembro de 1997, num programa da Rádio Alemanha, que a reacção dos banqueiros alemães radicava «na mesma mentalidade que na Suíça». «Não se diz mais do que aquilo que já foi revelado», prossegue. «Se os documentos estão lá, e parto da hipótese de que eles existem, será necessário que o Deutsche Bank e o Dresdner Bank abram os seus registos e digam tudo o que sabem. É um escândalo que cinquenta e dois anos após o fim da guerra, os bancos ainda não falem abertamente do que se passou naquela época. Por que não referenciam as pessoas que ao seu serviço faziam parte do sistema?»

O Deutsche Bank (DB) estava menos implicado ([3]), apesar de ter recebido 323 quilos de ouro de Melmer e de o seu presidente honorário, Hermann Josef Abs, ter desempenhado um papel-chave nas finanças do III *Reich*. Segundo o livro «autobiográfico» do Deutsche Bank, redigido pelos historiadores Gall e Feldmann, Abs era católico e, como tal, refractário à ideologia nazi, sobretudo após as «desi-

---

([2]) Ver *infra*, III Parte, capítulo 2.
([3]) Ver igualmente *infra*, III Parte, capítulo 2.

lusões» de 1942, precisa a obra. Em 1943, relatam em sua defesa, o Partido Nazi teria pedido a sua demissão do banco. Os conjurados antinazis do círculo de Kreisau também o contactaram, mas Abs teria recusado integrar-se naquele grupo devido aos laços com o banco e por respeito para com a sua família.

No entanto, o professor da Universidade de Cambridge Jonathan Steinberg, que investiga a história do Deutsche Bank, garante que a equipa dirigente do DB não tinha possibilidade de saber donde provinha o ouro que lhe era enviado pelo Reichsbank. Opinião idêntica tem Klaus-Dieter Henke, do Instituto Hannah Arendt. Este professor de História não conseguiu encontrar documentos que o demovessem da sua opinião. Jovem historiador da Universidade de Göttingen, Christopher Kopper, filho de Hilmar Kopper (director do DB até 1997), obrigou a revista *Der Spiegel*, em Junho de 1998, a retirar a sua afirmação de que a direcção do DB «soubera».

Estas afirmações dos historiadores são importantes. Com efeito, o advogado nova-iorquino Edward Fagan poderia arguir o conhecimento que os dois estabelecimentos tinham da origem do ouro para os atacar. Ele ataca-os em nome dos seus clientes Harold Watman, de 77 anos, sobrevivente de Auschwitz, Ruth Abraham, de 85 anos, e Michael Schonberger, de 69 anos, que reclamam o dinheiro de seus pais depositado naqueles bancos. Fagan acusa o Dresdner e o DB de terem enriquecido às custas dos detidos nos campos, ao guardarem o seu dinheiro e não o restituindo aos seus herdeiros. O advogado de Munique, Michael Witti, tomou em mãos o processo de Ruth Abraham. A 17 de Agosto passou à ofensiva, convocando a comunicação social para Frankfurt, para denunciar os subterfúgios dos bancos alemães.

O pedido das vítimas eleva-se a 18 mil milhões de dólares, uma soma astronómica que Fagan fixou com referência às letras da palavra «vida», que em escrita hebraica exprimem o número 18. Interrogado a propósito, Ignatz Bubis afirmou numa entrevista à *Wirtschaftswoche* que era necessário «considerar esta reclamação com calma pois estava-se perante advogados americanos». Acrescentou que «nos Estados Unidos se pisarmos o dedo grande do pé de alguém, pedem-nos milhões de indemnização».

No entanto, acresce a existência, desde Junho de 1997, de uma queixa colectiva de judeus americanos contra as duas principais casas de crédito de Frankfurt e uma centena de outros bancos alemães ainda não indentificados, baseada no facto de terem utilizado em seu benefício o ouro fundido dos dentes e das jóias das vítimas dos campos. No Tribunal Federal de Nova Iorque teve lugar uma primeira audiência entre os queixosos e os acusados, em Outubro de 1998. Os queixosos argumentam com o Relatório Eizenstat que garante, baseado em documentos americanos do pós-guerra, que estes bancos receberam o ouro directamente do SS Melmer.

Acresce que eles serviram de intermediários ao governo alemão e ao Reichsbank para escoar o ouro, nomeadamente no mercado turco, em 1943, o Dresdner com 17 lingotes de ouro e o Deutsche Bank com 22 lingotes da «conta Melmer». Pagaram este ouro ao Reichsbank em francos suíços para o transportar depois para a Turquia em mala diplomática e de outras formas expeditas e ali ser vendido, tendo assim obtido um importante lucro. Na realidade, os relatórios dos serviços de informações aliados tinham confirmado que em 1943 e 1944, a oferta disparara no mercado turco. Numa primeira fase, os dois bancos envolvidos tinham comprado este ouro na Suíça, depois passaram a abastecer-se directamente em Berlim e rapidamente dominaram o mercado otomano.

Contrariamente aos seus confrades suíços, os bancos alemães estavam em melhor posição no que se refere a liquidez, pois a imensa maioria das contas abertas junto deles por judeus tinha sido confiscada por um organismo da administração do Estado nazi, a *Deutsche Reichsstelle*.

Receando uma perda de prestígio que os prejudicaria, os dois grandes bancos decidiram eles mesmos investigar a sua própria história para estarem preparados para qualquer eventualidade. Essa era já a ideia do director do DB, Alfred Herrhausen, antigo aluno da escola de formação de elites do III *Reich*, a Napola, e amigo do chanceler Kohl, entretanto assassinado por terroristas da Fracção do Exército Vermelho em Novembro de 1989.

A partir do Verão de 1997, o Dresdner confiou um projecto idêntico ao Instituto Hannah Arendt. Pode perguntar-se, sem querer fazer um processo de intenções aos historiadores, se estes estudos não pecarão por benevolência dado que para redigir um capítulo do livro sobre o DB cada historiador recebeu 50 000 marcos, enquanto que o Dresdner consagra um milhão de marcos para as suas investigações. Ficou a saber-se nesta altura que o Dresdner e o Deutsche Bank se associaram num fundo indemnizatório.

Alguns acções interpostas junto dos tribunais foram coroadas de sucesso. É assim que a Allianz, número um mundial dos seguros, indicava em Dezembro de 1997 ter reembolsado 30 contratos de seguro firmados por vítimas do nacional-socialismo antes da Segunda

Guerra Mundial. Este gesto surgiu na sequência de um inquérito encetado na Primavera de 1997. Foi intentada uma acção em Abril de 1997 contra 16 companhias de seguros, das quais quatro filiais da Allianz, sendo-lhes censurado o facto de não terem reembolsado os contratos de seguros de vida às vítimas do Holocausto. Pelo seu lado, a Allianz descobriu sete casos de pessoas – cinco a viverem em Israel e duas nos Estados Unidos – que tinham contratado um seguro de vida junto das suas filiais sem que posteriormente tivessem sido reembolsadas ou indemnizadas.

Vamos «nesses sete casos fazer entrega de compensações financeiras», encetou a companhia através de um comunicado, sem referir quais os montantes. A seguradora de Munique precisou que em muitos casos os inquéritos ainda não estão concluídos. Entre Maio e Junho de 1997, a Associação dos Filhos e Filhas de Deportados e o seu presidente Serge Klarsfeld apelaram em França ao boicote das filiais da Allianz, que só neste país em 1996 tinham gerado qualquer coisa como 9000 milhões de francos (1490 milhões de euros) em apólices, caso ela não tomasse medidas eficazes para compensar os danos que causara. Para além dos contratos não reembolsados aos judeus sobreviventes ou aos herdeiros dos mortos, Klarsfeld chamou a atenção para o facto de a Allianz ter segurado, em conjunto com outras companhias de seguros alemãs, as construções e os equipamentos dos campos de concentração. Tratava-se nomeadamente de seguros contra incêndio, o que implicava que os colaboradores dessas seguradoras se tivessem de deslocar aos campos para avaliar os riscos. O que fizeram de facto, tal como a Allianz o supõe hoje.

«Nós assumimos as culpas. Os colaboradores da Allianz tiveram oportunidade de saber o que se passava nos campos de concentração» admitiu numa entrevista dada à *Spiegel* Herbert Hansmeyer, membro da administração da Allianz. Mas os seguros contra incêndio dos campos eram tratados como todos os outros seguros contra incêndio, fossem de imóveis ou de fábricas. Unicamente, salientava a revista de Hamburgo, a Allianz tinha segurado também os barracões, as existências de materiais e o parque de viaturas de Auschwitz. Hansmeyer respondeu que a Allianz certamente que não enriqueceu com os seguros das empresas pertencentes às SS. O balanço chega a alguns milhares de *Reichmarks* que ainda eram partilhados com outras seguradoras.

Após 1997, a sociedade americana Arthur Andersen esmiuçou os arquivos do grupo, ajudada por 15 colaboradores da Allianz. O resultado das pesquisas levou a porta-voz da seguradora, Claudia

Reichmuth, a declarar a 7 de Agosto de 1998 que nenhuma prova foi encontrada que garanta que a Allianz tivesse colaborado estreitamente com os nazis. O que colocava a sua empresa ao abrigo dos pedidos de indemnização.

Resta o *pogrom* da Noite de Cristal, em 1938, após o qual as companhias de seguros recusaram indemnizar as vítimas judias, afirmando que haviam sido vítimas de «tumultos» para os quais não existia cobertura, interpretação confirmada após a guerra pelo tribunal federal de recurso. Mas a Allianz foi igualmente pressionada para compensar aqueles estragos.

Cerca de 800 pessoas ligaram para a linha telefónica disponibilizada pela seguradora para o efeito depois da Primavera de 1997. Os seus pedidos incidiam sobre mais de 1800 contratos de seguro. Deste número, calculou-se que 1600 casos não respeitavam a filiais da Allianz. Sobre os restantes 200 casos, a companhia reembolsou directamente 30 contratos, tendo sido outros 59 indemnizados pela República Federal Alemã e sete ainda não foram honrados.

No entanto, as pessoas lesadas não tinham adquirido o direito a exigirem uma reparação à Allianz, como, aliás, a qualquer outra sociedade comercial. O tribunal de recurso decidiu em 1953 que a República Federal Alemã era a herdeira jurídica do III *Reich*, mas não as companhias de seguros que, por outro lado, apenas cumpriram as leis e os decretos do regime nazi, que previam o confisco dos bens judeus, logo dos seus contratos de seguros.

Esta jurisprudência é de igual modo invocada pelas empresas industriais. Por outro lado, é possível, pensava em 1997 o director da Allianz Seguros de Vida, Gerhard Rupprecht, que algumas apólices não tenham sido açambarcadas pelos nazis, porque a companhia «não lhas tinha mostrado» ou porque os nomes dos seus titulares «não se assemelhavam aos nomes comuns dos judeus». A Allianz encontra-se a examinar 500 000 contratos concluídos na vigência do III *Reich* para filtrar aqueles que poderiam ter pertencido a judeus.

O grupo reafirmou que pretendia esclarecer o mais possível sobre a sua história e sobre as críticas que lhe tinham sido dirigidas. O professor Gerald D. Feldmann, historiador na Universidade de Berkeley (Califórnia), foi contratado para elaborar um estudo sobre a Allianz com a correspondente publicação na Primavera de 1999 de um livro, conforme afirma a direcção central do grupo em Munique. Como já antes dela a Degussa havia feito, a Allianz precisa que se trata de um estudo «independente» sobre o seu passado. «As investigações evidenciarão em particular os laços oficiais e não oficiais entre a seguradora, que já naquela época era a maior da Alemanha, e o aparelho estatal nazi», salientou um comunicado emitido na altura. Feldman também foi incumbido de averiguar o papel desempenhado pela seguradora no quadro das reparações estabelecidas entre a Alemanha e Israel nas décadas de 50 e 60, época na qual a RFA tinha indemnizado as vítimas do nazismo despojadas dos seus bens, nomeadamente por terem sido privadas dos seus contratos de seguro.

Ficou a saber-se que, em 26 de Agosto de 1998, as seguradoras alemãs, com a Allianz, de Munique, e a Victoria, de Düsseldorf, à cabeça, se tinham sentado à mesa de negociações com as organizações judaicas em Nova Iorque. Decidiram criar uma comissão composta por seis representantes destas últimas, mais seis representantes das seguradoras e funcionários europeus, presidida por uma personalidade independente. Os reembolsos a efectuar foram calculados em 2,5 mil milhões de marcos, para contratos de seguros de vida situados em média entre 3000 e 5000 *Reichsmarks* por pessoa. Mas será tida em conta a desvalorização que se seguiu à reforma monetária de 1948, pois os segurados alemães à época não foram tratados de forma diferente. Na verdade, as seguradoras foram obrigadas pelo regime nazi a pararem o pagamento de juros a judeus. Em 1941, os seus contratos tinham sido confiscados pelo *Reich*.

Enquanto a Allianz aceita disponibilizar a sua documentação, «as seguradoras suíças recusam abrir os seus arquivos à autoridade americana de regulamentação», escreve Laurent Mossu em Fevereiro de 1998 no jornal *Le Figaro*. «Elas manifestaram uma recusa ao Congresso Mundial Judaico, que tinha lançado uma operação de envergadura a fim de serem descobertas as apólices subscritas por vítimas do Holocausto. Um cenário bastante semelhante ao vivido há alguns meses pelos bancos helvéticos.»

As principais demandadas pela NAIC (National Association of Insurance Commissioner), a entidade americana de supervisão, a Winterhur e a Bâloise, recusaram prestar contas a autoridades estrangeiras, pois consideram-se unicamente sujeitas às leis suíças. O ofensiva fora conduzida uma vez mais pelo Sr. Edward Fagan que intentou em nome dos seus clientes excluídos por falta de provas tangíveis uma acção conjunta contra 16 companhias de seguros italianas, alemãs, francesas e suíças, das quais reclama a bagatela de 16 mil milhões de dólares.

Por detrás de Fagan perfilam-se, tal como no caso dos bancos, o CMJ e o senador d'Amato. As duas companhias suíças afirmam ter passado a pente fino os seus arquivos. A Winterhur encontrou 34 contratos abandonados totalizando 35 000 francos suíços (22 750 euros), dos quais só seis foram assinados por vítimas da *Shoah*. A Bâloise contentou-se em enviar uma carta para Nova Iorque queixando-se da «hostilidade declarada» manifestada pelos Americanos.

3

Indemnizações Colossais

A multiplicação de pedidos contra a Alemanha provocou reacções mitigadas além-Reno. «Eles querem o nosso dinheiro, mas, sobretudo, pretendem que permaneçamos pequenos», confiou-nos um diplomata alemão. Não precisou quem eram os que designava por eles. Em todo o caso, não somente judeus.

Respondemos-lhe que «eles» não podiam ter tanta falta de tacto ao ponto de quererem arruinar a Alemanha, pois não se mata a galinha dos ovos de ouro.

Este diplomata, que não pode ser considerado como nutrindo simpatias hitlerianas retrospectivas, permaneceu céptico: «Os Checos, Bálticos, Polacos, Ciganos e mesmo os Gregos, já para não falar do conjunto dos Balcãs, chegam agora com listas de reparações a pagar. Com que dinheiro querem que paguemos agora que os nossos impostos são muito mais pesados e que o Estado alemão está endividado até ao pescoço?»

Foi Adenauer quem desencadeou a avalanche. Graças a ele, não se pode censurar a Alemanha Federal por não ter feito esforços para reparar os crimes dos nazis. A 27 de Setembro de 1957, o primeiro chanceler da República Federal declarava perante o Bundestag: «Foram cometidos crimes inomináveis em nome do povo alemão. Eles obrigam-nos a um dever de reparação moral e material, tanto no que respeita aos danos pessoais que os judeus sofreram como também no que se prende com a propriedade judaica [...]»

À data de 1 de Janeiro de 1995, as indemnizações pagas pelo governo alemão e pelos *Länder* às vítimas do nacional-socialismo totalizavam 95 000 milhões de marcos. Foi estimado em 25,9 milhares de milhões de marcos (12,95 mil milhões de euros) o total dos pagamentos que falta efectuar no período compreendido entre 1995 e 2020. Uma soma colossal, no entanto inferior aos 126 mil milhões de marcos em doações e créditos entregues entre 1990 e 1997 à Rússia como reconhecimento pela reunificação alemã.

Tanto quanto lhe foi possível, a partir da década de 50 a Alemanha Federal reconduziu os antigos proprietários judeus nos seus direitos. Até 1950, as vítimas ou os seus herdeiros readquiriram os seus direitos segundo as leis em vigor nas diversas zonas de ocupação. Mas Konrad Adenauer estava firmemente decidido a fazer da reconciliação com Israel um objectivo primordial da sua política externa (o outro objectivo foi a reconciliação com França). A 6 de Dezembro de 1951, escreveu ao presidente da Conference on Jewish Material Claims against Germany, Nahum Goldman, dizendo que o seu governo considerava as reparações um dever moral e que ele estava pronto para discutir as reivindicações que Israel enviara aos Aliados numa nota datada de 12 de Março de 1951.

De Março a Agosto de 1952, após negociações em Londres e em Haia entre o Estado de Israel e diversas organizações judaicas, por um lado, e a República Federal da Alemanha, por outro, Bona comprometeu-se perante Israel e as vítimas, dando lugar ao Protocolo n.º 1, anexo ao tratado com Israel, assinado a 10 de Setembro de 1952 no Luxemburgo. A Alemanha comprometia-se a entregar 3000 milhões de marcos (1500 milhões de euros) a Israel e 450 milhões de marcos (225 milhões de euros) às organizações judaicas. O dinheiro destinado à Jewish Claims Conference (JCC) devia ser dado a diversas organizações judias existentes no mundo para ajudar os judeus que tivessem necessidade de se instalar fora de Israel.

Esta organização com sede em Frankfurt entrega o dinheiro às vítimas e herdeiros sob sua própria responsabilidade conforme diversos acordos, o último dos quais data de Outubro de 1992. O dinheiro destinado a Israel foi entregue sobretudo na forma de produtos industriais e alimentares como reconhecimento pelo facto deste jovem Estado ter acolhido numerosos judeus perseguidos pelos nazis.

Por um aditamento datado de 26 de Maio de 1952 ao tratado subscrito pelos Aliados sobre a devolução da soberania à Alemanha, Bona comprometeu-se a votar uma lei sobre as indemnizações, donde resultou a lei sobre a indemnização às vítimas de perseguições nacionais-socialistas de 19 de Setembro de 1953 e os decretos regulamentares de 1 de Outubro de 1953 que foram várias vezes completados e melhorados desde então, nomeadamente pela lei do reembolso de 19 de Julho de 1957 que indemnizava o confisco de bens móveis pelos nazis, e pela lei de 14 de Setembro de 1965 que alargou consideravelmente o número de pessoas beneficiárias destas disposições.

Foram-lhe acrescentadas as «ajudas pelos rigores sofridos», como as designa a linguagem do direito. São destinadas nomeadamente às vítimas das experiências médicas dos nazis nos campos, em clínicas ou laboratórios. Houve cidadãos dos Estados comunistas que dela beneficiaram por intermédio da Cruz Vermelha de Genebra antes de se fechar a Cortina de Ferro. Para além de indemnizações pagas mensalmente por internamento em campo de concentração, se a vítima com isso tinha acabado por perder a sua situação de comerciante, advogado ou médico, poderia obter a partir da década de 50 uma indemnização até 25 000 marcos, que por vezes chegava aos 40 000. Foram igualmente pagas indemnizações pela perda de bens, pelas multas aplicadas aos judeus, etc. Pôde-se calcular uma indemnização de 10 a 20% para as perdas médias.

Ainda há que juntar os acordos celebrados entre 1959 e 1964 pela Alemanha Federal com onze países da Europa Ocidental e cinco de Leste onde era assumido o compromisso de indemnizar os cidadãos naturais daqueles países nos termos das leis já aprovadas, no caso de a isso terem direito por força das perseguições nazis. A Alemanha aceitou também entregar à Áustria um montante de 102 milhões de marcos (51 milhões de euros) pelas mesmas razões.

Em 1996, o governo alemão e os *Länder* pagaram 1,5 mil milhões de marcos (750 milhões de euros) de indemnizações às vítimas do nacional-socialismo, dos quais 1,13 mil milhões (565 milhões de euros) para deficientes físicos devido a maus tratos, 102 milhões (51 milhões de euros) para reparações aos herdeiros e 53 milhões (26,5 milhões de euros) para reparações por perdas em capital ou valores. Uma flexibilização das regras de indemnização permitiu entregar em 1995 178,5 milhões de marcos (89,25 milhões de euros) suplementares às vítimas judias e 1,2 milhões (600 000 euros) às vítimas não judias do nacional-socialismo. Ainda que o número de vítimas do nazismo e dos seus descendentes tenha tendência para decrescer, o número dos pedidos de indemnização tem aumentado, oriundos em particular de países da Europa Central.

Naturalmente, foi impossível elaborar no final da guerra um inventário das riquezas roubadas. O mesmo vale para as indemnizações à escala internacional. Na conferência de Londres, em Dezembro de 1997, peritos calcularam que as restituições individuais de bens perdidos, nomeadamente ouro e jóias, não eram possíveis de efectuar. Simplesmente, o ouro não devia ser remetido aos bancos centrais espoliados mas sim a uma fundação das vítimas do nazismo.

No seguimento desta conferência de Londres, o governo britânico decidiu então criar um novo fundo do Holocausto com 5,5 toneladas de ouro dos nazis provenientes da Federal Reserve americana e do Banco de Inglaterra. As organizações judaicas insistiram para que fossem então indemnizadas as vítimas do Leste europeu, ao mesmo tempo que o ministro britânico Robin Cook insistia para que o fundo beneficiasse essencialmente os mais idosos. Estas 5,5 toneladas são o saldo do fundo da Tripartite Gold Commission (TGC) formada no fim da guerra pelos três aliados ocidentais que devolveu 98,6% da quantidade encontrada à época aos bancos centrais dos países que tinham sido espoliados, salvo os de quinze Estados, entre eles os Estados saídos da antiga Jugoslávia, que ainda estão para ser indemnizados. A Suíça não foi a única a ser posta em causa nesta conferência. Após a guerra ter terminado na sua zona de ocupação a própria Grã-Bretanha confiscou mais de 700 milhões de libras de bens, entre os quais se encontravam, sem se saber, bens judeus.

As somas entregues pela democracia de Bona, se bem que importantes, com certeza que nunca serão suficientes, se comparadas com os prejuízos sofridos de ordem material, mas sobretudo moral. Estes não podem ser medidos com recurso a uma tabuada. Àquelas há que acrescentar a ajuda militar secreta, na ordem de vários milhares de milhões de marcos, fornecida pelo chanceler Konrad Adenauer a David Ben Gurion. Existe um artigo não escrito na Constituição alemã que diz que a República Federal nunca tolerará que Israel seja erradicado do mapa.

A relação especial existente entre Bona e Telavive é, por outro lado, um elemento determinante no equilíbrio das forças internacionais, o qual deverá ser tido em conta por toda a política comum europeia. É necessário ter igualmente sempre presente o dia em que a Alemanha se tornará membro do Conselho de Segurança das Nações Unidas. Ela nunca recuará nem cruzará os braços perante qualquer conflito que ponha em causa a existência de Israel e, bem vistas as coisas, moralmente não teria esse direito.

É na lógica desta relação que Helmut Kohl, partidário convicto de um Memorial do Holocausto no centro de Berlim (contrariamente ao seu sucessor, a partir de 1998, Gerhard Schröder), justificou em

Fevereiro de 1998 no Fórum de Estratégia de Munique o apoio concedido pelo seu país aos Americanos contra o regime de Saddam Hussein em 1991, afirmando que «é perfeitamente claro que as nossas bases estão à disposição dos Americanos. A Alemanha tem uma responsabilidade particular no que respeita à salvaguarda de Israel. O regime criminoso do Presidente Saddam Hussein constitui igualmente uma ameaça para Israel. E nós, enquanto Alemães, não podemos falar desta região do mundo da mesma forma que o fazemos das outras.»

Três semanas antes, o ministro alemão da Chancelaria, Friedrich Bohl, democrata-cristão e próximo de Helmut Kohl, e a Jewish Claims Conference chegaram a acordo quanto às indemnizações a atribuir a 18 000 sobreviventes leste europeus do Holocausto. O American Jewish Commitee (AJC) há dois anos que tinha aberto as hostilidades contra o governo de Bona, chegando a dar uma conferência de imprensa em Washington e a publicar um anúncio no *New York Times*. O rabino Andrew Baker, director da secção europeia do AJC, apelidara as vítimas da Europa de Leste de «vítimas esquecidas». Acusava o governo alemão de cinismo por ter dois pesos e duas medidas relativamente aos sobreviventes de Oeste e de Leste.

A Alemanha pretendia pagar a cada um dos sobreviventes de Leste 250 marcos por mês, oriundos de um fundo de 50 milhões de marcos, a ser constituído entre 1999 e 2002 em benefício de Jewish Claims Conference. Por fim, em Agosto de 1998 acabaram por chegar a um acordo sobre a entrega de um total de 200 milhões de marcos. Para beneficiar desse pagamento, a antiga vítima do nazismo teria de estar viva na altura da entrega da indemnização, tinha de se encontrar numa situação económica precária e ter estado internada num campo de concentração ou num gueto durante um lapso de tempo considerado suficiente.

Ao contrário dos perseguidos dos países ocidentais, as vítimas de Leste nada tinham recebido individualmente da República Federal até ao momento. Após a queda do comunismo, a Alemanha pagou penalizações à maioria dos países da Europa Central e de Leste, particularmente à Polónia e às antigas repúblicas da União Soviética, mas uma grande parte desse dinheiro, cujo montante variava entre 500 e 2000 marcos por pessoa, nunca chegou àqueles a quem era destinado.

O Partido Verde alemão bateu-se durante anos pela indemnização às vítimas de Leste. Na véspera da sua assinatura, o seu jurista, Volker Beck, considerou este acordo «um grande sucesso». A JCC, por seu lado, declarou-se satisfeita com as modalidades previstas no acordo que eram melhores do que poderia ter esperado.

Ficava assim por resolver o problema dos Roms, Gitanos ou Ciganos, arrebanhados por toda a Europa e deportados entre 1943 e 1944 para Auschwitz. A grande maioria morreu ali. A partir de 1999, passou a existir uma exposição permanente que lhes é dedicada, no Bloco n.º 13 deste campo, conforme decisão do director do Museu de Auschwitz, Jerzy Wroblewski. Pouco depois do acordo de Janeiro de 1998 sobre as indemnizações às vítimas da Europa de Leste, um grupo de dirigentes dos Ciganos manifestou-se diante da Chancelaria federal em Bona. Reclamavam por seu lado reparações materiais.

Quanto aos trabalhadores forçados requisitados pelo III *Reich*, considerando que já fora feito o bastante por eles, o chanceler Kohl decidiu em 25 de Agosto de 1998, no seguimento da interposição de uma acção contra uma série de empresas alemãs, não lhes atribuir quaisquer indemnizações públicas suplementares. Ajustando o passo pelo da Volkswagen, vários grupos, onde se incluem o fabricante de viaturas BMW e a empresa de construção e obras públicas Hochtief, declararam estar dispostos a participar num fundo comum na condição de o governo lhes dar o seu apoio, no que Gerhard Schröder consentiu em 21 de Outubro de 1998, incluindo nele o grupo Siemens.

Ignatz Bubis avaliou em 130 000 milhões de marcos (65 000 milhões de euros) o montante que os cofres públicos terão de entregar até 2030 para liquidar materialmente o Holocausto. Mas este montante não tem em conta as reparações atribuídas aos trabalhadores forçados. Todavia, no decurso da sua campanha eleitoral para a Chancelaria, em 1998, assistiu-se a Gerhard Schröder fazer marcha-atrás e a afirmar, tal como o seu competidor Helmut Kohl, que esse é um assunto das empresas e não do Estado. Uma vez eleito chanceler, deu garantias públicas aos industriais, ao deixar bem claro que estes pagamentos seriam feitos à custa dos contribuintes alemães já fortemente pressionados em termos fiscais e à beira da revolta.

Emissários do advogado nova-iorquino Edward Fagan puseram-se efectivamente à procura de trabalhadores requisitados sobreviventes. Segundo o *Wall Street Journal*, o contrato destes «caçadores de cabeças» contém uma cláusula em que lhes é atribuído 25% da indemnização paga em caso de sucesso. Em comparação com os trabalhadores judeus, o número de trabalhadores forçados não judeus é imenso. Deve dizer-se que os requerimentos dos judeus só representariam 15% das reclamações susceptíveis de se abaterem sobre as empresas e o Estado alemão sobre esta questão. De acordo com a política seguida pelo III *Reich*, a avalanche dos pedidos poderia ser ilimitada e estrangular definitivamente a Alemanha. É assim compreensível a prudência de Kohl e de Schröder. Mas é verdade que os camponeses ucranianos e polacos não têm em Nova Iorque quem pressione por eles. Para além de que muita dessa gente já morreu entretanto. Assim, Klaus Kocks, membro da direcção da Volkswagen, calculou em 2 000 os antigos trabalhadores forçados da sua empresa ainda vivos, de um total de 20 000 que passaram pelas suas oficinas.

Apesar de o ter admitido, a Volkswagen não fará uma festa muito barata. A 30 de Agosto de 1998, o advogado nova-iorquino Melvyn Weiss, do escritório Milbert & Weiss, onde trabalham mais de 150 advogados, anunciou à imprensa americana que iria interpor um recurso colectivo em nome de milhares de trabalhadores contra a VW, tal como tinha acabado de fazer contra a Opel, filial alemã do grupo Ford. Seguiram-se as acções contra a BASF, Bayer e Hoechst, contra a Mannesmann, Krupp, Thyssen, Rheinmetall, Leica, MAN e BMW. Associado a este pedido, Fagan dizia «não saber se os queixosos seriam 500 000 ou 1 000 000». Ele exige entre 75 000 e 130 000 dólares por recorrente.

Todos os problemas não estavam ainda resolvidos. Nomeadamente na ex-RDA, as reivindicações dos títulos de propriedades judias confiscadas pelos nazis e não indemnizadas pelo defunto regime comunista – que tinha recrutado sem qualquer pudor muitos dos antigos responsáveis nazis – ainda são numerosas. Ao contrário de Bona, os dirigentes da RDA nunca quiseram assumir a responsabilidade pela perversidade dos nazis, afirmando que «o primeiro Estado de trabalhadores e de camponeses existente em solo alemão» não podia ser o herdeiro do III *Reich*. Atitude muito confortável do ponto de vista financeiro, pois a Alemanha Ocidental mesmo assim teve de pagar. Os perseguidos pelo nacional-socialismo gozavam na RDA simplesmente de algumas vantagens, como cuidados médicos ou um complemento de reforma apelidado «pensão de honra».

Nas décadas seguintes, a luta contra Israel e o sionismo foi um elemento constituinte da política externa da RDA. Somente nos finais da década de 80, quando o regime se sentia já à beira do colapso, Erich Honecker se mostrou disponível a pagar indemnizações pelos confiscos perpetrados pelo III *Reich*, mas num quadro muito limitado, na esperança de ganhar assim algum prestígio internacional e de melhorar as suas relações com os Estados Unidos. Mas a estas declarações de intenção não se seguiram quaisquer acordos concretos. Após a reunificação alemã, uma lei regulamentou a restituição de bens judaicos situados no território da ex-RDA. Por uma outra lei de 22 de Abril de 1992, Bona retomou o sistema das «pensões de honra», melhorando-o e tornando-o extensível às pessoas que, sob o comunismo, não haviam até aí beneficiado dele, normalmente devido a razões ideológicas.

Em virtude de numerosos Alemães de Leste terem fugido da RDA e terem sido expropriados, hoje milhares de judeus alemães e os seus herdeiros executam penosas diligências para conseguirem a restituição dos seus bens situados na ex-República Democrática Alemã. No interim, os seus bens, confiscados antes e durante a guerra, foram declarados «propriedade do povo» pelo regime comunista de Walter Ulbricht e frequentemente revendidos a cidadãos da RDA. Dispersos pelos quatro cantos do mundo, os sobreviventes e os herdeiros não pensam em voltar a habitar as suas antigas casas e apartamentos na Alemanha, revendendo normalmente os seus bens, uma vez restituídos.

O problema das restituições pôr-se-á com especial acuidade no centro de Leipzig que era em grande medida propriedade de judeus. Para fazer valer os seus direitos, os espoliados devem efectuar diligências infindáveis e apresentar documentos que na maior parte dos casos já não existem, o que provoca incompreensão e cólera. «Em parte é irracional», explica Franz von Gierke, perito do escritório de advogados Knauthe-Paul-Schmitt de Berlim. «Eles pensam: os nazis assassinaram os meus pais e agora a República Federal não quer abrir mão daquilo que me pertence.» Devido à falta de pessoal os serviços competentes levam anos para examinar os documentos. Em Berlim, foram apresentados cerca de 35 000 pedidos de restituição, versando sobre cerca de 4000 terrenos e prédios urbanos. Desde 1992, somente um terço foi satisfeito, devido à complexidade dos processos, afirma o departamento encarregado da regularização das propriedades, que exprimiu a sua vontade de concluir a sua missão até ao virar do século.

Meio século depois, netos, sobrinhos-netos ou primos-netos nunca sabem onde se situava exactamente a casa da família. Em muitos casos, os nomes e a numeração das ruas mudaram, os lotes foram alterados, foram construídos novos edifícios, o que complica o processo de restituição, após quarenta anos de RDA, numa sociedade acordada como a Bela Adormecida. «O problema da habilitação dos herdeiros é ainda mais retorcido», salienta von Giercke. «Quando uma família foi deportada, é muito importante saber quem morreu em primeiro lugar. Isso pode alterar completamente uma herança.» Mas como encontrar tais informações quando os deportados foram mortos às centenas de milhares sem deixar outros rasto que não o fumo que se escapulia das chaminés dos fornos crematórios?

A situação complica-se quando os judeus não foram expropriados pelos nazis, antes tiveram de vender os seus bens a Alemães. Têm então de provar que os venderam sob coacção, porque os nazis os perseguiam e não porque tinham dificuldades financeiras.

Os advogados criticam também as parcas indemnizações recebidas pelos seus clientes quando uma restituição não é possível na prática. Por exemplo, quando se trata de um terreno onde se construiu uma escola, um prédio ou uma empresa. Evitando acima de tudo problemas sociais na ex-RDA, onde a taxa de desemprego é muito elevada, as autoridades de Bona têm sempre tendência para privilegiar a manutenção no local dos actuais habitantes de um prédio ou apartamento e em lhes evitar os mínimos encargos. Não foram eles já suficientemente punidos pelo facto de terem vivido 40 anos na mediocridade, sob a segunda ditadura alemã?

«Neste caso, os herdeiros recebem 20% do valor de mercado do bem», calcula Jost von Trott zu Stolz, advogado em Berlim. O Ministério das Finanças é também suspeito de fazer obstrução. Não se atribuiu a si próprio a propriedade dos terrenos expropriados pelo regime comunista no melhor local de Berlim para ser construído o Muro e a faixa de morte que o rodeava? Bona confirmou assim uma medida da era comunista. «A República Federal não está seguramente interessada em que tudo seja restituído», conclui Walter von Giercke. Em lado algum a parada é tão elevada com em Berlim, pois esses bens estão frequentemente situados em pleno centro da capital, como seja na avenida Unter den Linden, onde o valor dos terrenos subiu em flecha após a reunificação.

Logo após a sua eleição para a Chancelaria, no Outono de 1998, Gerhard Schröder decidiu, de acordo com os dirigentes da indústria alemã, apurar o valor da conta corrente das quantias reclamadas pelos antigos trabalhadores escravos do III *Reich*, entre os quais se contam inúmeros judeus e, sobretudo, os residentes dos países da Europa Central e de Leste. Não havia muito tempo a perder, pois os sobreviventes caminhavam rapidamente para o fim das suas vidas. Por outro lado, tratava-se também de limpar o opróbrio que fora lançado sobre a indústria alemã e de garantir que, uma vez acertadas as contas, não viessem a surgir outras reivindicações. As negociações foram confiadas, em Julho de 1999, a uma comissão colocada na dependência do «senador do Estado», do Partido Liberal alemão (FDP) e antigo ministro da economia de Helmut Kohl, o conde Otto Lambsdorff, figura ligada aos meios industriais e bancários alemães. Lambsdorff, com uma perna amputada durante a guerra e um irmão embaixador, é descendente de uma família da aristocracia báltica que, no passado, também tinha servido os czares. Schröder não podia ter escolhido melhor.

Cinco governos da Europa Oriental e a Jewish Claim Conference participaram nas reuniões plenárias em discussões intermináveis que envolveram para cima de uma centena de pessoas em cada sessão, sendo a maioria realizada em Nova Iorque. Foi possível a Lambsdorff estabelecer uma relação de confiança com o vice-ministro das Finanças americano, Stuart Eizenstat, que já conhecia, e beneficiar do apoio jurídico do professor Jochen Frowein, do Instituto Max-Planck de Friburgo, que teve a arte de convencer o governo alemão da fiabilidade dos termos do acordo, o qual, concluído em Julho de 2000, dispõe que será constituído um fundo para o qual o governo alemão contribuirá com 5 mil milhões de euros e a indústria alemã com outro tanto. Deste montante, 8,1 mil milhões serão destinados aos antigos trabalhadores deportados, mil milhões como compensação pela espoliação de bens, 700 milhões para constituir o fundo «Lembrar, Futuro» destinado a ajudar, nomeadamente, a participação de antigos deportados em colóquios e actos comemorativos e, por fim, 200 milhões para pagamento de encargos administrativos.

Um ano depois, 6300 empresas já tinham entregue a sua quota. Apesar de algumas ainda se continuarem a recusar, outras, como a SAP, fundada após o fim da guerra pelo Banco Oppenheim, que havia sido «arianizado» pelos nazis, participaram sem que a isso estivessem obrigadas.

III PARTE

O Bando de Hitler

Uma villa *sobre o Wansee*

Entre o clube de vela e motoclube, no número 56-58 da Alameda Am grossen Wannsee, sobre as margens de um vasto lago no sudoeste de Berlim, encontra-se uma soberba residência prussiana, edificada entre 1914 e 1915, numa época em que o *Reich* imperial ainda acreditava que podia ganhar a Primeira Guerra Mundial. A sua longa fachada com cinquenta metros, os seus três andares rematados por uma cornija e o seu centro arredondado formando a imagem de uma torre, tornam-na quase num severo castelo prussiano, matizado pelo estilos barroco e *Jugendstill* dos anos 1900. A sua ostentação é reforçada pela cor amarelo-acinzentado, pelos ornamentos das paredes e pelos quatro anjos que dominam o telhado em terraço sobre as fachadas poente e nascente. Enquadra-se bem neste subúrbio rico de Zehlendorf, que nada sofreu com os bombardeamentos. A entrada é fechada por uma porta gigantesca em ferro forjado com três metros de altura.

Para entrar é preciso tocar à campainha. Atravessa-se o parque que rodeia a casa, seguindo por uma alameda de gravilha, ladeada por bancos entre as árvores majestosas. O alpendre inclinado que abriga a porta de entrada é sustentado por quatro colunas, duas redondas, duas quadradas. Nas traseiras do edifício, o terraço desce em degraus em direcção ao jardim onde se ergue um vaso de pedra ricamente decorado e de onde se desfruta uma vista soberba sobre as águas do Wansee, sobre as quais se recortam as silhuetas de iates e de barcos a gasolina. Esta imponente construção está situada num enquadramento idílico.

Desde 20 de Janeiro de 1992, esta construção é um memorial. Foi para ali que o número um das SS, Reinhard Heydrich, convocou, a 20 de Janeiro de 1942, oito secretários de Estado, seis peritos da polícia e das SS, um chefe de departamento ministerial, para se reunirem em volta de uma mesa. Adolf Eichmann foi encarregado de redigir a acta. Ele tinha fornecido a Heydrich os números e os dados necessários para a sua exposição introdutória para o começo do Holocausto dos judeus da Europa.

Estes homens, que sabiam tudo uns sobre os outros, falaram sem embargos nem floreados. Como matar mais de dez milhões de judeus, rapidamente, com limpeza, sem falhas? Tal foi a missão confiada por Göring a Heydrich em nome de Hitler. Tal foi a pergunta que Heydrich colocou. O chefe do *Sicherheitsdienst* (SD) confirmou que Hermann Göring o havia nomeado em 31 de Julho de 1941 «encarregado da missão de executar um plano de quatro anos». A decisão estava tomada. Tratava-se apenas de a concretizar.

«Naquele momento, senti-me como Pôncio Pilatos, pois senti-me livre de toda a culpa [...] Quem era eu para julgar? Quem era eu para ter uma opinião própria sobre aquele assunto? Se os papas deciam, eu não tinha mais que obedecer», disse Eichmann no seu julgamento em Jerusalém. Antecipadamente foi-lhe dada carta branca e a absolvição. Ele nunca tivera tamanho poder discricionário. Na verdade, os chefes descarregaram sobre ele o trabalho sujo.

No jargão a que o filólogo alemão Viktor Klemperer chamou LTI, *lingua tertii imperii*, e Henri Amouroux «a linguagem codificada dos nazis», Heydrich utilizou um dos seus eufemismos que permitiam mascarar o horror com a virtude, de que a frase mentirosa colocada sobre o portão de entrada de Auschwitz, *Arbeit macht Frei* (O trabalho liberta), é o melhor exemplo.

A 31 de Julho de 1941, Göring escreveu a Heydrich, lembrando-lhe que uma decisão de 24 de Janeiro de 1939 o «encarregara de encontrar a solução mais favorável para a questão judaica, fosse pela emigração ou pela evacuação», e simultaneamente confiava-lhe a «missão de tomar todas as medidas preparatórias necessárias, de carácter organizativo, implementação e de meios materiais para obter uma solução total para a questão judaica na zona de influência alemã na Europa».

«Todos os outros órgãos governamentais devem cooperar convosco para este efeito», acrescentava a mensagem. É preciso realmente conhecer mal os regimes totalitários para afirmar que ainda se tratava de uma evacuação. Pode ler-se nas entrelinhas que, tendo sido mal sucedida a evacuação, era preciso aplicar uma solução mais radical, mais «total».

Heydrich decifrou correctamente esta determinação, contrariamente aos «revisionistas» de hoje que, na verdade, enquanto simpatizantes do regime hitleriano e dos seus imitadores encontram para ele todas as desculpas.

Heydrich declarou que os judeus seriam enviados «para Leste para trabalhar» e que um certo número deles seria «dizimado pelas vias naturais», quer dizer por doenças e acidentes nos campos da morte, como relatou Eichmann ao seu interrogador, vinte anos mais tarde. Os outros, os mais fortes, que arriscavam formar o núcleo de um renascimento judaico, deveriam «ser submetidos a um tratamento especial», o que em LTI se chamava uma *Sonderbehandlung*, o que quer dizer, admite Eichmann, executados. Tal como ele contou, falou-se de extermínio, eliminação e execução mas estas palavras evidentemente não constavam da acta, pelo que durante um certo tempo se pode ter duvidado que tivesse existido uma ordem expressa para o exterminio dos judeus.

Após terem acertado os pormenores da fase final do Holocausto, Heydrich, Eichmann e o chefe da *Gestapo*, Heinrich Müller, descontraíram frente ao belo fogo da lareira. Tinham feito um belo trabalho.

No fim de Janeiro de 1942, este último enviou uma directiva informando todos os serviços de polícia e todos os «serviços centrais» do «*Reich*, da Região fornteiriça de Leste e do Protectorado da Boémia e da Morávia que havia começado a solução final da questão judaica». Os serviços centrais ou *Zentralstellen*, assim chamados na linguagem administrativa insípida e incolor tão ao gosto da ditadura – na maior parte dos casos, só eram utilizadas iniciais – tinham sido criados por Eichmann, em 1938, primeiro na Áustria depois na Alemanha, para tratar do destino dos judeus. Eram as suas correias de transmissão.

Desde 1992 que uma exposição permanente mostra na residência de Wansee os resultados dessa conferência de sinistra memória: fotografias e documentos do Holocausto. A casa é igualmente um instituto de pesquisa onde os investigadores estudam os documentos desta hecatombe, pois a partir do momento em que os arquivos do

Pacto de Varsóvia foram abertos, em 1990, trabalho é coisa que não falta. De 1992 a 1998, mais de 280 000 visitantes vieram ver a exposição, sobretudo grupos de estudantes alemães.

1

O Ogre Solta os Seus Lobisomens

Uma vez tomada a decisão, os comboios começaram a rolar por toda a Europa. Os caminhos-de-ferro do *Reichsbahn* e o seu importante cliente Eichmann, *Judenreferent* e responsável por todas as deportações, afinaram os horários e os trajectos de comum acordo. Preço da viagem por passageiro e por quilómetro: quatro *pfennigs* por uma viagem só de ida em terceira classe. Eram inúteis as tarifas de ida e volta.

Apesar da falta de comboios, Eichmann tinha pensado terminar em Junho de 1943, muito antes do planeamento feito para quatro anos. Mas em 1942, quando a *Wehrmacht* invadiu a região do Don, faltaram os vagões no preciso momento em que ele pretendia aumentar para 1000 o número de judeus por transporte. Amontoá-los mais não era possível se bem que as SS tenham feito o seu melhor. Era necessário aumentar o número de composições. A 14 de Julho de 1942, o «deportador»-chefe recebeu uma notícia triste proveniente de Paris: ia ser suprimido um comboio com destino a Auschwitz. Eichmann telefonou ao responsável na capital francesa, o *Obersturmbannführer* Heinz Röthke, gritando-lhe ao telefone que era «uma questão de prestígio» e que ele ia riscar a França dos planos de deportação se não houvesse comboio. Röthke suplicou a Eichmann para não o castigar daquela maneira.

Os «papas» do nacional-socialismo tinham tomado a decisão, dissera Eichmann. Esse bom *Feldmarschall* Hermann Göring, o homem popular do III *Reich*, filho do governador da Namíbia alemã, herói da Primeira Guerra Mundial, condecorado com a Cruz de Mérito, tinha encorajado esta iniciativa.

No Rasto dos Tesouros Nazis

A prova é feita quando, pouco depois, Hitler em pessoa deu a ordem para ser suprimida a totalidade dos judeus. O mérito desta descoberta deve ser creditado ao historiador berlinense Christian Gerlach, de 34 anos. Antes dele, os seus colegas tinham procurado em vão uma indicação nesse sentido. O director do Memorial da Conferência de Wansee, em Berlim, Norbert Kampe, pensa que este jovem investigador encontrou a chave do enigma. Gerlach publicou a sua descoberta em Janeiro de 1998 na revista *Werkstatt Geschichte*. Tratava-se de um discurso de Hitler que até àquele momento nunca havia despertado a atenção dos exegetas[4].

Tudo se passou a 12 de Dezembro de 1941 nos aposentos privados do *Führer* na Chancelaria do *Reich* em Berlim. Ali, Hitler reuniu em segredo os dirigentes do Partido Nazi à escala nacional e regional, até ao nível de *Gau*, para lhes fazer uma comunicação importante. Não é difícil imaginar a cena.

O chefe do Partido Nazi perora com grandiloquência, conforme é seu hábito, rodeado por um silêncio religioso. Ele gosta de se ouvir a si próprio pelo que reúne os seus públicos. Mas o encanto desta vez é impressionante. O profeta louco congeminou um grande golpe. Dá-lhes conhecimento da sua decisão de eliminar todos os judeus. É para lhes comunicar esta directiva ultra-secreta que convocara os responsáveis do Partido para a sua intimidade. Vieram nos seus uniformes rutilantes de insígnias e galões, ostentando as braçadeiras com a cruz gamada sobre os seus dólmanes castanhos e negros, velhos combatentes do Partido e jovens militantes saídos das fileiras, dedicados de corpo e alma ao seu médium inspirado.

O ogre reuniu a sua matilha de lobisomens no coração da «Germânia». É assim que o déspota, após a vitória, chamará à futura capital do *Reich* milenar, suprimindo até o nome Berlim. Fim de Janeiro de 1938: a sede do seu poder na Wilhelmstrasse já não lhe chegava. Necessitava de um palácio à medida das suas ambições planetárias. Mandou chamar o seu arquitecto, Albert Speer: «Nos pró-

---

[4] Sobre este assunto deve ler-se o livro de Peter Longerich. *Hitler und der Weg zu Endlösung*, Piper, Munique, 2001. É igualmente interessante saber que, a 28 de Agosto de 2002, foi transmitido no primeiro canal alemão ARD o filme realizado pelo jornalista da televisão alemã, Ingo Helm, sobre a fortuna pessoal de Hitler, que era considerável. Não provinha somente do roubo de objectos de arte, de doações feitas pelos ricos que apoiavam o seu movimento político, mas também da venda do seu livro *Mein Kampf*, que lhe teria rendido 7,8 milhões de *Reichsmarks*. Por decisão dos Aliados, a fortuna do *Führer* foi entregue ao estado da Baviera.

ximos tempos vou ter de entabular conversações importantes. Por isso, tenho necessidade de grandes salas e salões que me permitam impor-me especialmente às pequenas potências. Ponho à sua disposição toda a Vosstrasse como terreno de construção. O custo dos trabalhos não me preocupa.»

Speer laborou afincadamente. Um ano depois, o edifício colossal com 240 metros de comprimento e três andares estava concluído. A fachada de linhas clássicas quase uniforme em todo o seu comprimento e profundidade, para parecer mais enorme ainda, com os seus monstruosos pórticos ladeados por colunas, fazia lembrar mais um mausoléu do que um edifício administrativo moderno. O gabinete de Hitler media 27 por 15 metros, com um pé direito de seis metros de altura. Em 1941 o custo da construção elevou-se, após o fim dos trabalhos, à soma gigantesca, para a época, de 89 milhões de *Reichsmarks*. É evidente que os arrivistas do Partido Nazi estavam impressionados com este símbolo em pedra do seu triunfo e, uma vez admitidos neste edifício sagrado, estavam dispostos a sofrer toda a espécie de mortificações.

Foi então aqui, e não em Wannsee, que foi decidido o Holocausto. A Conferência de Wannsee só tratou da execução. Christian Gerlach baseia-se num apontamento contido no diário do ministro da Propaganda, Josef Goebbels, que esteve presente, e numa nota encontrada no caderno de apontamentos do *Reichsführer SS* Heinrich Himmler. Evocando este discurso de Hitler na Chancelaria do *Reich*, Josef Goebbels escreveu: «Sobre a questão judaica, o Führer decidiu fazer tábua rasa. Ele tinha profetizado aos judeus que se voltassem a desencadear uma nova guerra mundial, sofreriam o seu próprio aniquilamento. Não foram palavras vãs. A guerra mundial aí está, o aniquilamento dos judeus deve ser a sua consequência incontornável.» Não se pode encontrar melhor exemplo de virar a culpa do assassino sobre a vítima, regra fundamental dos regimes totalitários.

Heinrich Himmler tomou nota que, naquela data, Hitler salientara a sua decisão de erradicar os judeus. Esta agenda de Himmler só recentemente foi encontrada nos arquivos de Moscovo. Os achados de Gerlach e a interpretação que deles soube fazer esclareceram a Conferência de Wannsee, reunida um mês depois sem a presença de Hitler. Também se pensava até aqui que o Führer não fora o iniciador deste plano diabólico. Mas a reunião de Wannsee, em Janeiro seguinte mais não foi do que a aplicação da sua directiva de 12 de Dezembro.

A descoberta deste jovem historiador corrobora o que o seu confrade americano Henry A. Turner escrevera no seu livro *A Conquista do Poder por Hitler*. Sem a maquinação de Franz von Pappen, Hitler nunca poderia ter acedido à Chancelaria do *Reich*, a 30 de Janeiro de 1933. Se a astúcia não tivesse aberto a porta a esse monstro, o mundo teria sido diferente do que foi durante a segunda metade do século XX. Num capítulo intitulado «A História tal como não aconteceu», Turner demonstrou que, sem Hitler, não teria havido nem Segunda Guerra Mundial nem Holocausto, nem provavelmente a Guerra Fria, pois Estaline não teria conseguido estender o seu império até ao Elba. Sem dúvida que a República de Weimar se teria afundado e talvez ocorressem pequenas guerras europeias, mas teriam sido evitadas grandes infelicidades ao planeta.

A Segunda Guerra Mundial foi a consequência lógica da acção de Hitler e portanto ele tomou-a como pretexto perante os seus principais sicários para alcançar os seus fins e justificar um acto que se arriscava a assustar até os mais determinados dentre eles. Ao mesmo tempo, implicou-os num crime a fim de evitar qualquer deserção. Foi concluído um novo pacto de sangue. O *Führer* tinha de dar aos seus fiéis uma justificação heróica para este acto infame. Ele falou de guerra mundial, da internacional judaica. Assim assassinariam em legítima defesa, como na fábula do lobo e do cordeiro.

Há quem se interrogue sobre as origens do anti-semitismo hitleriano, virulento e patológico. A hipótese mais plausível é a oportunidade política. Desde a sua iniciação no mundo da política que Hitler foi beber as suas concepções a ideólogos ultranacionalistas e anti-semitas exaltados como Alfred Rosenberg e Dietrich Eckart. Excelente comediante, testara com sucesso este tema junto dos seus auditórios e acabou por acreditar ser verdadeiro aquilo que dizia.

Como notou o professor François Kersaudy, professor da Universidade Paris-I Sorbonne, as suas experiências com os judeus não tinham sido todavia negativas. Um deles, o Dr. Bloch, tratara-lhe a mãe, atingida por um cancro incurável. Pintor boémio e sem dinheiro, em Viena, encontrou abrigo nos refúgios nocturnos que eram mantidos por benfeitores judeus, entre os quais se destacava a família Epstein. Os actores de teatro e os cantores da sua preferência eram judeus e em Viena tinha mesmo vários amigos judeus, nomeadamente um tal Josef Neumann com quem projectara emigrar para a Alemanha.

No seu livro *Mein Kampf*, Hitler escreveu que do convívio com o seu pai não se lembra de vez alguma ter ouvido pronunciar a palavra judeu, ou seja até aos 14 anos, a sua idade à data do falecimento do pai. Kimberley Cornish, historiador australiano, pensa que a chave do enigma está precisamente nesse ano da vida de Hitler. Revelou-a na sua tese publicada em Londres, em 1998. Segundo ele, o elemento determinante foi a sua inimizade para com um dos seus condiscípulos da escola secundária de Linz na Áustria, Ludwig Wittgenstein.

Hitler e Wittgenstein tinham na época, em 1904, 14 ou 15 anos. Nascido em Viena seis dias depois de Hitler, que viera ao mundo no dia 20 de Abril de 1889 em Braunau na Áustria, Ludwig Wittgenstein era de origem judaica, mas a sua família convertera-se ao catolicismo. A sua origem social situava-se nas antípodas da de Adolf Hitler, filho de um funcionário menor e mal pago das alfândegas, muito severo para com os filhos, que morreu precisamente nesse ano. O pai de Wittgenstein era um grande burguês liberal, um dos homens mais ricos da monarquia austro-húngara, proprietário de siderurgias e caminhos-de-ferro. Compositores como Johannes Brahms e Gustav Mahler frequentavam o salão de música dos Wittgenstein. Pablo Casals também ali tocou violoncelo.

Dois irmãos mais velhos do jovem Ludwig tinham-se suicidado em 1902 e 1904, talvez devido às suas tendências homossexuais, que faziam deles, à época, uns párias. Ludwig era igualmente homossexual. Para o enrijar o pai decidiu metê-lo numa escola pública. Ele ali estava. Tal como Hitler, vivia completamente isolado dos seus trezentos condiscípulos, sendo muito formal como ele. Wittgenstein não tinha aprendido a falar de outra forma e Hitler encerrava-se numa espécie de autismo.

Partilhavam os mesmos gostos, escreve Cornish, ambos mostravam grande fascínio pela arquitectura e pela língua alemã, sentiam-se atraídos pela filosofia de Arthur Schopenhauer e pela música. Wittgenstein sabia de cor a ópera de Wagner *Os Mestres Cantores de Nuremberga* e Hitler, com a sua excelente memória, imitava-o. Podem ser vistos numa fotografia da escola a cerca de um metro um do outro. Mas não andavam na mesma classe. Wittgenstein, aluno brilhante, estava avançado um ano para a idade. Hitler, pouco mais do que mediano, tinha um ano de atraso.

Eles detestavam-se. Um companheiro de juventude de Hitler, August Kubizek, confirmou que ele, à época, era já «profundamente anti-semita». Kimberley Cornish pensa ter descoberto a prova que Wittgenstein foi a causa desse comportamento nas citações do livro de Hitler *Mein Kampf*. O futuro Führer evoca ali um condiscípulo judeu «no qual não tínhamos muita confiança». Seguidamente, um pouco mais adiante, consagra um longo parágrafo à traição dos seus colegas de escola, escrevendo que «um rapaz que fala sobre os seus companheiros comete uma traição e revela uma mentalidade que corresponde exactamente à do homem que trai o seu país. Mais de uma vez, um pequeno hipócrita tornou-se num grande patife.» No final do ano escolar, o jovem Adolf foi aconselhado a abandonar a escola. Parece que Wittgenstein, «um fanático da rectidão e da franqueza», o tinha denunciado por qualquer pecadilho.

Este colega de escola é o único indivíduo judeu que Hitler evoca nas páginas de *Mein Kampf*. Quando se tornou militante de extrema-direita passou a generalizar a descrição dos defeitos de Wittgenstein a todos os judeus. Dedicou-se a juntar informações sobre a família Wittgenstein. Se no seu livro ataca «os judeus convertidos ao cristianismo e que se casam com representantes da raça ariana», se racha de alto a baixo «os judeus que manipulam os mercados bolsistas», é por Ludwig Wittgenstein, pai, ter sido efectivamente acusado dessa conduta na imprensa. Quando se refere ao «capital monopolista judeu», é esta família judia que ele visa, segundo o historiador australiano.

Durante a Primeira Guerra Mundial, Hitler serviu no Exército alemão e Wittgenstein nas forças armadas austríacas. O filho da burguesia publicou em 1921 um tratado filosófico que lhe deu nome. Talvez uma frase o tenha traído: «Aquilo que não se pode dizer, é preciso ser calado.» O antigo condiscípulo de Hitler trabalhou durante vários anos como professor primário na Baixa Áustria, sendo depois assistente no Trinity College de Cambridge em 1929, tendo-se tornado professor e cidadão britânico em 1939. Ali conheceu quatro jovens homossexuais, como ele, Kim Philby, Guy Burgess, Anthony Blunt e Donald McLean. Foi por sugestão sua que os quatro se tornaram membros de uma sociedade secreta de Cambridge chamada Os Apóstolos. Segundo Cornish, Wittgenstein, que aderiu ao comunismo na Áustria após a Grande Guerra, tê-los-ia convencido a espiarem para a União Soviética. O filósofo austríaco tinha sobre os seus alunos um ascendente quase místico. Morreu a 29 de Abril de 1951, seis anos após Hitler ter redigido – dois dias antes do seu suicídio – o seu testamento, no qual, animado de um ódio tenaz, recomendava aos seus sucessores que levassem a bom termo o seu trabalho de aniquilamento dos judeus europeus.

Hitler era austríaco mas naturalizou-se alemão. Os Alemães dizem hoje em tom de brincadeira sobre os seus primos austríacos: «Eles levaram-nos Beethoven, em troca deram-nos Hitler...»

A ascendência austríaca de Hitler coloca a questão de saber se ele era germânico ou eslavo. Segundo François Kersaudy, os antecedentes checos de Hitler parecem confirmados, o seu nome, Hitler ou Hütler, é um derivado do checo Hidlar ou Hidlartchek, nome comum na Checoslováquia da época. Por outro lado, o pai de Hitler passou praticamente toda a sua vida em Spital, na Áustria, perto da fronteira checa. E vários membros da sua família usavam nomes tipicamente checos.

Quanto a uma ascendência judaica deste anti-semita inveterado, F. Kersaudy julga-a pouco provável, mas demonstra que Hitler tinha um pavor mortal de ter um avô judeu, o que a sua genealogia não excluía totalmente. Aqui, não faremos mais que resumir alguns dos factos relatados por Kersaudy e remeter o leitor para o seu artigo na revista *Historia*.

Hitler estava na mesma situação que o chefe da *Gestapo* Reinhard Heydrich, também ele de origem austríaca, que tinha uma avó judia. Razão por que estava previsto nas Leis de Nuremberga que só seria considerado judeu quem tivesse pelo menos dois avós judeus. Talvez fosse uma questão que lhe dissesse respeito, sugere Kersaudy. Pois o pai de Hitler, Alois Hitler, nascera de pai incógnito e só fora legitimado com 39 anos de idade, vinte anos depois da morte do seu padrasto, à custa de alguns retoques suspeitos no seu assento de nascimento.

Os testemunhos reunidos pelo historiador francês são os do antigo advogado de Hitler, Hans Frank, nas suas memórias redigidas em Nuremberga com o título *Face ao Poder*, bem como duas obras de um trânsfuga da *Gestapo*, que em 1938 se passou para a Grã-Bretanha, Hansjürgen Köhler, mais algumas fontes dispersas mas importantes.

Isto para dizer que Alois Hitler, o pai, era o filho natural de uma cozinheira, Anna-Maria Schickelgruber, empregada em casa de uma família judia de Graz, os Frankenberger. Mas anteriormente, segundo outros documentos, estivera colocada em casa dos Rothschild em Viena.

Hitler temia os membros da sua família que pudessem estar ao corrente, tendo estado visivelmente tentado a mandar assassinar o seu sobrinho, William Patrick Hitler, que se refugiou nos Estados Unidos. A sua relação amorosa com a sobrinha Geli Raubal, que acabou por se suicidar, deve ser entendida com cuidado. Mas receava ainda mais os que tinham acesso a informações sobre si, ou seja, sobre o seu passado familiar. Esses documentos estavam efectivamente na posse dos chanceleres austríacos Dollfuss e Schuschnigg. Existiam também folhas de serviço não muito gloriosas referentes à Primeira Guerra Mundial na posse do general von Schleicher.

Von Schleicher e Dollfuss pagaram com a vida, tal como o embaixador alemão em Viena, von Ketteler, cujo corpo foi encontrado no Danúbio porque a *Gestapo* pensava, sem dúvida com razão, que ele copiara estes documentos após se ter apossado deles em casa de Schuschnigg na véspera do *Anschluss*, duas horas antes de os enviar a quem de direito. Kersaudy coloca a hipótese de Franz von Papen só não ter sido assassinado por ter colocado esta documentação a salvo, o que lhe serviu de seguro de vida.

Hitler era uma personalidade à parte, ligeiramente desfasado em relação ao regime que havia instaurado. Não somente devido ao seu sotaque alemão sulista e à sua dicção embrulhada que chocava os Renanos, os alemães do Norte e os Berlinenses. Mas era um orador ímpar, persuasivo e exaltado, que enfeitiçava o seu público, e que fora escolhido em razão dos seus talentos de tribuno por uma célula do partido nazi de Viena no princípio da década de 20 e que foi subindo pouco a pouco na carreira de propagandista.

Para entrar na sua intimidade, torna-se necessário ler o interrogatório de uma das personagens inteligentes do seu círculo mais íntimo, o seu arquitecto e mais tarde ministro do Armamento, Albert Speer (julgado em Nuremberga, preso durante vinte anos em Berlin-Spandau e falecido em Londres em 1981), conduzido pelo capitão O. Hoeffding, oficial dos serviços secretos americanos.

Se bem que bastante apologético, este documento de sessenta páginas dá uma ideia realista do *Führer*. Foi utilizado pelo historiador de Bona, Ulrich Schlie, no seu livro *Negociações Secretas Durante a Segunda Guerra Mundial*.

O que impressionava sobretudo Speer em Hitler era a sua simplicidade e o seu desprezo pelas honrarias. Quer como populista nato, quer como esteta pequeno-burguês, Hitler pressentia que este traço de carácter agradava ao alemão médio. Ele realçava-o pela composição da indumentária e pelo comportamento, rodeando-se de bom grado de oficiais e de dignitários cheios de galões, cujo luxo servia de contraponto ao seu traje. Naturalmente, o alemão do povo não conhecia nem os seus improvisos desconexos, nem o seu desprezo pelos que o rodeavam, com excepção de «artistas», como Speer, de Eva

Braun e do seu cão *Blondie*, nem da sua desconfiança mórbida, comparável à de Estaline, nem sequer a alternância ciclotímica entre depressão taciturna e energia comunicativa entre as quais alternava incessantemente.

Hitler constituía nitidamente um caso patológico ligeiro, sujeito a uma esquizofrenia que se agravou com o passar dos anos. Mas o alemão comum estava persuadido de que era um homem como ele, dotado, por outro lado, de dons extraordinários e de uma generosidade invulgar. Ele gozava da reputação de ser o protector dos pequenos. Atribuíam as falhas, o sofrimento, os erros aos dirigentes nazis mas nunca a Hitler. Confrontado com as fraudes e as prepotências, o homem da rua dizia: *Wenn der Führer das wüsste!*, «Se o Führer soubesse!»

Hitler foi-se tornando cada vez menos receptivo aos pormenores à medida que os anos foram passando, como contou Albert Speer. Todavia, pretendia decidir sobre tudo, até ao mais pequeno pormenor, sem nada delegar.

A «magia» que se desprendia do seu olhar, o *Führerblick*, foi muito bem desmontada, com recurso a fotografias, pelo jornalista e historiador britânico Laurence Rees no seu livro *The Nazis. A Warning from History*, publicado em Londres em 1997. O misticismo hitleriano era atirar poeira para os olhos, devidamente lançada pelo seu fotógrafo privado Hoffmann. Mas quando o charlatão tem direito sobre a vida e a morte, os passes de magia têm um gosto amargo. A análise da ficção mantida pelos nazis é um dos méritos deste livro.

Para Rees, o anti-semitismo de Hitler foi-se construindo a pouco e pouco. Ainda não existia no período vienense. Em Viena, o pintor medíocre Hitler vendia de preferência os seus quadros aos negociantes de arte judeus, relata Rees, porque eles estavam sempre dispostos a correr mais riscos que os outros. Mais do que ver no seu ódio irracional aos judeus uma lembrança das humilhações que teria sofrido na capital austríaca enquanto artista falhado e desempregado, melhor seria então interpretá-lo como um elemento constitutivo da ideologia nacional-socialista. A comunidade judaica tinha sido escolhida para assumir o papel de bode expiatório, do perigo interior fictício e omnipresente, sem o qual não se podia justificar a tirania. Juntamente com os Franceses, os plutocratas e todos os que esquartejaram a Alemanha, os judeus eram um tema de agitação eficaz para as arengas proferidas nas salas das traseiras das cervejarias. Dirigida em primeiro lugar contra os próprios Alemães, a ditadura hipernacionalista teve de ser legitimada seguidamente por um factor declaradamente não alemão.

No seu delírio, Adolf Hitler pensava que devia cumprir pelo menos o desígnio histórico da purificação. Tinha de se apressar antes da retirada dos seus exércitos. Assim, o Holocausto intensificou-se a partir de 1943, quando se perfilava a derrota final da Alemanha. O assalto aos judeus ricos teve lugar entre 1941 e 1942 na Alemanha, Áustria e Checoslováquia e depois nos territórios de Leste. Atacaram de seguida as últimas ilhas de riqueza judia no estrangeiro. Depois passaram à eliminação maciça dos pequenos artesãos, intelectuais e proletários judeus, arrancando um dente de ouro aqui, uma aliança acolá, sapatos, cabelos. Superavam a qualidade com a quantidade.

Sem jamais abandonar a ilusão de poder travar os exércitos aliados com a arma milagreira, os dirigentes nazis tiveram a partir de 1943 a vaga impressão de deriva inelutável. As personalidades importantes do Partido começavam a duvidar. Desde a invasão da União Soviética, em Junho de 1941, até ao princípio do Verão de 1942, os esquadrões da morte das SS, SD, *Gestapo* e dos seus auxiliares locais fuzilaram 500 000 judeus nos territórios da Polónia e da URSS conquistados pela *Wehrmacht*. Quando a frente se estabilizou, no princípio de 1943 e após Estalinegrado, as tropas alemãs começaram a recuar e o ogre teve de se apressar.

Enquanto os soldados e os oficiais das *Wehrmacht* defendiam o solo da sua pátria para impedir as «hordas bolcheviques» de massacrarem as suas mulheres e os seus filhos, a elite dirigente apelava ao Exército para que se mantivesse firme a fim de se ganhar tempo para conseguir à sua custa a «solução final». Os historiadores são hoje tentados a pensar que o extermínio dos judeus se foi substituindo progressivamente aos objectivos militares e se tornou na obsessão de Hitler e dos que lhe eram próximos. A invasão da Hungria em 1944 por 11 divisões terrestres e de pára-quedistas, por exemplo, não tinha qualquer interesse estratégico e foi de uma dimensão incomum face às capacidades deste país, cujo Exército não opôs qualquer resistência. Teve por único e exclusivo objectivo apossar-se os judeus húngaros.

No delírio hitleriano, este massacre tornou-se num *ersatz* de vitória perdida. Impossibilitado de ganhar no campo de batalha, o tirano fazia a limpeza entre as populações. A purificação étnica foi erigida como objectivo bélico.

O III *Reich* tinha grande apreço pelo termo «final», sendo sintomática a associação entre «solução final» (*Endlösung*) e «vitória final» (*Endsieg*). Estes termos estavam ligados ao projecto do *Reich* milenar e definitivo, como se a história nada mais tivesse feito antes de Hitler que balbuciar e que ia finalmente chegar ao fim, o *Endzeit*. Esta visão da história com um fim último lembra a representação que certas seitas fazem da passagem do tempo.

Afundando-se a pouco e pouco no seu crepúsculo, o regime mergulhou num frenesim crescente de morte e de destruição. Após o atentado de 20 de Julho de 1944 que fez os nazis entreverem o seu fim também no interior do país, a repressão redobrou contra os próprios Alemães, como se Hitler os quisesse punir por finalmente estarem a ver claro qual o seu jogo.

Durante o Verão de 1944, o chefe da *Gestapo*, Heinrich Müller, tinha proclamado: «Nós não cometeremos um erro semelhante ao de 1918. Não deixaremos com vida os inimigos internos.» Ele cumpriu esta promessa tanto quanto pôde, antes de ele próprio se ter posto a bom recato, pois Müller volatilizou-se em 1945.

Não podia imaginar que mais de três quartos da população tinham chegado ao ponto de detestarem os nazis e só desejarem a sua partida e a paz. Os indicadores do serviço de espionagem da SS comunicavam nos seus últimos relatórios: «As informações que nos chegam revelam um crescimento da crise de confiança na direcção. As dúvidas sobre a direcção já não excluem o próprio *Führer.*»

Teria sido necessário suprimir pelo menos os três quartos da população alemã se se pretendia eliminar os inimigos dos nazis.

2

O *Reichsführer SS* e os seus Amigos Dedicados

No fim de Maio de 1945 uma jovem com cerca de 35 anos sai de uma casita perto do Chiemsee, na Baviera. Vai visitar a sua melhor amiga, Eleonore Pohl, que viva na aldeia vizinha. Bem vestida, é uma mulher distinta e com boa figura. Não é uma camponesa bávara. Mas a sua fisionomia está marcada, parece fatigada. Vê-se que sofreu.

Ainda não dera dez passos quando dois jipes do Exército americano pararam diante da sua porta: «É Hedwig Potthast?», pergunta um oficial num alemão impecável. Ela entrega-lhe o passaporte. Muito delicadamente, ele convida-a a entrar para a viatura. Os Americanos tinham acabado de deter Hedwig Potthast, a companheira do *Reichsführer SS* Heinrich Himmler. Mas tudo lhe é indiferente desde que soube por Oswald Pohl, o mais próximo colaborador e amigo de seu marido, que Heinrich se tinha suicidado.

Detido pela polícia militar britânica em Meinstedt, perto de Bremen, durante um controlo de rua, no dia 21 de Maio, Heinrich Himmler foi transferido dois dias mais tarde para um campo de prisioneiros, onde o revistaram. Encontraram-lhe uma ampola de cianeto numa das algibeiras. Mas tinha uma outra escondida na boca. Trincou-a e caiu morto.

Pohl, que se escondera em casa do filho junto à fronteira dinamarquesa, leu a notícia nos jornais e telefonou imediatamente a Hedwig, refugiada nas margens do lago Achensee no Tirol. Ao ver chegar as tropas soviéticas resolveu fugir para a propriedade dos Himmler em Brückenthin-am-Mecklenburg. Acompanhada por Eleonore Pohl, e com o coração carregado de tristeza, ela foi-se embora dessa magnífica cabana, aumentada e renovada por brigadas de detidos do campo de concentração de Ravensbruck.

Pohl, por seu lado, foi pouco depois julgado em Nuremberga e condenado à morte por enforcamento. No jipe, Hedwig Potthast recorda-se de um serão de Novembro de 1944 passado na companhia de Heinrich, Oswald e Eleonore na bela propriedade prussiana. O *Reichsführer SS* tinha pronunciado uma frase que na boca de um outro teria significado um bilhete para o cadafalso: «Temos de dar a guerra como perdida.» Hedwig concordou com um aceno de cabeça e os amigos perceberam que fora ela que o convencera. Himmler estava muito deprimido. Mas não só naquela noite. Sem Hedwig, não teria conseguido ir até ao fim.

Ele fizera a sua opção em 1942, ao deixar à sua esposa Margarete, oito anos mais velha do que ele e que o tratava por «molengão», o título de *Reichsführerin*, duas empregadas domésticas e a mansão do número 12 de Dohnenstieg em Berlin-Dahlem, para ir viver com Hedwig no 47c da Bismarckstrasse em Berlin-Steglitz. Ele queria ter filhos dela e ela deu-lhe dois, primeiro Helge, o rapaz, nascido em 1942 na clínica das SS em Hohenlychen, conhecida pelas suas medonhas experiências eugenistas, e a filha mais nova, Nanette-Dorothea, nascida em 1944. O nascimento de Helge foi muito difícil. Três semanas antes, o irmão de Hedwig, Walter, morreu na União Soviética como tenente do 3.º Regimento de Blindados. Passou muito até conseguir recompor-se.

Mas para sua grande surpresa, os Americanos não a meteram numa prisão. Isso não aconteceu por o seu nome não constar em lista alguma do aparelho nazi (Himmler proibira-a de aderir ao Partido), mas porque a CIA estava ao corrente do papel que ela havia desempenhado. Ela conhecia os segredos do *Reichsführer* sem ter participado nos seus crimes. Sabia que o chefe das SS entrara em contacto com o futuro chefe da CIA e agente oficial do Presidente Roosevelt na Suíça durante a Guerra, Allen W. Dulles. Sabia que eles se tinham encontrado na Suíça algumas semanas antes da capitulação para tentar negociar.

Os Americanos propuseram-lhe a liberdade e uma existência tranquila na condição de se calar. Deram-lhe um número de telefone de Munique para onde ela poderia ligar se tivesse quaisquer problemas. Um oficial dos serviços de informações americanos visitava-a de tempos a tempos. As crianças foram entregues a uma governanta. Levaram-na para o Tirol. Depois deram-lhe um apartamento em Munique. Mas em 1953 os *paparazzi* descobriram-na. Foi necessário casá-la com um moribundo que lhe deu um apelido, Steak, e instalá-la em Baden-Baden, onde morreu em 1990 vitimada pela doença de

Alzheimer. Não teve oportunidade de se aproveitar das contas suíças de Himmler, mas a América garantiu-lhe uma reforma.

A perda da Itália, o derrota de Rommel em África, o desastre de Estalinegrado, a conquista de Smolensk pelos Soviéticos, conseguiram atingir o moral de Himmler. Já estava resignado e deprimido, mas em Setembro de 1943 Hedwig deu-lhe um novo entusiasmo após terem passado juntos quatro dias em Brückenthin. Himmler deixara de acreditar no génio do *Führer*. Tinha o seu Estado dentro do Estado, «a empresa SS», vendo-se já como sucessor do *Führer* doente e não o gordo *Reichsmarschall* Göring, que o detestava, nem o matreiro Bormann que se encontrava de atalaia.

Pensava conseguir negociar com o Ocidente, sair do Leste, e libertar os reféns, mas nos seus momentos de resignação também sabia que os vencedores não lhe perdoariam os seus crimes. Sabia isso melhor que ninguém e queria criar para Hedwig, que o amava, uma porta de saída em caso de derrota, através de uma conta na Suíça e o anonimato na Baviera, Áustria ou Suíça.

Lina Heydrich, a mulher do chefe da segurança, referiu-se-lhe dizendo que ela «era uma maravilhosa compensação para as insuficiências de Himmler». Mesmo Heydrich, o sádico, dizia que se «podia ganhar novo ânimo junto de Hedwig», quando comparada com Margarete, que era «seca». Quando não passava de um pobre falhado com um salário medíocre de 200 marcos por mês, Himmler casara-se com esta virago que um pai rico tinha tornado curandeira. Ela teve de vender o seu consultório para comprar para o marido um aviário de frangos nos arredores de Munique que este acabou por levar à falência.

Mas da sua megera legítima, Himmler tinha uma filha, Gudrun. O *Reichsführer* amava-a muito e ela era muito parecida com ele. Ele chamava-lhe Pupi e uma fotografia mostra-os juntos, ele fardado com o uniforme negro das SS e a filha ternamente encostada a este bom paizinho de óculos redondos. Era mais ou menos da idade de Ortrun, a filha de Oswald Pohl – duas verdadeiras pequenas *Gretchen* germânicas louras com tranças. Noutra fotografia, vê-se Pohl em uniforme de gala dominando com a sua enorme estatura Ortrun, em sentido a seu lado durante uma visita ao campo de Dachau em 1936. Curioso passeio para uma criança...

Margarete e Gudrun Himmler tiveram menos sorte junto dos Britânicos que Hedwig com os Americanos. Passaram quatro anos na prisão. Na década de 60, Gudrun casou-se com o escritor Wulf-Dieter Burwitz, de quem teve um filho, hoje jurista, e uma filha. Habitante no bairro de Fürstenried em Munique, Gudrun Burwitz nada renegou das ideias de seu pai, contrariamente à filha de Göring, aos filhos de Bormann, Saur, Mengele ou Frank.

Fundadora da organização *Stille Hilfe* (Ajuda silenciosa), organiza hoje peditórios para acorrer aos antigos SS em dificuldades. Em 1998, financiou a defesa de Anton Malloth, de 87 anos, antigo guarda em Theresienstadt, que compareceu perante um tribunal checo acusado da morte de 700 detidos judeus. No mesmo ano participou numa reunião dos veteranos da SS em Ulrichsberg. Passou-lhes revista, literalmente, perguntando a cada um como estava e «onde servira». Estes velhos senhores ficaram siderados pelos seus conhecimentos de história militar, com um temor reverencial por esta matrona de 69 anos.

Hedwig Potthast fora a secretária com que Himmler pretendeu «dar um rosto feminino» às suas SS demasiado viris. Filha de ricos industriais de Colónia, adolescente solitária, amante da leitura e dos passeios no campo, aluna de quadro de honra no liceu, depois secretária de direcção diplomada, esta «jovem alemã séria» fora-lhe recomendada pelo seu dedicado amigo e benfeitor Kurt von Schröder, ele também oriundo de Colónia.

O barão Kurt von Schröder era uma personagem de grande altura, com o crânio liso como um ovo, ostentando na face as cicatrizes provocadas por duelos estudantis à espada e um uniforme que, segundo diziam, lhe assentava como uma luva. Era accionista do Banco J. H. Stein de Colónia. Um dos seus parentes veio a fazer carreira mais tarde como propagandista-chefe da televisão da RDA, Karl Edouard von Schnitzler, hoje reformado na ex-RDA.

Von Schröder teve uma ideia brilhante: criar um «círculo dos amigos de Himmler» para recolher dinheiro e ajudar «esse querido Heinrich». Assim nasceu o *Freundeskreis Reichsführer SS*. Deve acrescentar-se que «a vontade do *Führer* magnetizava» este bom Schröder. Assim estimulado, o barão viu serem-lhe confiadas inúmeras tarefas nas vésperas da «revolução nacional».

Membro da direcção do Banco de Pagamentos Internacionais (BPI) em Basileia, ele deslocava-se uma vez por mês à Suíça. Não levava consigo somente a sua escova de dentes, mas sim uma mala cheia de diamantes e de jóias em ouro provenientes dos campos de concentração que vendia por bom preço aos banqueiros suíços a troco de francos ou dólares, arrecadando evidentemente a sua pequena comissão. Eram peças de valor que não podiam ser revendidas na

Alemanha, onde se corria o risco de serem reconhecidas. Punha como condição aos compradores serem vendidas na América do Sul ou nos Balcãs. Segundo Leo Volk, antigo adjunto de Oswald Pohl, era uma prática bastante frequente dos chefes das SS e o próprio Pohl imitava von Schröder.

O *Freundeskreis* juntava a nata dos bancos alemães. Lá estavam Wilhelm Kisskalt, director da Resseguradora de Munique, Hans Ullrich, director da Seguradora de Gotha durante e após a guerra, e muitos outros. As casas de crédito estavam reconhecidas a Hitler por ter restaurado a sua prosperidade com a política de rearmamento. Ano sim ano não depositavam no J. H. Stein Bank um milhão de *Reichsmarks* para o fundo pessoal de Himmler. Este, à laia de agradecimento, atribuía-lhes postos nas SS que nada lhe custavam. A última entrega foi efectuada em 1944 no Dresdner Bank na conta do chefe das SS, número 30-6640/41.

O presidente do Deutsche Bank à época, Karl Ritter von Halt, convivia com Himmler. Na sua hagiografia, o Deutsche Bank fez dele retrospectivamente uma espécie de «resistente nazi», sempre preocupado em «proteger o banco» e procurando «subtrair-se tanto quanto possível à pressão política». Membro da direcção, Hermann Josef Abs também tinha boas relações com Walther Funk, presidente do Reichsbank, se bem que no fim da guerra o tenha classificado como «um homem muito fraco». O que não o impediu de participar em conciliábulos regulares com os financeiros nazis, nomeadamente em Junho de 1943, quando foi convidado para uma sessão do conselho do Reichsbank no decurso da qual Funk expôs as consequências dramáticas dos bombardeamentos aliados sobre a produção de bens de consumo.

Mas o mais «nazificado» era o Dresdner Bank, que há longo tempo vem redigindo a sua história referente ao período a seguir ao fim da guerra – ainda se espera por toda a verdade. Tocado pela grande crise de 1930, o Estado acabou por se tornar proprietário de 70% do seu capital. Após 1933, tornou-se no banco preferido pela *nomenklatura* nazi e pelas SS. Fora na sua sede, na Schinkel Platz 1-2 em Berlim, que Hitler e Göring tinham aberto as suas contas pessoais. Dois oficiais SS, o Professor Dr. Emil Heinrich Meyer e o Dr. Karl Rasche, davam o tom à sua direcção. O conselheiro económico de Hitler e secretário de Estado, Wilhelm Keppler tinha lá o seu gabinete. Meyer, um homem consumido pela ambição, aderira muito oportunamente ao Partido Nazi em Maio de 1933 e depois às SS em Novembro do mesmo ano. E o *Sturmbannführer* E. H. Meyer tinha-se casado com uma das irmãs de Keppler.

Anteriormente a 1933, mas já sob o comando de Keppler, tinha funcionado como colector de donativos dos industriais do Ruhr em favor de Hitler. Também Himmler lhe perdoou de boa vontade, em 1936, quando foi informado que Meyer, se bem que tivesse participado na Primeira Guerra Mundial, ostentava a Cruz de Ferro de 1.ª Classe, a EK-1, sem nunca a ter conquistado. Simples pecadilho que teria feito sorrir o *Reichsführer SS,* caso ele soubesse sorrir.

O *Standartenführer SS* Wilhelm Marotzke, criador das Hermann--Göring Werke, fora igualmente cooptado para esta estranha direcção. O *Obersturmführer SS* Karl Rasche estava de tal forma empenhado no «movimento» que foi celebrado em verso: «Quem marcha atrás do tanque? É Rasche do Dresdner Bank.» O regime inundava esta instituição de condecorações, confiava-lhe os negócios lucrativos e convidava os seus colaboradores para visitas aos campos de concentração.

Emil Heinrich Meyer fora um dos instigadores da «arianização» dos bens judaicos, nomeadamente quando se tratou, por exemplo, de expropriar o fundador da grande cervejeira Engelhardt de Berlim, Ignatz Nacher. Perseguido, posto na prisão, o sexagenário que criara a moderna cerveja alemã, ao utilizar o processo descoberto por Louis Pasteur, teve de ceder parte dos seus bens à administração nazi. O resto passou para o controlo do Dresdner após ter sido removido do seu posto de presidente do conselho de administração. No decurso de uma assembleia de accionistas, o seu fiel procurador não judeu, Koch, foi espancado pelas SA.

Meyer desempenhou um papel-chave na difusão pelo estrangeiro, nomeadamente via Suíça, de dólares e libras esterlinas falsos fabricados por especialistas detidos nos campos de concentração sob controlo das SS. Esta fraude em grande estilo foi baptizada Operação Bernhard. Os falsários detidos foram depois executados.

Meyer sentia-se de tal forma culpado que preferiu pôr fim à vida, disparando uma bala na cabeça em 7 de Maio de 1945 no seu apartamento de Berlin-Charlottenburg.

O Dresdner tornou-se no banco pessoal de Heinrich Himmler. Leo Volk relatou, entre outras, uma conversão de 100 milhões de *Reichsmark*s «sujos» em francos suíços «lavados» no decurso do Verão de 1941, por intermédio do Dresdner Bank e da Bankhaus Vogeler & Co. de Düsseldorf em colaboração com o Deutsch--Schweizerische Verwaltungsbank AG de Zurique. O mandatário de Himmler, Oswald Pohl, assinou uma confissão de dívida pagável em quarenta e dois anos que nada valia. O seu adjunto Hohberg negociou com o banqueiro suíço Hans Gut. O assunto era tão secreto que na última fase das negociações pediram a Leo Volk para sair.

Já na década de 30 tinham sido criados diversos meios para aumentar o numerário. Um deles, pouco conhecido, consistia em examinar minuciosamente as declarações de impostos para verificar se os judeus tinham transferido dinheiro para a Suíça. Depois da lei suíça de 1934 sobre a protecção do sigilo bancário, estes tinham posto grande parte do seu dinheiro em segurança na Confederação. Se nada se encontrava, atiravam para os campos de concentração com os judeus suspeitos de transferir dinheiro para o estrangeiro.

Um funcionário alfandegário alemão de Constança ou de Kehl dirigia-se à civil à Suíça, onde visitava vários bancos dizendo que o seu amigo X ou Y fora preso mas que lhe tinha confiado uma pequena importância para ser depositada na sua conta. O empregado suíço verificava e se encontrava a conta o visitante fazia o depósito do dinheiro. Com o talão de depósito na mão, a *Gestapo* mais não mais tinha que fazer senão coagir através dos seus métodos bem conhecidos o detido a assinar uma ordem de transferência do seu dinheiro para uma conta na Alemanha.

O método podia ser mais directo. Um emissário da *Abwher* conseguiu encontrar um negociante alemão de lacticínios, domiciliado em Berna, e pediu-lhe para intervir junto dos seus amigos banqueiros suíços para que lhe fornecesse os números das contas judias. Um serviço que alguns destes financeiros prestaram de bom grado ao poderoso *Reich* alemão.

Talvez o judeu mais rico e mais célebre que se cruzou com a rota dos nazis tenha sido o barão Louis Rothschild. Este homem de uma extrema distinção, de quem os pasquins nazis publicavam caricaturas satânicas, dirigia em Viena o banco privado S. M. Rothschild. Controlava o Creditanstalt e reerguera o Bodenkreditbank. Os seus irmãos Eugénio e Afonso tinham emigrado para Paris e para a Suíça, mas ele preferia nunca abandonar a sua pátria. Os nazis enviaram-no para a prisão a 13 de Março de 1938, o dia da entrada das tropas alemãs na Áustria.

Hermann Göring enviou a Viena o seu homem de confiança, Karl Rasche, para se apropriar do império Rothschild. Rasche obteve o contrato em menos de dois meses por uma quantia irrisória e entregou em primeiro lugar o Banco Rothschild à casa alemã Merck, Finck & Co. e o Creditanstalt ao Deutsche Bank. Haviam bastado dois meses à *Gestapo* para «convencer» o homem de negócios a concordar. Como Louis Rothschild tomara a precaução de transferir toda a sua fortuna para junto da família Rothschild de Londres, Rasche teve de assinar o contrato com Londres. Ele esperou quatro semanas até a Inglaterra declarar guerra e assim ficar dispensado de transferir o cheque com o pagamento.

O barão Eduardo Rothschild transferira para França as suas colecções de arte e pintura. Durante a guerra, Alfred Rosenberg, especialista do mercado de arte, deu início à caça e encontrou a maior parte das obras. Em comboios completos, as colecções Rothschild puseram-se a caminho da Alemanha. Leo Volk assinalou: «Em Janeiro de 1945, uma viatura cruzou a fronteira em direcção à Suíça transportando obras de arte dos Rothschild – foram postas em segurança.» Quem as acompanhava eram os financeiros suíços, Hans Gut, Jacob Reiff e Erhard Moser-Richner. Esses «objectos» deviam servir para as SS «se financiarem após a guerra». Grande parte dessas obras não voltou a ser encontrada.

Em Julho de 1944, para escapar à câmara de gás, o judeu húngaro August Wild legou todos os seus bens, dos quais 239 000 francos suíços depositados no Crédit Suisse de Zurique, ao nome do chefe da secção de Economia das SS, Oswald Pohl. Foi decidido que seriam postos numa conta destinada a garantir o futuro de Hedwig Pohl e dos seus filhos. Mas os Suíços – em 1944! – recusaram a Leo Volk o pedido de transferência feito em papel timbrado das SS. Assim, as SS abriram uma conta numa das filiais do Deutsche Bank em Berlim, conseguindo assim adquirir um estatuto respeitável.

Mas como transferir o dinheiro? Após inúmeras manipulações e adiantamentos de comissões, foi decidido que seria feito passar como contravalor de uma compra de 1005 cronómetros exportados para a Alemanha. Os cronómetros passaram a fronteira num sentido e depois regressaram à Suíça. Um intermediário de Pohl pagou os relógios «exportados» com 135 304 francos da conta de Wild do Crédit Suisse (os 239 000 francos menos as comissões) e o dinheiro de Wild, assim legalmente retirado do banco, pode partir para a Alemanha dentro de uma pequena mala.

Como Oswald Pohl era um homem prudente, apesar de tudo mandou fuzilar August Wild. Um morto já não se poderia queixar ao Crédit Suisse.

3

Sociedade Anónima «SS & C.ª»

Oswald Pohl desempenhou um papel-chave no processo de esbulho das vítimas. Tesoureiro-pagador da Marinha durante a guerra de 1914, figurava em 1923 entre os primeiros simpatizantes do Partido Nazi do qual se fez membro em 1926; assim, este lobo do mar de porte imponente tornou-se em 1934 a sombra tutelar do seu patrão, Himmler, o qual, com o seu ar sofredor e carácter depressivo, se sentia permanente ameaçado. Tinham travado conhecimento em 1933 em Kiel quando o *Reichsführer SS* passava um mau bocado.

As SS tinham problemas materiais. Himmler procurava gente competente. A Marinha tinha muito boa reputação. Os seus militares estavam imbuídos do espírito nacionalista desde que o *Reichswehr* passara a ser composto por unidades regionais. O acaso quis que Pohl lhe fosse recomendado pelo comandante do navio *Silésia* que se chamava Wilhelm Canaris, o futuro chefe da Abwehr.

«O tesoureiro-pagador-mor Oswald Phol, membro do Partido e *Sturmbannführer SA*, ainda ao serviço, é o homem de quem precisa», escreveu Canaris a Himmler. Pohl, 42 anos, homem de uma força física excepcional, tinha dificuldade em controlar os seus acessos de cólera. Anunciou triunfalmente a sua promoção à esposa Margarete, «nórdica verdadeira», com quem casara em 1918; ela deixara, com pena, o bairro de Kiel onde morava para seguir a ascensão fulgurante do marido. Em finais de 1933, ele estava em Munique sob as ordens de Himmler, então chefe da polícia bávara e chefe das SS. A administração das SS em Munique era bastante lamentável. Pohl afirmou que o *Gruppenführer SS* Kurt Wittje que o tinha recebido era pederasta e demitiu-o do cargo.

Em 1934, quando Pohl se juntou a Himmler em Berlim, o chefe das SS encontrava-se num momento difícil da sua carreira, em conflito com Göring. Só beneficiava do apoio do ministro do Interior do *Reich*, Wilhelm Frick, que não demonstrava grande amizade pelo *Reichsmarschall* Göring. Enquanto Reinhard Heydrich manobra por sua conta na sombra, Himmler associava-se ao especialista em contabilidade militar Oswald Pohl, a quem confiou a direcção administrativa da SS, ou seja a *SS-Hauptamt* e os seus seis departamentos, com o título de *Standartenführer*. A partir de 1936, Pohl foi promovido a *Brigadeführer*, o equivalente ao posto de general no exército, depois em 1942 a *Obergruppenführer SS*, general-em-chefe.

A sua esperteza consistiu em instalar as SS nos campos e em fazer da liquidação dos judeus uma fonte de riqueza que transitava exclusivamente para a força militarizada da caveira, ou melhor, para a sua secção de economia, a *Wirtschaftsverwaltungshauptamt* ou WVHA. Nas SS, os campos não eram chamados «KZ», mas sim «KL», *Konzentrationlager*. O «L» podia ser a inicial de *Lager*, campo, mas também de *Leben*, vida, significado que se tornava lógico quando se dizia *KL = kurzes Leben*, vida curta.

A ideia de integrar economicamente os campos teria sido inspirada a Pohl pelo seu *Finanzrevisor*, Hans Hohberg, o perito que percebera as outras vantagens económicas que o regime podia tirar da destruição dos judeus. Hohberg, 44 anos, da idade de Pohl, era uma burocrata nato, insignificante, susceptível, impenetrável e taciturno, um ser de papel que percorria os imensos corredores da WVHA, em Berlim, em busca de processos lucrativos ou duvidosos. O aspecto humano das coisas não contava para ele e o seu cérebro estava dividido em dois hemisférios, de um lado os proveitos e do outro as perdas, o primeiro branco, o segundo negro.

Pohl e Hohberg cruzaram-se em 1940, aquando da verificação das contas da Associação de Auxílio Popular e de Ajuda aos Colonos cuja sede era em Praga. Hohberg tinha acabado de descobrir uma enorme fraude no montante de 1,3 milhões de marcos em prejuízo da WVHA. Aconselhou Pohl a reembolsar até ao último centavo, juros e capital, para salvar o prestígio das SS.

Pohl propôs-lhe passar a pente fino as finanças da WVHA por um salário mensal de 2000 *Reichsmarks*. Hohberg pertencia à raça de controladores financeiros, cuja aparição datava dos anos 1870-1873, no império guilhermino, durante os quais, sob o choque provocado pela união monetária alemã e por uma crise deflacionista, foram declaradas insolventes uma série de empresas. Ao entrar nas SS, caiu numa selva financeira que desbravou a golpes de machete. Salvou Himmler da catástrofe ao renegociar um crédito de 5 milhões de marcos que o Dresdner Bank abrira a favor do banco das SS, com encargos anuais de 325 000 marcos de juros anuais, dos quais o chefe das SS era o fiador pessoal.

Quando descobriu os 17 milhões de marcos de perdas das Deutsche Erd-und Steinwerke GmbH das SS (tratava-se de pedreiras) desviados em benefício de uma pretensa sociedade de conservação de monumentos históricos, conseguiu empenhar uma equipa de peritos dedicados que saneou o que parecia impossível, tornando assim a WVHA numa verdadeira empresa. Entre eles, o Dr. Georg Wenner, especialista em sociedades fiduciárias, verdadeiro criador da base de poder da sociedade gestora das participações financeiras detidas pelas SS. O Dr. Max Horn que se tornaria o director da Ostindustrie GbmH, a sociedade que superintendia a exploração da «solução final», não quis no início pertencer às SS. Himmler e Hohberg inscreveram-no à força na ordem negra.

Hohberg confiou várias empresas industriais das SS ao Dr. Hanns Dobermin, economista berlinense diplomado, antigo redactor da revista *Der Volkswirt* (*O Economista*). A direcção da construção dos campos de concentração coube ao Dr. Walter Salpeter, especialista na luta contra a fraude fiscal. A equipa era completada por controladores financeiros sérios, colegas de Hohberg. Entre eles o *Sturmbannführer SS* Karl Weitzel, que vivia em grande com a sua família no número 37 da rua das SS em Dachau, e inspeccionava o bom andamento da empresa económica «solução final» durante as suas viagens de serviço pela Europa Central. Por fim, os irmãos Hermann e Richard Karoli, filhos de um pastor luterano.

O Dr. Hermann Karoli dera aulas no 3.º Regimento de Blindados da Divisão SS Totenkopf Theodor Eicke, que tinha por missão massacrar os guerrilheiros soviéticos. O seu irmão mais novo, Richard, aderiu ao Partido Nazi e tal como Hermann entrou para a WVHA. Depois da guerra, de 1962 a 1972, Hermann Karoli foi presidente do conselho fiscal do fabricante de automóveis BMW, em Munique. Richard Karoli retomou o seu emprego anterior à guerra no departamento financeiro das fábricas químicas Bayer, saídas da IG Farben.

O trabalho de Hohberg não era uma sinecura, tinha de fazer malabarismos com os sacos rotos das despesas não documentadas e a procura de recursos mais ou menos ocultos. Há que juntar as intrigas, uma das quais o fez cair finalmente a 30 de Maio de 1943. Uma carta anónima denunciava-o por ter trabalhado como profissional liberal – e não como funcionário – para a administração pública. Não havia ninguém que não soubesse que as SS se arrogavam do estatuto de grupo industrial, quando não eram mais do que uma ramificação do Partido Nazi. Muito agarrada à salvaguarda do «juridicamente correcto», a ditadura não podia tolerar que isso fosse divulgado.

Antes de ir ao tapete, Hohberg explicou a Himmler que se se apoderassem de tudo o que cada judeu tinha consigo, na sua mala ou deixado em casa após a sua partida para a morte, se poderia amortizar o custo de instalação e funcionamento das câmaras de gás e, por outro lado, ali realizar melhoramentos. Um ano exactamente após a opção pela «solução final», criou a Ostindustrie GmbH, não sem antes ter instalado a «fábrica a gás».

Trinta e cinco empresas do *Reich* participaram na construção do campo de Lublin, empresas que tinham como proprietárias as Berlinische Baugesellschaft, Polstephan, Ludwig Rechkemmer, Robert Schönbrunn, Wacker & Schneider. Os barracões foram comprados na Suíça.

A criação do campo de extermínio de Belzec teve início em Novembro de 1941. Quatro meses depois, foram ali executados os primeiros judeus. No ano seguinte, o comandante do campo, Otto Globocnik, dedicou a hecatombe a Reinhard Heydrich, abatido a 4 de Junho de 1942 por resistentes checos. Chamou-lhe «Operação Reinhard».

Relógios, canetas, chapéus-de-chuva, carrinhos de bebé, bengalas, óculos, termos, almofadas, roupa de cama, enfim, tudo o que se podia retirar às vítimas rendeu à WVHA 53 milhões de marcos e meio milhão de dólares americanos, uma operação muito rentável, constatou Globocnik num relatório escrito.

Durante este tempo, Pohl não descansava. Sempre ajudado pela sua alma danada Hohberg, tinha organizado as finanças da ordem negra – as SS. As SS não eram nem uma entidade administrativa nem uma pessoa colectiva em sentido jurídico. Antes viviam dos seus raros benfeitores e dos subsídios do Partido. Mas rapidamente esta situação se inverteu. Pohl tornou-se num dos principais fornecedores de numerário do tesoureiro do Partido Nazi, Franz Xaver Schwarz, o que lhe permitia fazer tudo o que lhe apetecia. O seu poder era tal que os comandantes dos campos, como Rudolf Höss, e figurões das SS, tais como Sepp Dietrich e Theodor Eicke, lhe vinham mendigar humildemente o seu dinheiro. O próprio Himmler dirigia-se-lhe muito cortesmente quando lhe pedia dinheiro. Sem a sua assinatura, as transferências não eram autorizadas.

O que Eichmann fazia na organização da morte, Pohl realizava-o na rentabilização do universo concentracionário. Raramente estes dois homens, que em nada se pareciam, foram relacionados. As suas funções de contabilistas da morte tinham no entanto um traço em comum: ninguém no Partido Nazi as invejava de tal modo eram fastidiosas; Eichmann contava os mortos, Pohl os tostões. Por outro lado, Pohl criara a sua própria inspecção das finanças das SS, de forma que se tornou no controlador de si mesmo. Ele pensava também transformar o corpo de guardas dos campos num «serviço patriótico» que deixaria de ser financiado pelo Partido para passar a sê-lo pelo Ministério do Interior. Fez-se nomear director ministerial para ter acesso ao orçamento do Estado e «director do orçamento e das construções» do *Reichsführer SS* Himmler que em simultâneo era o chefe do SD – onde reinava o seu homem de confiança, Heydrich – e da polícia do Ministério do Interior. Assim as SS podiam ser integralmente financiadas pelos impostos.

Pohl tivera a brilhante ideia de integrar nos serviços um doente mental que se tornou na sua marioneta, o SS Theodor Eicke. Por ordem de Hitler, este chefe de quadrilha tinha assassinado o cabecilha das Secções de Assalto nazis, Ernst Röhm. Chefe da ala plebeia do Partido Nazi, Röhm era o único verdadeiro amigo de Hitler, o único que o tratava por tu. O *Führer* fez a limpeza. Ordenou a sua morte para conquistar as boas graças da direita nacionalista. Demitido das suas funções a 1 de Julho de 1934, Röhm foi feito prisioneiro e levado para München-Stadelheim numa tarde quente de Verão. O detido estava em tronco nu na sua cela. Eicke entrou e abateu-o à queima-roupa. Eicke era um bruto sanguinário que desancava os funcionários do Partido Nazi por os considerar uns invertebrados. Um psiquiatra internou-o no asilo para alienados mentais de Würzburg. Himmler libertou-o do seu colete de forças e nomeou-o, com o acordo de Pohl, para o cargo que lhe convinha. Assim, foi feito comandante de Dachau e mais tarde inspector dos *KL* (campos de concentração).

Mas o intelectual Heydrich juntava documentação contra Eicke, por corrupção, brutalidades bestiais, e conseguiu destituí-lo em 1940. Tratava-se para Heydrich de se desembaraçar de um homem por quem não nutria qualquer simpatia. Eicke foi substituído por Richard Glück, o que não produziu qualquer alteração.

Os acólitos das SS eram aventureiros obcecados pelo lucro e pela morte. Suspirando para que não fizessem tombar a sua tão bem gerida empresa, Pohl criou em Outubro de 1939 uma inspecção interna que enviou um grande número para a prisão. Durante o Verão de 1941, aquando de um passeio na propriedade de Pohl em Comthurey,

Himmler lamentou-se ao seu anfitrião das fraudes que grassavam nos campos. Confiou-lhe que era preciso pôr-lhe fim, pois estava em marcha uma solução final de grande envergadura que iria colocar problemas logísticos. Pohl garantiu-lhe que se iria ocupar do assunto. Não teve quaisquer dúvidas de que esta conversa foi o principal motivo utilizado pelos juízes em Nuremberga, sete anos mais tarde, para o condenarem à morte.

Pohl não tinha sentimentos quando se tratava dos seus balanços. Começou por mandar fuzilar alguns SS que tinha mandado prender. Os outros compreenderam que era preciso andar na linha e que a máquina de triturar humanos funcionasse então como um pêndulo bem oleado. Himmler mostrou-se-lhe reconhecido. Este querido Pohl libertara-o de uma preocupação. Himmler confiou-lhe oficialmente em 1942 a direcção da WVHA que ele exercia já *de facto*, se bem que com responsabilidades nas empresas produtivas da SS, situadas na sua maioria nos campos ou nas suas proximidades, a que seguidamente juntou a inspecção dos campos. Ele ficou com o controlo dos concentracionários e dos seus bens.

O comandante de Auschwitz, Rudolf Höss, que conhecia bem Pohl, descreveu-o em Nuremberga como um contabilista frio e prático que exigia o máximo dos seus subordinados e abatia brutalmente os que se lhe interpunham no caminho, mas também um homem que gostava de acamaradar e que tinha grande sucesso junto das mulheres. Ele tinha duas na antecâmara do seu gabinete, Hildegard Hausböck e Rosemarie Fauler. Hildegard era a amante de um outro comandante de Auschwitz, Richard Baer, que lhe chamava carinhosamente «Hiddipitzi». Rosemarie era amante de Pohl de quem teve um filho em 1942.

Entre filhos adoptivos e frutos do adultério, Pohl foi pai oito vezes. Vivia como um grande senhor com a esposa Margarete e a sua amante Rosemarie, residindo no Inverno numa mansão do elegante bairro de Berlin-Dahlem e nos meses de Verão no outro lado do Wansee. Perto do campo de Ravensbrück mandou construir a sua propriedade de Comthurey. Quando tinha problemas, retirava-se para reflectir para uma pequena cabana de madeira sem electricidade nas margens do Linowsee, no Mecklenburg. Os seus escritórios estavam instalados em gigantescos edifícios em Berlin-Lichterfelde e Berlin-Steglitz. Só Göring o ultrapassava em luxo e riqueza, mas contrariamente ao *Reichsmarschall*, Pohl não exibia os atributos do seu poder.

4

O Roubo dos Bens dos Judeus

Em Maio de 1943, o *Reich* nacional-socialista, que vivia em autarcia com as suas conquistas, vendia mais ouro do que aquele que possuía em 1939. Nenhum químico ou alquimista era capaz de o fabricar, pelo que teve forçosamente de ser tomado em qualquer parte. Nos meios dos negócios e da finança, não se podia ignorar a eliminação progressiva dos confrades judeus. À espoliação dos bens pessoais juntava-se a «arianização» colectiva das empresas judias na Alemanha e nos países ocupados. Os Alemães que tinham judeus como vizinhos não podiam ignorar que estes tinham sido roubados antes de serem deportados. Como pode ter acontecido que muitos não tenham tomado consciência disso?

Os nacionais-socialistas beneficiaram do apelo todo-poderoso que lançaram ao «patife que dorme dentro de cada homem», o *inner Schweinhund*, segundo a expressão usada por um deputado socialista no *Reichstag*. A ele juntava-se o desespero das classes médias alemãs, após a perda, com a inflação e a crise, das suas economias penosamente adquiridas. Hitler, o homem providencial, apontou a dedo aqueles que pretendiam explorar os seus compatriotas – os judeus, os comunistas e os plutocratas estrangeiros. Pediu então: «Dêem-me quatro anos e não reconhecereis este país.» Prometeu devolver-lhes a prosperidade e a dignidade, jogando com as virtudes da honestidade e da rectidão herdadas da velha Alemanha e fazendo-os confiar no *Vater Staat*, o Estado paternalista.

O ponto de partida para as perseguições contra os judeus foi o artigo 4.º do programa de 25 pontos do Partido Nazi que Hitler declarou «irrevogável» em 1926. Os alvos foram definidos desde logo e estavam prontos quando Hitler chegou ao poder. Mas muitos foram os que não levaram a sério escritos como *Mein Kampf*, que os bens intencionados puseram a ridículo, argumentando que, no que respeita a combate (a palavra *Kampf* significa «combate»), este livro só trava «um combate contra a língua alemã e a sua sintaxe».

O artigo mencionado estipulava: «Só pode ser considerado cidadão um membro do povo alemão. Faz parte do povo aquele que é de sangue alemão sem consideração pela sua confissão religiosa. Nenhum judeu pode portanto fazer parte do povo alemão.» Assim, os judeus foram excluídos do povo e classificados como «foras da lei». Deixaram de beneficiar da protecção mesmo que precária da lei.

Pelo menos durante a década de 30 houve a preocupação de lhes aplicar uma farsa de justiça. Foi com recurso a subterfúgios que o Estado nacional-socialista se pôde apropriar «com toda a legalidade» das sociedades e empresas pertencentes a judeus. Chegado dos Estados Unidos depois do fim da guerra, o politólogo Ernst Fraenkel escreveu um livro intitulado *Dual State* («O Estado de dupla face»). Professor no Instituto de Estudos Políticos em Berlim-Oeste (Otto-Suhr Institut), Fraenkel explicava nesta obra aos Americanos o mecanismo do totalitarismo nazi que revestiu a ditadura com um manto de legalidade.

É um aspecto importante para apreender o contexto dos bens roubados. Naturalmente, a violência física aumentava continuamente, mas tudo se passava com respeito pelas formalidades, sob a máscara da hipocrisia que cobre a coerção totalitária. Ninguém tinha ilusões, sobretudo os carrascos. Mas o sistema proporcionava assim uma escapatória mental a todos os que dele beneficiavam directa ou indirectamente. As operações desenrolavam-se «correctamente», se este advérbio pode ser utilizado para qualificar este paroxismo do «politicamente correcto» que foi o Estado nazi para aqueles que com ele lucraram. Raramente se pode roubar com toda a legalidade, com o encorajamento dos poderes públicos. E até ao fim, os nazis revestiam os seus roubos e os seus mortos, tanto quanto foi possível, com o véu do segredo de Estado.

Para espoliar os judeus dos seus bens não tiveram sequer necessidade de sair do quadro legislativo existente: em 1931, para lutar contra a crise económica, o governo de Brüning limitara a exportação de divisas. Dessa época data também «a taxação por fuga do *Reich*» que serviu para pilhar os bens dos expatriados e deportados. Estas disposições não foram todas, longe disso, postas ao serviço do interesse público tal como os nazis o concebiam, mas muitas vezes destinaram-se a enriquecer os poderosos do regime e os seus apaniguados.

Até 1929, o NSDAP, ou Partido Nacional-Socialista dos Trabalhadores Alemães, abreviadamente «nazi», não passava de um «grupo de pressão de pequenos burgueses insatisfeitos». Mas depois daquela data, começou a infiltrar-se nas profissões liberais, nomeadamente entre médicos e juristas. A agitação contra «a conspiração judaica» e contra «a internacional da alta finança judia» serviu-lhes para alargar a sua clientela ao polarizar o descontentamento e a agressividade. Quando se passava aos confiscos puros e simples, o fim confessado era recompensar os «antigos do nacional-socialismo pelas privações suportadas», gratificando-os com bens que tinham pertencido a judeus. A partir de 1933, os milhares de funcionários judeus destituídos, os advogados judeus irradiados da barra, os médicos e dentistas judeus proibidos de exercerem a sua profissão afundaram-se na miséria. São frequentemente citados anúncios de judeus reduzidos a venderem a roupa, advogados que leiloavam o seu escritório e empresas cedidas a preços irrisórios.

Assim, o nacional-socialismo tornou-se numa vasta empresa de enriquecimento privado e público. Muitos destes fundos foram delapidados, alguns serviram após a guerra para garantir a sobrevivência dos criminosos, mas aparentemente não os colocados na Suíça, pois os haveres alemães e «os que tinham pertencido ao inimigo» foram teoricamente congelados neste país entre 1945 e 1952.

Para se apoderarem das pequenas empresas judaicas, os nazis criaram a ADEFA (Associação dos Fabricantes Alemães Arianos da Confecção). Em 1935, em Berlim, 70% das oficinas artesanais de confecções eram judias e no conjunto da Alemanha chegavam a atingir 50%. Totalizavam 8500. Das 5800 ainda existentes em 1938 já só restavam 345 em Março de 1939, que acabaram por ser transferidas para «arianos».

A aparência de legalidade manifestada pelo Estado de dupla face, conjuntamente com as «explosões de cólera popular» muito pouco espontâneas, serviram para mascarar o roubo. Este tomou nomeadamente a forma de boicote aos comércios de judeus que se havia iniciado alguns anos antes do aparecimento de Hitler e que se acentuou entre 1929 e 1932 no caos gerado pela crise económica. Os judeus não ocupavam posições-chave na economia, mas a concentração das suas actividades em alguns domínios, como o comércio de gado (dos 30 000 comerciantes de gado, em 1930 mais de metade eram judeus), de confecções (62% dos retalhistas de vestuário) e calçado, o comércio dos metais não ferrosos (60% das empresas) e os grandes grupos de distribuição (quatro das cinco cadeias de grandes armazéns pertenciam a judeus), fê-los passarem a ser considerados como alvos. Em 1933, quando Hitler tomou o poder, estavam recenseadas 100 000 empresas judaicas, mas muito mais pequenas lojas (mais de 50 000 lojas, que não representavam mais do que 5% do pequeno comércio alemão) e pequenas e médias empresas, do que grandes sociedades ou bancos privados.

A grande crise não os poupou. Antes do III *Reich* não havia entre a burguesia mais do que algumas centenas de famílias judias. Não detinham o controlo da economia e o número de grandes empresas judias diminuiu, tal como a proporção de judeus na população alemã. Devido à emigração dos jovens, essencialmente em direcção à terra prometida «Amerika», na Alemanha de 1933 não se contavam mais de 525 000 judeus, quando em 1925 eram 564 000. Assim, a propaganda nacional-socialista relativa ao seu pretenso embargo da economia e do Estado assentava numa mentira. Mas os que nela acreditavam seguramente não estavam dispostos a verificar a sua veracidade. E os outros estavam paralisados pelo medo, se não pelo conformismo provocado por um regime que acabara de suprimir o desemprego e restaurar o prestígio da Alemanha.

No início, os próprios judeus acreditavam que tudo se iria arranjar. Contavam também com a solidariedade dos seus irmãos de fé e com a ajuda dos seus amigos alemães. Na década de 30, cerraram fileiras, os mais favorecidos dando emprego e ajuda aos restantes. Os mais ricos conseguiram fazer sair do país os seus bens. Viveram-se momentos de uma acalmia enganadora pois a Alemanha ainda lidava com o problema do desemprego, que perdurou até 1936, e por os nazis terem feito crer num boicote mundial das suas exportações ditado pela «internacional judaica» que só existia na sua propaganda. Berlim também assinou com um empresário da Palestina o acordo da *Haavara* (palavra hebraica adoptada pela burocracia nazi que significa «transferência») que permitia transferir para a terra dos seus antepassados alguns milhares de judeus e uma parte dos seus capitais reconvertida em equipamentos técnicos *made in Germany*.

O governo de Hitler calculara em 5000 milhões de *Reichsmarks* o património dos judeus alemães (cerca 37,5 mil milhões de euros). A partir de 1936 os nazis começaram a ter necessidade de injectar dinheiro na sua indústria de armamento. Os judeus que abandonavam a Alemanha só podiam então levar consigo 10 marcos. O restante revertia para os cofres do Estado. O presidente do Reichsbank,

No Rasto dos Tesouros Nazis

Hjalmar Schacht, propôs-se financiar a emigração dos judeus através da reserva de 25% da sua fortuna destinada à aquisição de produtos exportados pela Alemanha. Por outro lado, as organizações judaicas deviam contribuir para a constituição de um fundo no valor de 1,5 milhões de *Reichsmarks*. Foi assim que no quadro da *Haavara* 55 000 judeus puderam emigrar para Israel.

Mas uma viagem realizada por Schacht a Londres em Janeiro de 1939 para convencer o Intergovernmental Comitee (IGC) a aceitar este plano, tal como o fora pela Jewish Agency for Palestine, desembocou num impasse. Schacht foi demitido na véspera desta viagem, a 20 de Janeiro de 1039. O plano era do conhecimento de Hitler e tinha o acordo de Göring e de Heydrich, mas revelou-se inexequível.

O passo que mediou entre a coerção e o massacre foi dado entre a promulgação das Leis de Nuremberga e a eliminação de Schacht, que passava, com ou sem razão, por proteger os judeus. A 15 de Setembro de 1935, por ocasião de um desses gigantescos congressos do Partido, Hitler promulgou perante uma sessão extraordinária do *Reichstag* a Lei da Cidadania do *Reich* e a Lei de Protecção do Sangue e da Honra Alemães. Os judeus que tinham estado na frente vinte anos antes a combater pela Alemanha compreenderam que a sua pátria os pusera de lado.

Leo Baeck, antigo rabi do *Reichswehr* durante a Primeira Guerra Mundial, redigiu uma oração para ser lida em todas as sinagogas na véspera do Yom Kipur, a 6 de Outubro. A *Gestapo* proibiu a sua leitura sob pena de prisão. Mesmo assim Baeck e o seu ajudante, Otto Hirsch, enviaram o texto a todas as paróquias. Foram presos e mais tarde libertados. A sua oração denunciava a mentira e calúnia inerentes a estas leis. Seguiu-se uma avalanche de decretos e de portarias regulamentares. Entre 1933 e 1937 foram publicadas 135 leis antijudaicas.

No imediato, o poder visava a fortuna dos judeus. A partir do Outono de 1935, não existiam mais que 75 000 empresas judias na Alemanha. Algumas tentaram sobreviver mudando de nome ou entregando a sua direcção a amigos «arianos» – solução oportunista que a imprensa judaica entretanto criticou. Depois o Estado nazi passou da intimidação ao confisco puro e simples, mas sempre sem renunciar a caminhos ínvios. É assim que, em 1935, em Hamburgo, os proprietários judeus de um enorme armazém foram levados a tribunal acusados de «vergonha racial» (fórmula nazi que estigmatizava as relações amorosas entre judeus e não judeus). Foram absolvidos por falta de provas, mas o «povo em cólera» manifestou-se diante do seu armazém até eles o entregarem a «arianos».

Adolf Diamant cita uma carta da secção de Leipzig do Partido Nazi, endereçada à *Gestapo* daquela cidade, na qual o partido hitleriano «desde há algum tempo que vem observando a firma C. Richter». Segundo a missiva, «o judeu Richter tem sido tão bem sucedido ao camuflar-se por detrás do seu nome alemão que tem conseguido fazer chorudos negócios ...» A 28 de Outubro de 1938, 17 000 judeus «polacos» de Leipzig, e entre eles 1598 judeus alemães, foram expulsos para a Polónia. Fizeram-nos atravessar a pé um ribeiro junto à fronteira nas margens do qual tiveram de deixar todas as suas parcas bagagens. Esta foi a primeira deportação e o primeiro confisco de bens pessoais perpetrados contra deslocados.

Expropriar as grandes empresas iria ser mais difícil. Tratando-se de empresas judaicas importantes que se sentiam ameaçadas, os quadros e os juristas nazis ofereciam «amavelmente» – mediante emolumentos e cargos de direcção – a sua colaboração. Depois, enviavam para a prisão o director ou o principal accionista. Os seus «colaboradores alemães» ou funcionários nazis «bem intencionados» conseguiam libertá-los, sob condição de cederem à administração uma parte das suas acções e recompensando substancialmente os seus salvadores. Foi assim que agiram para retirar a Ignatz Nacher a grande fábrica de cerveja Engelhardt de Berlim.

A 14 de Junho de 1938, os nazis publicaram o terceiro decreto-lei do código do *Reich* onde se definia que tipo de empresa deveria ser considerada «judia». Bastava assim que um judeu fosse membro da administração ou do conselho fiscal ou que um quarto do capital pertencesse a um judeu para que a empresa pudesse ser confiscada. Um mês mais tarde, o Ministério do Interior publicou a lista de todas as empresas «judias».

Datadas de 6 de Julho e 29 de Setembro de 1938, duas leis interditavam aos judeus o exercício da maioria das profissões. No final de 1937, a violência era cada vez mais usada para os levar a abandonarem o comércio ou a indústria. Já ensaiado em 1935 na Kurfürstendamm em Berlim e noutros locais, este método foi posto em prática em Nuremberga no Natal de 1937 por Julius Streicher, editor do *Stürmer* e *Gauleiter* da Francónia. Foi novamente imitado em Berlim em Junho de 1938 e ampliado na tristemente célebre Noite de Cristal de 9 de Novembro de 1938, durante a qual foram incendiadas quatrocentas sinagogas e destruídas e pilhadas inúmeras lojas.

O mesmo método utilizado na cervejeira Engelhardt foi aplicado na cadeia berlinense Hermann Tietz, bem como ao património do grupo Wertheim. O programa nazi de 1920 estipulava que os grandes armazéns «seriam imediatamente declarados bens comuns e que seriam arrendados pela melhor oferta a pequenos comerciantes». Previa também a transferência da propriedade das cadeias de armazéns judaicas para «arianos», explicando que os boicotes e as ameaças de destruição faziam temer a redução do volume de negócios e obrigava-os a vender os seus activos em baixa. Foi o caso, em 1937, do grande armazém Römischer Kaiser de Erfurt. O proprietário da fábrica de armas Simson, em Suhl, na Turíngia, não se quis vergar, mesmo depois da sua detenção em 1935. Hitler pura e simplesmente expropriou «este judeu» e entregou a sua empresa ao *Gauleiter* Sauckel em Dezembro de 1935. Neste caso, a data é importante, em virtude da natureza desta empresa: desde 1935, o «*Führer* de todos os Alemães» preparava o rearmamento e a guerra.

Por último, passemos à Mendelsohn und Sohn de Berlim, Behrens und Sohn de Hamburgo, S. Bleichröder de Berlim, Alfons Franck & C.ª de Lubeque, aos bancos Arnold Irmãos de Berlim, A. Levy de Colónia, Max Warburg de Hamburgo – que executara o contrato da *Haavara* – e por fim à Sal. Oppenheim & C.ª, de Colónia. Todas estas casas, na sua maioria muito antigas, já antes de 1938 tinham mudado de dono em benefício dos nazis.

Alguns banqueiros que tinham lançado a base das suas fortunas começando como pequenos comerciantes, penhoristas ou cambistas, tinham sido promovidos a financeiros das cortes reais antes de proverem os governos com numerário através das suas ligações financeiras internacionais e serem feitos nobres, como Gerson Bleichröder, conselheiro de Bismarck, ou Abraão e Simão Oppenheimer, um dos quais recebeu o seu título de barão das mãos do Rei da Prússia e o outro atribuído pelo Imperador da Áustria. Os Warburg, cambistas da Vestefália, instalaram-se em Hamburgo em meados do século XIX e deram início ao negócio através de um generoso crédito que lhes foi concedido pelo senado da cidade. Paul Schiff, cunhado dos Warburg e director do Credit-Anstalt de Viena, serviu como intermediário. Os Warburg celebraram uma série de alianças internacionais em Viena, São Petersburgo e Nova Iorque, através de uma política de casamentos.

Max Warburg, banqueiro da quarta geração, tinha assento no tribunal de comércio e na assembleia municipal de Hamburgo e desempenhou um papel importante na fundação da Universidade da cidade. Juntamente com o armador Albert Ballin, Warburg fazia parte do conselho privado do Imperador Guilherme II. Chamavam-lhes os *Kaiserjuden*. Mas a seguir à guerra, a extrema-direita começou a importunar os judeus ricos e importantes. Todavia, Warburg teve oportunidade de demonstrar o seu patriotismo ao abandonar a sala de conferências de Versalhes como forma de protesto pelas exigências exorbitantes feitas pelos Aliados quanto às reparações de guerra. Quando o ministro dos Negócios Estrangeiros Walther Rathenau, igualmente judeu, foi assassinado em 1922, ele colocou-se sob protecção policial. Membro do Conselho Central do Reichsbank, contribuiu inteligentemente para levantar as finanças do seu país, esgotadas que estavam pelas reparações pagas aos Aliados e pela guerra. Nesta tarefa foi ajudado pelo seu irmão Felix, que se tinha tornado sócio do banco nova-iorquino Kuhn, Loeb & Co., próximo do Presidente Roosevelt.

Os Warburg não ignoravam a matéria de que eram feitos os nazis, mas acreditavam que continuavam a ser todos-poderosos e apostavam na legalidade. Mesmo depois de 1933, ativeram-se à legislação sobre os judeus, não podendo imaginar que os representantes do Estado iriam até ao crime. Mas estes destruíram a obra de gerações de Warburg. Pouco a pouco o grande Max Warburg foi sendo relegado para a categoria de pária. Em 1938, aquando da «arianização» dos bancos judeus, foi obrigado a transmitir os seus poderes a um substituto. Conseguiu felizmente entregá-los nas mãos de adversários do nacional-socialismo. Como Robert Pferdmenges, que foi o chefe do banco Oppenheimer em Colónia, Rudolf Brinckmann e Paul Wirtz salvaram o banco Warburg.

Após 1945, a família recuperou os seus direitos, com Eric Warburg, banqueiro pertencente à quinta geração, à cabeça, regressado a 11 de Maio de 1945 com o uniforme de tenente dos serviços de informações da Força Aérea americana. Conta ele que a destruição sofrida pela cidade de Hamburgo, de que conhecia todos os recantos, fez-lhe pior do que os quatro anos de guerra. Dirigiu-se ao número 75 da Ferdinandstrasse. Por acaso, o banco estava, tal como o edifício da Câmara, praticamente intacto. Um milagre, após o tapete de bombas que arrasara virtualmente a cidade em Julho de 1943. Em 1942, tinha conseguido convencer o marechal britânico Arthur Harris a não bombardear Lubeque, explicando-lhe que esta cidade hanseática era o centro de triagem do correio destinado aos prisioneiro britânicos. Em 1943, os Americanos mostraram-lhe os planos de divisão da Alemanha vencida que concediam aos Soviéticos a ocupação de cidade de Hamburgo e do Schleswig-Holstein. Ele explicou-lhes que se estes projectos se concretizassem, Estaline controlaria o canal do Mar do Norte e dominaria assim essas águas; desta forma evitou uma catástrofe ao futuro campo ocidental.

Eric Warburg suspeitava dos Russos. Nos dias que se seguiram à capitulação, organizou sozinho uma operação temerária: com jipes e camiões, foi à zona soviética em busca de 160 sábios alemães e das suas famílias, que instalou na zona americana, entre eles os especialistas do átomo e dos foguetões V-2. Muitos deles, como Werner von Braun, trabalharam depois no programa da Nasa para a conquista da Lua. Ele teve a honra de interrogar Hermann Göring, a quem fez seis mil perguntas sobre a guerra aérea, antes de o *Reichsmarschall* ser transferido para o Luxemburgo. Eric Warburg voltou a fazer parte da administração do seu banco em 1956. O seu filho Max está à cabeça da velha casa desde 1982 associado a Christian Olearius.

Ao abandonar as suas funções em 1938 antes de emigrar com os seus, Max Warburg disse que não punha um ponto final nas suas actividades, mas sim que se retirava «na sequência de uma transformação imposta pelas circunstâncias». Os Warburg celebraram em 1998 os duzentos anos da sua casa de crédito.

Dois homens célebres exerceram no século XX a direcção do banco Salomon Oppenheim & C.ª de Colónia. O primeiro, Robert Pferdmenges, desde a década de 30 era amigo íntimo do burgomestre de Colónia, Konrad Adenauer, e foi o homem de confiança do chanceler antinazi da República de Weimar, Kurt von Schleicher (assassinado a 30 de Junho de 1934 por ordem de Hitler). O segundo é nem mais nem menos que Karl Otto Pöhl, antigo presidente do Bundesbank que se reformou em 1998.

Na sua origem, esta jóia da finança alemã havia sido uma casa comissões e de câmbios fundada em 1789 por Salomon Oppenheim filho, descendente de mercadores judeus de Frankfurt. Tinha apenas 17 anos quando criou a sua casa de crédito. Casado com uma jovem aristocrata alemã portadora de grande dote, Teresa Stein von Dülmen, em 1822 foi o primeiro judeu a fazer parte da Câmara de Comércio de Colónia.

Após a sua morte em 1828, com a participação dos seus filhos Simão e Abraão a sua esposa geriu o banco até ao seu próprio falecimento em 1842. Simão casou-se com uma filha de banqueiros bávaros, Henriette Obermeyer, enquanto que Abraão – que não teve filhos –

se casava com uma herdeira da dinastia Meyer Amschel Rothschild. Outros matrimónios levaram a terceira geração a converter-se ao catolicismo e ao protestantismo em 1858 e 1859. Em 1868 os Oppenheim foram feitos nobres.

Os Oppenheim tinham participado como oficiais em guerras e na conquista colonial. Um deles foi um célebre arqueólogo. Após a tomada do poder por Hitler, começaram então as perseguições e as humilhações. A cidade de Colónia deixou de lhes confiar qualquer negócio. Waldemar von Oppenheim, o chefe da família, deixou de ser convidado para as reuniões da Associação de Bancos e foi demitido de vários cargos. Numerosos empregados seus eram militantes nacionais-socialistas infiltrados que ditavam a lei nos escritórios.

O balanço do banco, que se cifrava em 1928 em 124 milhões de *Reichsmarks*, caiu em 1937 para 99 milhões, para voltar a subir em 1938, graças à retoma económica, mas apenas para 102,1 milhões. Foi o momento escolhido pelos nazis para atacar, exigindo na edição local do seu diário a mudança do nome do banco. Os Oppenheim foram obrigados a retirar-se e a confiar plenos poderes a Pferdmenges, seu sócio desde 1932, um homem em quem depositavam toda a confiança, ligado à igreja protestante clandestina antinazi, a Bekennende Kirche, e que assegurou até 1944 a sobrevivência da velha casa com a razão social de Banco Pferdmenges & C.ª.

Quando a guerra começou, Friedrich Carl von Oppenheim e a esposa Ruth estavam nos Estados Unidos. Voltaram à Alemanha para ver os filhos. Gabrielle, esposa de Waldemar, o mais velho, defendia a emigração, mas Friedrich Carl teimava em permanecer na Alemanha. Tinha constituído os arquivos privados da sua casa que, em 1944, foram postos em local seguro juntamente com os documentos do banco em casa de um dos seus antigos empregados. Ele queria ajudar, resistir e testemunhar.

Os Oppenheim ficaram em liberdade graças à venda forçada da sua célebre coudelaria às SS, em Novembro de 1942. Esta cedência forçada valeu uma carta do Dr. Lammer, chefe da Chancelaria do *Reich*, onde lhes era garantido que «qualquer prejuízo que lhes adviesse da sua origem não puramente ariana» lhes seria reparado. Contudo, a tarraxa voltou a apertar-se. Eram-lhes censuradas as suas boas relações com a família Wallenberg de Estocolmo e com o Dr. Weiss, embaixador suíço na Alemanha, mas a *Gestapo* não os podia acusar de espionagem, visto que o almirante Canaris tinha confiado a Waldemar von Oppenheim algumas missões secretas, nomeadamente na Holanda. Ele ajudou inúmeras famílias judias a fugir da Europa.

Após o atentado falhado contra Hitler em 20 de Julho de 1944, Waldemar von Oppenheim foi preso pela *Gestapo*. Por erro foi libertado algumas semanas mais tarde, tendo-se conseguido esconder até à chegada dos Americanos. Friedrich Carl von Oppenheim, igualmente preso, viu a sua vida salva graças a um procurador do Estado benevolente que foi adiando o seu processo até à chegada do exército americano. Após a guerra, Robert Pferdmenges, que fora, também ele, preso pela *Gestapo*, retomou os negócios e os Oppenheim foram reintegrados nas suas funções depois de os seus bens lhes terem sido restituídos.

Também no estrangeiro os nazis utilizaram artimanhas para se apossarem dos bens dos judeus. Se bem que na Europa de Leste tenham começado logo de início com as sevícias, na Europa Ocidental, onde as suas vítimas poderiam encontrar apoios e fazer desencadear movimentos de protesto, agiram com precaução. Sem dúvida que os nazis foram os primeiros a ficar espantados com a fraca resistência oferecida pelos países ocupados perante o esbulho e a deportação dos judeus.

Sem dúvida que nunca se teria sabido como despojaram dos seus valores a muito antiga comunidade judia de Amsterdão se estudantes holandeses não tivessem descoberto num celeiro húmido da Herengracht, guardados nas gavetas de velhos armários, milhares de fichas esquecidas ali há 18 ou mais anos, aquando da mudança de um serviço do Ministério das Finanças.

Sobre estas caixas de cartão húmidas geralmente figurava um nome no cimo e à esquerda, seguido de um data de entrega, da descrição de um objecto e do seu número de inventário. Por exemplo: n.º 9582, «uma corrente em ouro com uma estrela de David, depositada no cofre do banco»; n.º 9588, «um taça em prata com uma inscrição gravada em hebraico, enviada para a empresa Degussa para ser fundida; n.º 9592, «um quadro assinado numa moldura dourada representando uma mulher sentada a ler, vendido a 24 de Julho de 1944 por 75 florins a C. Reinheldt».

Estes documentos históricos forneceram provas dos roubos aos judeus de Amsterdão pelos Alemães com apoio dos Holandeses. As fichas são provenientes dos arquivos do banco Lippmann-Rosenthal-Serpathistraat e estavam dadas como oficialmente desaparecidas e destruídas. Como foi possível que estes arquivos tenham ido parar a gavetas do Ministério das Finanças holandês durante a ocupação alemã? Este mistério, que sugere a existência de um relacionamento estreito entre o ocupante e o Ministério, está por esclarecer.

Em 1941, os nazis colocaram um administrador alemão à frente do banco judeu Neue Spiegelstraat de Amsterdão. Alguns meses depois, o novo dono da casa recebeu ordem para criar uma filial independente mas que devia conservar o nome célebre do banco judeu Lipmann--Rosenthal. A 8 de Agosto de 1941, os Alemães começaram vagarosamente a expropriar os judeus, que tinham sido obrigados a depositar os seus valores imobiliários nesse banco judeu. Como não sabiam que este passara para o controlo dos nazis, não se preocuparam em colocar parte dos seus bens num lugar mais seguro. Para eles o nome Lipmann--Rosenthal-Serpathistraat era sinónimo de confiança.

A partir de Maio de 1942, foram obrigados a entregar as suas jóias, todos os objectos de ouro ou prata, as antiguidades e os quadros com valor. Em 1942 o banco começou a revender todos esses bens, não somente a nazis e à empresa alemã Degussa como também – como provam as fichas encontradas em Amsterdão – ao Banco dos Países Baixos, aos Arquivos Municipais de Amsterdão, a leiloeiras holandesas e a simples cidadãos.

Questionada em 1943 por uma companhia de seguros, a filial nazi do Lippman-Rosenthal respondeu que dos seus contactos com as autoridades lhe era permitido pensar que os antigos proprietários tinham sido levados e estavam longe e que não se ouviria falar deles no futuro, pelo que a contabilização dos seus depósitos podia ser considerada como nula e sem efeito...

Mas alguns judeus holandeses, embora poucos, sobreviveram ao Holocausto e regressaram para em 1945-1946 reclamarem os seus bens, como lembra o antigo colaborador do *NCR-Handelsblad*. O Ministério das Finanças atribuiu-lhes indemnizações. Mas os herdeiros presumidos dos que não regressaram não foram activamente procurados. E foi assim que, em 1969, os funcionários do Ministério das Finanças partilharam entre si o que restava dos valores dos judeus desaparecidos.

Um antigo colaborador do Ministério lembra-se de ter visto um dos seus colegas dançar de alegria por ter adquirido por um preço irrisório duas magníficas argolas em ouro para as orelhas. Foi assim que as 13 000 fichas que teriam podido dizer a quem pertenciam as argolas e o resto desapareceram de circulação. Mas no entanto não se artreveram a queimá-las. Foi nomeada uma comissão pelo ministro das Finanças, Zam, para esclarecer este episódio.

Também os judeus berlinenses foram apanhados de surpresa, como a família de Siegbert Weinberg. Juntamente com os pais, este rapaz tinha deixado o *shtetl* de Berlim com a idade 13 anos, em Abril de 1938, se bem que demasiado tarde. O *shtetl*, em *yiddish* «a pequena cidade», ou seja, o bairro judaico de Berlim antes da chegada de Hitler.

Mais de 150 000 judeus ainda viviam no *shtetl* berlinense na década de 20, num total de 175 000 em toda a capital alemã, sendo oriundos na sua maioria da Europa Oriental. A densidade populacional ali era cinco vezes maior que no resto da cidade. Muitos dos que ali viviam estavam longe de poder ser considerados como bafejados pela sorte. Mas este não era o caso dos pais de Siegbert.

Instalados com os seus 2000 empregados por detrás da catedral, os irmãos Weinberger eram os grossistas mais importantes de produtos alimentares da capital – e o número um alemão no comércio da manteiga. O seu império era constituído por 125 filiais, que abasteciam 10 000 retalhistas em Berlim e arredores. Apesar do seu tipo «germânico», como se dizia, o jovem Siegbert, com olhos azuis e cabelos louros, sofria por vezes na rua os golpes dos estudantes fanatizados pela Juventude Hitleriana. Em 1938, Adolf Weinberger, seu pai e seus tios, Salomão e Israel, foram postos na prisão e libertados quatro meses mais tarde. Uma medida intimidatória que não conseguiu fazer com que Adolf Weinberger se decidisse a deixar o seu país. Ferido três vezes, condecorado várias vezes no decurso da Grande Guerra, era um nacionalista alemão convicto. Mas quando o prefeito da polícia de Berlim, um velho amigo, o avisou de que recebera um mandato de captura marcado com a cruz gamada em nome da família Weinberger, resignou-se a fugir em direcção a Hamburgo e depois para Nova Iorque, onde os Weinberger refizeram a fortuna.

Siegbert regressou sessenta anos depois, para rever o bairro da sua infância e recuperar a casa de família na antiga Berlim Leste. Uma placa de bronze lembra que «Neste imóvel se localizava a sede dos irmãos Weinberger, os maiores grossistas alimentares de Berlim». «Mas não me podem reembolsar pela perda da minha pátria, da minha língua materna e de uma parte da minha juventude», diz ele. Permanece nova-iorquino, não conseguindo, dadas as circunstâncias e depois de toda uma vida passada do outro lado do Atlântico, voltar a adaptar-se a Berlim.

IV PARTE

Selecção e Reciclagem

Os défices de ouro da Alemanha

Após a sua vitória sobre a França em 1870, o *Reich* guilhermino, rejuvenescido e com falta de dinheiro, lançara sobre aquele país um pesado tributo de 5000 milhões de marcos-ouro. No virar do século XIX, essa riqueza contribuiu para construir a potência alemã. O Império Alemão fora proclamado na Sala dos Espelhos do palácio de Versalhes a 18 de Janeiro de 1871.

Quando em 1914 Guilherme II declarou guerra à França e à Rússia e invadiu a Bélgica, provocando a entrada na guerra da Inglaterra, ainda dispunha de uma reserva substancial de 120 milhões de marcos-ouro depositados no Juliustrum de Spandau, perto de Berlim. Até 1916, conseguiu alimentar os cofres do Estado através de donativos de jóias e de objectos de ouro feitos pela população («Ofereço o meu ouro pelo ferro») e em 1917 recebeu ouro dos Russos, como havia sido acordado em Brest-Litovsk.

Mas só no ano de 1918, o custo da Marinha e do Exército elevou-se a 50 000 milhões de marcos. Arruinado pela Primeira Guerra Mundial, o *Reich* alemão tornou-se em 1919 numa república, passando de uma fase de quase revolução para uma hiper-inflação, acrescida no final da década de 20 por um imenso desemprego. No final deste decénio, a República de Weimar teve de suspender os pagamentos aos seus credores internacionais. Por fim, a Alemanha foi libertada das suas dívidas, mas só em 1932, quando já era demasiado tarde. Os nazis já tinham entrado em cena.

Se a Alemanha tivesse tido ouro para regularizar as suas dívidas no prazo, ter-se-ia livrado facilmente das suas contrariedades. O Tratado de Versalhes condenava-a a pagamentos enormes. As capacidades da sua economia estavam no estado mais baixo. Antes de 1 de Maio de 1921, tinha para pagar reparações, em divisas e em valores materiais, no montante de 20 000 milhões de marcos-ouro. Assim, em Bolonha, no fim de Junho de 1921, os Aliados fixaram o montante das reparações em 269 000 milhões de marcos-ouro, pagáveis em 42 anuidades, a que deve ser acrescentada uma taxa de exportação de 12%. A Conferência de Londres fixou esta soma totalmente irrealista em 132 000 milhões de marcos-ouro.

O cientista Fritz Haber, um dos maiores cérebros da época, ainda para mais um patriota alemão, tentou vencer este desafio. Químico de génio e cientista visionário, Haber vinha a pressentir desde a década de 20 o que acabou por acontecer quinze ou vinte anos mais tarde: o maior problema do III *Reich*, o défice em metal precioso.

Ele havia afirmado que «o ouro é um metal com muito poucas aplicações. É muito adequado para o fabrico de jóias e próteses dentárias...» Todavia, em 1920 causou surpresa quando apresentou, aos cientistas que com ele trabalhavam nos laboratórios do Kaiser--Wilhelm-Institut (KWI) de Berlim, um processo visando a recuperação do ouro que se encontra em suspensão na água do mar.

Mas este sábio alemão que tentava salvar o seu país também lhe deu os meios para destruir os seus antigos confrades judeus. Inventor genial, Haber era um espírito ingénuo e relativamente apolítico que acreditava inabalavelmente no génio do *Reich* alemão e na sua missão salvadora. Sem o saber nem prever, ele e os que com ele trabalhavam entreabriram a porta por onde mais tarde entrou a avalanche.

Uma historiadora alemã, Margit Szöllösi-Janze, que escreveu sobre a vida de Fritz Haber, descobriu a seu respeito algumas coisas bem estranhas. Nas páginas seguintes, recorremos a elementos do seu livro que em 1998 obteve o prémio alemão de obra histórica.

1

O Cândido Inventor da Asfixia Moderna

Após a guerra de 1914-1918 Haber([5]) fundou a Secção M (M de metal) do KWI. Mas fabricar ouro não era coisa fácil. Como bom cientista, calculou o valor dos 132 000 milhões reclamados pelos Aliados ao seu país em onças de ouro fino e calculou que seriam precisas 50 000 toneladas de ouro, ou seja, um terço dos lingotes, peças e jóias existentes no planeta. Ora, o prémio Nobel sueco da Física e Química, Svante Arrhenius, tinha calculado que se encontravam em suspensão em cada tonelada da água do mar seis miligramas de ouro. Quando, por seu lado, Haber se deslocou a Estocolmo em Junho de 1920 para receber o Prémio Nobel, Arrhenius confirmou-lhe aqueles números.

As experiências de Haber com água do mar no Instituto Oceanográfico de Berlim tinham mostrado um teor de cinco miligramas de ouro por tonelada de água. Assim, seria suficiente descobrir um processo para destilar esse ouro existente na água do mar. Não só pagaria as reparações como proporcionaria lucro. O sábio queria «entornar o caldo dos Aliados» e oferecer «ao povo alemão reduzido à escravidão um triunfo duplo». No entanto, Haber não foi o único na década de 20 a sonhar com o fabrico de ouro. Numerosos alquimis-

---

([5]) Não confundir com o seu homónimo, o engenheiro alemão Fritz Haber, nascido em Mannheim, falecido a 21 de Agosto em Norwalk (Connecticut), inventor do simulador de gravidade para treino dos cosmonautas americanos e do sistema de transporte das cápsulas espaciais acopladas sobre os Boeing 747. Este engenheiro, destacado para o programa de foguetões do III *Reich*, estava em Dachau no fim da guerra, mas escapou por mero acaso aos Soviéticos, tendo sido recrutado pelos Americanos.

tas improvisados tentaram convencer as autoridades e os industriais da eficácia dos seus métodos e alguns chegaram a obter subsídios. Eles fabricaram tanto ouro como o Doutor Fausto na sua época. Mas o nosso sábio estava mais bem relacionado e a sua nomeada era muito maior.

Confiou a direcção da Secção M a Johannes Jaenicke, um cientista que entrara para o KWI durante a Segunda Guerra Mundial e que, fiel até à morte à memória do chefe, escreveu em 1984 uma biografia de Haber, após ter assumido responsabilidades na Metallgesellschaft de Frankfurt. Foi a esta empresa criada em 1881 pelo industrial e reformador social judeu Wilhelm Merton, fundador da Universidade de Frankfurt, que Fritz Haber se dirigiu em 1921. A Alemanha da década de 20 encontrava-se muito empobrecida e a Metallgesellschaft era proprietária de um banco, o Berg-und--Metallbank AG. Durante o primeiro conflito mundial, Haber tinha colaborado no Ministério da Guerra com Merton – que morreu em 1916, tendo deixado a empresa ao filho. Amostras da água do Mar do Norte mostravam que a densidade de ouro aumentava à medida que se afastava das embocaduras dos rios. Com a economia e o marco arruinados pela inflação, o governo interessou-se pelo projecto.

Após um atraso provocado pela ocupação do Ruhr pelo Franceses em 1922, eis então o nosso sábio embarcado em 1923, acompanhado por quatro colaboradores, no navio *Hansa* da Hamburg--Amerika Linie, rumo a Nova Iorque. Era necessário esconder o verdadeiro objectivo da viagem desta pequena equipa de sábios que se isolava nos seus camarotes transformados em laboratórios. Haber disse aos outros passageiros que estava a estudar o efeito da água do mar sobre os metais. Os resultados foram decepcionantes e peneirar a água do mar mostrou-se muito difícil.

Haber calculava que as águas mais quentes lhe seriam mais favoráveis, tendo partido alguns meses mais tarde em direcção a Buenos Aires a bordo do *Württemberg* acompanhado de um laboratório mais bem equipado. A estadia em Buenos Aires mostrou-se muito árdua. Foi preciso pedir esmola aos imigrantes alemães. Haber regressou à Alemanha muito deprimido e Jaenicke considerou o projecto pouco rentável. O professor Nimbus tinha deixado de sonhar.

Em 1926, Haber abandonou então os mares do mundo para se dedicar à transformação do mercúrio em ouro através de processos fotoquímicos. Tratava-se de cindir o núcleo do átomo de mercúrio para se obter ouro. Haber pensava também chegar às mesmas soluções usando chumbo e volframio. Mas o mais que conseguiu foi produzir um pouco de prata. Teve então de abandonar este projecto. Os meios técnicos da altura não permitiam descobrir o equivalente moderno à pedra filosofal que os alquimistas medievais sempre procuraram, mas em vão.

O facto de este sábio se ter debruçado sobre este problema persistente do Estado alemão e de ter ido até à Argentina efectuar experiências e mendigar dinheiro à colónia alemã ali instalada, a qual mais tarde veio a ter intensas relações com o III *Reich*, permanece obscuro.

Fritz Haber era um produto da sua época e era judeu. Se nos detivermos sobre a sua carreira, concluímos que ela ilustra perfeitamente a obra dessa geração prussiana que, consciente dos seus trunfos, sonhava dominar o mundo, mas que involuntariamente abriu caminho para a pior das ditaduras. Neste caso, há que juntar uma via judia alemã que entronca directamente na ciência do século XIX, mas com um epílogo particularmente trágico.

Fritz Haber nasceu a 9 de Dezembro de 1868 em Breslau. Seu pai, Siegfrid Haber, era um honrado negociante nesta cidade da Silésia alemã. Sua mãe, Paula, nome de solteira Haber, casou-se com o primo Siegfrid. Morreu três semanas após o nascimento do filho. Viúvo inconsolável, o pai lançou-se na gestão da sua empresa de tintas e produtos químicos, Farben und Chemikalen. Se bem que a química já tivesse entrado no seu ramo com a função de modificar as tintas, Haber pai comercializava as cores naturais. A empresa era florescente, porque ainda não se tinha chegado à etapa decisiva das cores sintéticas que conferiram reputação mundial à química alemã.

O pai fizera a sua aprendizagem em Breslau, na fábrica de cores S. E. Goldschmidt. Na sua cidade, era um burguês liberal muito considerado, o tipo de judeu abastado e «assimilado» – segundo a terminologia oficial –, apesar de se ter mantido fiel à religião de seus pais. Mas os Haber não eram muito religiosos, revelando os seus nomes próprios que tinham uma grande vontade de se germanizarem. Siegfrid, o primeiro desta família judia a lançar-se no mundo dos negócios, tinha estudado direito. Os seus dois irmãos mantiveram-se nos negócios, tendo um deles, cônsul em Hakodate, no Japão, sido assassinado por um samurai.

O jovem Fritz recebeu a sua vocação de químico no berço. Ela deu-lhe o Prémio Nobel da Química em 1918. Não teve qualquer problema para subir os degraus escolares, universitários e sociais, dado que o anti-semitismo era praticamente inexistente à época, tanto no seu meio burguês como na Alemanha imperial dominada pela Prússia. O chanceler Bismarck havia concedido aos judeus a 3 de Julho de 1869, sete meses após o nascimento de Haber, a igualdade de direitos, definitiva e garantida pela lei. Enquanto que os judeus gozavam de uma verdadeira paz, a sociedade prussiana do final do século XIX foi dividida por uma espécie de guerra religiosa entre protestantes e católicos, a *Kulturkampf* de Bismarck.

Após ter concluído os estudos no Johanneum, o liceu de Breslau onde ensinavam os professores de origem judaica, em 1896 o jovem Fritz conclui com distinção o liceu. Inscreveu-se como estudante de química em Berlim e depois em Heidelberg, tendo aqui seguido as lições de mestres renomados como Hoffmann e Bunsen. Uma fotografia da época mostra um jovem esbelto e distinto, rosto alongado, testa alta e usando a luneta do jovem intelectual burguês. Uma abundante cabeleira ondulada, que perdeu quase toda por volta dos quarenta anos, e lábios carnudos, revelavam um amante da vida, mesmo um sedutor.

Estudioso, mas crítico, ávido de saber, entendia que as aulas teóricas e os trabalhos práticos eram insuficientes e esclerosados. Abandonou a química propriamente dita para se dedicar à físico-química ainda em estado embrionário, mas muito mais aberta a aplicações industriais. Em Heidelberg o jovem Fritz frequentava uma sociedade estudantil onde alguns dos mais «antigos» trabalhavam na Badische Anilin-und-Sodafafrik, a BASF. No seguimento de uma disputa, de um caso amoroso passageiro mas contrariado e da obtenção de um grau de oficial reservista destinado aos filhos dos ricos, conheceu Richard Abegg em Berlim, um ano mais novo que ele. Foi uma longa amizade, até à morte prematura deste último em 1910. Nascido em Dantzig, Richard era filho de um riquíssimo assessor industrial e membro do conselho fiscal do Deutsche Hypothebank de Berlim. Fizeram o doutoramento juntos. Tudo indica que Fritz ficou a dever a Richard ter-se dedicado à química aplicada.

Em 1891, seu pai proporcionou-lhe dois estágios industriais, um em Budapeste na destilaria de vinhos Grunwald & C.ª, que também fabricava, com base em resíduos de carbonato de potássio, um detergente conhecido desde a Antiguidade. O estágio seguinte, no mesmo ano, levou o jovem químico até à Galícia, a uma fábrica de amoníaco de soda em Szcakowa, uma aldeia de mil habitantes a noroeste de Cracóvia. Ali só havia fábricas, habitações de operários, areia e febres, escreveu ele ao seu amigo de juventude Max Hamburger. Mas ele respirava felicidade: ali fabricava-se soda segundo o processo recentemente aperfeiçoado por Solvay a partir de sódio e de amoníaco sintetizados pelo óxido de carbono. Depois realizou um outro breve estágio na fábrica de celulose de Feldmülhe perto dos montes Metalíferos onde se familiarizou com um processo americano-sueco.

Durante mais de sete anos, Fritz Haber errou de laboratório em laboratório. Procurava o seu caminho entre a indústria e a química. Muito diferente de seu pai, tinha o gosto pelo risco e pela experimentação. Naquela altura, desentendeu-se com o pai ao aconselhá-lo a comprar uma grande quantidade de cloreto de cálcio, para efeitos de desinfecção. Uma epidemia de cólera tinha surgido em Hamburgo e Fritz pensava que ela se iria propagar. Todavia, as coisas não se passaram assim e o pai teve de suportar as despesas. Então, enviou de volta o seu herdeiro para os seus queridos laboratórios. Em 1892, Fritz Haber dirigiu-se para a Universidade de Iena a fim de se entregar à ciência. A ruptura foi de tal ordem que se converteu ao catolicismo.

Os judeus não eram preteridos nas universidades, mas a carreira surgia mais facilitada aos convertidos. Apesar deste passo dado em direcção à assimilação, Haber conservou inúmeros elementos da sua identidade. As suas duas esposas, Clara Immerwahr e Charlotte Nathan, com quem se casou em 1901 e 1917, eram de origem judaica. No entanto, Clara já se tinha convertido quando se casaram. Pelo contrário, teve de convencer Charlotte para que se convertesse em função dos interesses da sua carreira. Os raros amigos com quem se relacionou durante toda a vida eram judeus: Max Hamburger, Sigfried Czapski, August Marx, Max Mayer, Albert Einstein e Richard Willstätter. Depois ocupou, em 1887, um lugar na Universidade de Leipzig, a Meca da fisíco-química nascente. Haber fervilhava de ideias e de actividade. Estava consciente de ser a alma de uma nova disciplina destinada a um grande futuro. Depois de Leipzig, com passagem por Dresden, vamos encontrá-lo na Universidade Técnica de Karlsruhe, onde passou «os dezassete melhores anos de trabalho da sua vida», de 1894 a 1911.

Ali frequentava uma *Tischgesellschaft*, uma das mesas de hóspedes dos albergues à volta das quais os homens se reuniam regularmente na Alemanha para trocar ideias, beber e cantar e contar as suas histórias. Os seus amigos eram o filólogo August Marx, parente afastado de Albert Einstein, mais tarde o primeiro director judeu de um liceu alemão, o pintor Leopold Kalckreuth, e Dauber, professor de história. Haber comportava-se ali como um alegre compincha, inventando histórias, criando adivinhas e jogos de palavras, improvisando poemas. Aprendeu a enviar postais em verso, hábito que conservou para toda a vida. Como imaginar que este alegre folgazão iria acabar a sua existência de forma tão trágica? E que as suas descobertas teriam consequências catastróficas?

Dotado de memória e de intuição, Fritz só vivia para a investigação. Esta paixão intelectual parecia apagar nele qualquer outro tipo de considerações. Além disso, a sua ambição de «assimilado» impelia-o a ir mais além, mais alto. Dera os seus primeiros passos na ciência durante uma fase de extraordinária expansão económica e política. Chamou-se a este período de construção, de fé tecnocrática e de criatividade científica os *Gründerjahre*, os anos fundadores, a época em que Friedrich Nietzsche denunciou a «vontade de poder». Esta força impulsora colectiva irresistível apoderou-se de Fritz Haber como havia feito com outros. Talvez recordação da oficina familiar, mas ideia veiculada também pela corrente dominante, a sua concepção da química na sua vertente industrial permaneceu centrada em função do concreto, no fabrico, com resultados contraditórios que fizeram a felicidade de uns e a imensa infelicidade de outros.

Trabalhava dia e noite, manifestando uma incomensurável capacidade de assimilação de domínios e disciplinas diversas. Aos seus admiradores, respondia: «Estudo todas as noites até às duas horas da manhã, até ter compreendido.» Mas este ritmo dava-lhe cabo da saúde. Anemias e esgotamentos tornaram-no num cliente assíduo dos banhos termais e encurtaram-lhe a vida. Em 1893, esteve internado num sanatório «para doentes dos nervos e pessoas com necessidade de repouso» na floresta da Turíngia. Em 1888, frequentou os banhos de Johannisbad, onde «recuperou um pouco», segundo dizia. Acreditando estar a ser vítima de uma contestação dos adversários das suas teorias, viu-se obrigado, em Fevereiro de 1900, a passar dois meses nas termas de Wiesbaden, para aí regressar em 1901 e nos anos seguintes. O psicólogo e filósofo Karl Jaspers escreveu na sua *Generale Psychopathologie* que as psicoses seguem as modas. Haber sofria da doença da *Belle Époque*, a neurastenia.

Clara Immerwahr, nascida em 1870, jovem introvertida, reflexiva, razoavelmente bonita e de uma elegância sóbria, com um olhar fascinante, casou-se então em 1901 com um homem já vivido embora jovem. Criada numa família abastada, filha de um químico de renome que não frequentava a sinagoga nem praticava qualquer rito judeu, fora educada espartanamente, à maneira prussiana. Aluna de Haber, apaixonada pela química, viveu com ele uma união à maneira de Camille Claudel, que culminou no seu suicídio em 1915. Entretanto, o marido tinha-se tornado numa celebridade mas de uma forma com que ela não concordava inteiramente.

Graças aos seus contactos internacionais, incluindo os Estados Unidos, Haber tinha conseguido rodear-se de uma equipa de investigadores e de técnicos de elevado valor. Graças aos seus processos electroquímicos, conseguira fabricar óxido de azoto sintético, em colaboração com a BASF, célula inicial do consórcio IG Farben. Fundada em 1865, na viragem do século, esta sociedade anónima era de longe a maior fábrica química da Alemanha, com 7000 trabalhadores, dos quais 146 químicos. O seu triunfo surgiu em 1897 ao conseguir a síntese do índigo. Fabricava ela própria os elementos orgânicos necessários para as suas cores artificiais, a soda, o enxofre, o salitre e o ácido clorídrico. Haber baseou-se no método de fabricação de óxido de azoto com a ajuda de iões eléctricos, recentemente desenvolvido pelo físico Emil Warburg, e assinou em 1908 um contrato com a BASF. Realizou também para a Badische Anilin a síntese do amoníaco com base num processo electrolítico criado com a ajuda de Robert Bosch.

O seu contrato previa que receberia uma percentagem de 1,5 *pfennig* por cada quilo de amoníaco. Nas vésperas do primeiro conflito mundial, Haber era assim um grande sábio, um homem rico e o homem-chave do Kaiser-Wilhelm-Institut, inaugurado em Berlim em Outubro de 1912 com a presença do Imperador Guilherme II, posteriormente Kaiser-Wilhelm-Gesellschaft (KWG) que devia, com a ajuda do Estado e da banca, revolucionar a indústria e o armamento da Grande Alemanha. Haber recrutou várias celebridades para ali trabalharem, entre elas o especialista na síntese da clorofila Richard Willstätter e o matemático Albert Einstein. Para materializar a sua visão da ciência a interagir com o mundo, fez com que numerosas ruas do bairro Berlin-Dahlem, cujo urbanista conhecia, tivessem nomes dos sábios que ainda hoje ostentam.

A economia de guerra ganhava forma. Os «tecnocratas da guerra», Walther Rathenau, judeu como Haber, e o seu colaborador, Wichard von Moellendorff, engenheiro na fábrica de cabos Oberspree, perto de Berlim, tinham compreendido que uma das paradas a ganhar em caso de conflito era a das matérias-primas. Rathenau constituiu as primeiras grandes sociedades industriais, associando o capital privado ao Estado com o apoio da banca, uma forma de economia semiestatal que acabou por se perpetuar e se desenvolver, bastante mais tarde, durante o III *Reich*. Haber trocava correspondência com a BASF a propósito do salitre e de alguns materiais necessários para o fabrico de explosivos. O seu azoto sintético para fins agrícolas prestava-se igualmente a este uso. Era necessário optar pelo amoníaco sintético em detrimento do nitrato de cálcio cujo fabrico exigia muito mais mão-de-obra. Assim, construiu-se uma fábrica no leste do país, longe da linha do Reno ameaçada pela França. A BASF impôs-se pela utilização do método Haber. A fábrica, em Merseburg, no Saxe-Anhalt, veio mais tarde a chamar-se Leuna e... a tornar-se francesa após a queda do Muro de Berlim.

Desde o princípio das hostilidades e do cavar das trincheiras, os explosivos e as munições começaram a rarear. Foi pedido então aos cientistas que pensassem em novas armas. Fritz Haber desempenhou um papel crucial no desenvolvimento do gás de combate. O seu nome permanece ligado a esta arma que foi, juntamente com os submarinos, a grande inovação da Primeira Guerra Mundial. Sem dúvida que o seu uso foi bastante reduzido em relação às munições convencionais (124 000 toneladas contra 2 milhões de toneladas de explosivos e 50 000 milhões de cartuchos), mas produziu estragos espectaculares.

Haber não foi seguramente o precursor das armas químicas. Em 1912, a polícia de Paris tinha utilizado cartuchos de gás lacrimogéneo para desalojar um bando de malfeitores que se barricara num edifício. Em 1913, na Grã-Bretanha, o Ministério da Guerra efectuou testes com cloreto de acetona e cloreto de benzol. Mas foi Haber quem inaugurou a guerra química moderna e a guerra total enquanto instigador do ataque alemão com gás a Ypres, a 22 de Abril de 1915. Anteriormente tinha sido desenvolvida a máscara anti-gás para atenuar qualquer mudança na direcção do vento.

Foi a inspiração pessoal de Haber que patrocinou a formação de quatro companhias especializadas na guerra dos gases e recrutou para o seu serviço um batalhão de sábios cujos nomes ficaram na história do século XX, por serem todos laureados com o Prémio Nobel, como Otto Hahn (Química, 1944), James Franck (Física, 1925), Gustav Herz (Física, 1925), bem como os médicos Wilhelm Westphal e Hans Geiger, que deu o seu nome ao detector de radiações nucleares. A equipa trabalhava sob o controlo directo do Ministério da Guerra. Os cientistas efectuaram experiências em cobaias animais nos terrenos do próprio Instituto ou no campo de tiro de Wahn.

Clara Haber foi ali diversas vezes com o marido. Quando em 17 de Dezembro de 1914 uma explosão retalhou dois colaboradores de

Fritz Haber, Otto Sackur e Gerhard Just, ela foi a primeira a intervir para os socorrer enquanto o marido parecia paralisado pelo espanto. Um amigo de Haber contou que, alguns dias antes de se suicidar, Clara o fora visitar e que lhe lera algumas cartas do esposo, enviadas da frente onde superintendia no uso da sua arma química: «Ela estava desesperada por ver os efeitos da guerra do gás, ela que vira o sofrimento em que morriam os animais expostos ao gás durante as experiências.» Também no Instituto muitos estavam persuadidos de que o gesto de Clara, cujas relações com o marido, que tudo sacrificava à sua carreira e às suas pesquisas, tinham arrefecido, foi motivado pelo desencadear de um novo tipo de guerra que se ficava a dever a Fritz Haber. Ela disparou uma bala na cabeça com a pistola de serviço do marido a 2 de Maio de 1915, quando este chegava da inspecção que fora fazer a Ypres coberto por elogios do governo do *Reich*, mas menos apreciado pelo corpo de oficiais, que julgava este tipo de combate «pouco cavalheiresco».

Teria sido a morte de Clara Haber uma acontecimento premonitório? Uma luz de aviso ao século XX para os perigos da ciência? A 25 de Outubro de 1917, Fritz Haber desposou, após algumas hesitações, Charlotte Nathan, secretária na Deutsche Gesellschaft. Esta sociedade, fundada em 1914, à qual ele tinha aderido, era uma associação de tendência *deutschnacional* [nacional alemã] mas onde coabitavam alguns elementos liberais e mesmo favoráveis à paz, na condição de ser uma *pax germanica* face a uma França e a uma Grã-Bretanha completamente desarmadas. Em sentido totalmente oposto a Clara, Charlotte era uma mulher alegre, uma mulher caseira sem quaisquer ambições de ordem intelectual.

Haber começou a duvidar da vitória e das capacidades dos dirigentes do *Reich*. Alarmava-se com o défice do Tesouro Público. Face à superioridade numérica e material dos Aliados, pensava que não «poderiam ganhar a guerra somente com o gás». As memórias de Charlotte Haber relatam uma conversa entre Haber, Rathenau e Einstein que ocorreu nos princípios de 1918. Rathenau afirmou que um dos maiores erros dos Alemães fora a guerra submarina que tinha obrigado os Estados Unidos a intervirem no conflito. Após esta conversa, Haber terá cessado de acreditar no poder absoluto do gás. Transferiu a sua crença para a aviação, mas em guerras futuras. Em Fevereiro de 1918, afirmou a Otto Hahn que tinha deixado de acreditar na vitória. No entanto, não parava de aperfeiçoar a arma química. A 5 de Maio de 1918, deu uma conferência perante personalidades da indústria e da ciência onde preconizou o desenvolvimento de gases «latentes» que só agiriam após determinado lapso de tempo e teriam «um efeito fatal para quem não estivesse habituado à disciplina química». Estranha e premonitória fórmula, como se Haber se tivesse apercebido do efeito diabólico das suas criações.

Paralelamente trabalhava em aplicações civis para o gás, tendo em vista a destruição de parasitas, em particular a traça *Ephestia kühnellia* que infestava a farinha de trigo e ameaçava as reservas alimentares. Há que juntar, no decurso da guerra, as pulgas e outros animais nocivos que infernizavam a vida precária dos soldados, quando não eram causa de doenças. Durante as hostilidades, o Ministério da Guerra alemão despendeu 250 milhões de *Reichsmarks* para combater as pulgas e uma soma equivalente na luta contra os percevejos e os piolhos e 50 milhões contra a sarna. Um campo de experiências muito tentador para Haber e os seus colaboradores que em 1917--1918, ao utilizarem gás produzido à base de ácido cianídrico, estiveram prestes a ganhar este combate de retaguarda no quadro de uma comissão técnica de luta contra os parasitas. Haber pensava que os processos desenvolvidos com os gases durante a guerra poderiam servir em tempo de paz, «associando a esta tarefa químicos, médicos e físicos». Tratava-se de utilizar os «meios de produção para gerar uma fonte de prosperidade».

Após a derrota de Novembro de 1918, o químico foi considerado proscrito. Os artigos 227.º a 230.º do Tratado de Versalhes de 28 de Junho de 1919 exigiam que o *Kaiser* respondesse pelos seus actos perante uma jurisdição internacional e que fossem entregues a tribunais militares estrangeiros diversas pessoas que tinham infringido as leis e os costumes da guerra. Ao assinar o Tratado, a Alemanha comprometia-se a entregar os criminosos de guerra, entre eles Fritz Haber. O seu nome surgia num texto francês que exigia a sua condenação a trabalhos forçados, juntamente com outros cientistas alemães, nomeadamente Adolf von Baeyer, Carl Engler, Emil Fischer e Richard Willstätter. Margit Szöllösi-Janze supõe que os Negócios Estrangeiros alemães o avisaram e o aconselharam a refugiar-se num país neutral.

Em Julho de 1919, enviou a mulher e os dois filhos para a Suíça, para perto de Interlaken, tendo ficado em Berlim para regularizar diversos negócios e preparar a sua fuga. Com uma imensa lentidão, devida ao seu grande cansaço, juntou-se à família na Suíça em Agosto de 1919 e instalou-se como turista em Saint-Moritz, ao mesmo tempo que procurava conseguir obter a nacionalidade suíça. Mas os procedimentos foram morosos e dispendiosos. Regressou a Berlim no fim de Outubro de 1919, e o seu nome ainda figurava na lista dos 895 criminosos de guerra que Alexandre Millerand entregou aos Alemães em Fevereiro de 1920. Mas essa exigência rapidamente foi retirada. Sem dúvida que Haber acabara de saber que o Prémio Nobel da Química de 1918 lhe havia sido atribuído. Sentia-se protegido por essa distinção.

Quando foi à Suécia em Junho de 1920 para o receber, ainda usava a barba que deixara crescer para alterar a sua aparência. Cortou-a para assistir à cerimónia. Assistiu-se a um brado de indignação nos jornais franceses e belgas quando foi anunciada a atribuição do prémio ao «inventor da guerra do gás». Também criticavam que ele tivesse assinado, em 1914, juntamente com Max Planck, um manifesto nacionalista dirigido «ao mundo do cultura».

Personagem curiosa este cientista judeu, nacionalista alemão, mais tarde criminoso de guerra, recompensado pela comunidade científica internacional pelas suas descobertas revolucionárias. A sua fuga para a Suíça, a intervenção a seu favor da Suécia, tudo parecia prenunciar os acontecimentos ulteriores.

Desde 1917 que Haber percebera que o conflito mundial tinha morto a velha Prússia de Frederico, *o Grande*, com o seu sentido do dever, o seu espírito de tolerância e as suas virtudes um pouco empoladas. A sua vida, pelo menos, tinha-se desenrolado dentro deste quadro. A sua paixão um pouco míope pela investigação não o abandonara. Mas os anos que se seguiram à derrota alemã foram a negação dos anos triunfais do império guilhermino. Foi por essa brecha que o mal conseguiu penetrar.

A indústria e a técnica procuravam recompor-se. A Primeira Guerra Mundial não conhecera os bombardeamentos. Tudo se encontrava ainda intacto. Fritz Haber reencontrou o seu KWI. Os seus colegas continuavam ali a trabalhar para reconverter os gases de combate em insecticidas e desinfectantes. Tratava-se de satisfazer as obrigações decorrentes do Tratado de Versalhes que tinha desarmado a Alemanha. Para não perder o fruto das suas invenções e para viver, pois uma ou duas empresas industriais interessavam-se por este mercado, estes químicos reabriram o capítulo dos gases e dos pós tóxicos, utilizando os conhecimentos adquiridos ao serviço da indústria bélica.

Em 1919, constituíram sobre as ruínas do KWI uma espécie de «comissão de sábios», como lhe chamava Haber, em torno de professores escolhidos por ele e cujos nomes começavam por «F»: Friedländer, Franck, Freundlich e Flury. Não se tratava de manter a Secção E de toxicologia a que Ferdinand Flury presidira durante a guerra sob a tutela de Haber. Formou-se uma secção de farmacologia e de zoologia com a missão de combater já não os Franceses mas os gorgulhos e outros parasitas das culturas e das fábricas de moagem. Esta secção foi colocada sob a dupla direcção de Ferdinand Flury e de Albrecht Hase, que Haber recrutara para o KWI em Setembro de 1918 durante um congresso de entomologia em Munique.

Durante a década de 20, a inflação fez com que o sábio perdesse praticamente toda a fortuna. Ele lutou afincadamente para conseguir obter crédito e salvar o seu instituto. O seu prestígio internacional facilitou a reintegração da Alemanha na União Internacional dos Químicos. Desde o princípio dos anos 20, Haber tinha renovado os contratos com a BASF, suspensos em 1916 quando ele se colocou inteiramente ao serviço do Ministério da Guerra. Depois sobreveio a Grande Crise de 1929 e o crepúsculo da República de Weimar. Mais *deutschnacional* do que nunca, Haber pensava, nessa época, tal como escreveu nas suas cartas, que só se poderia sair do caos com um governo autoritário, que não chegou a definir, embora não se sentisse atraído nem pelo comunismo nem pelo nacional-socialismo.

Ele não tinha noção do regime que as circunstâncias acabaram por engendrar. Nas multidões que desfilavam ou que se batiam nas ruas, ele via «uma nova espécie». Sentia-se atraído pela economia planificada, marcado que estava pelas suas recordações da guerra. Mas este intelectual de laboratório não tinha percepção alguma dos movimentos populares nem do poder político. Inquietou-se muito quando, em 1931, o Kreditanstalt de Viena abriu falência, semeando o caos no sistema financeiro internacional. «Este país está louco», escreveu em 1932 à sua nora. Passou os meses de Dezembro de 1932 e de Janeiro de 1933 em repouso em Cap-Ferrat perto de Nice, só tendo regressado a Berlim após a tomada do poder por Hitler.

O seu estado de saúde, com um breve período de melhoras após as derrotas relativas dos nazis nas eleições de 1932, não cessava de se degradar. Dizia não ter ilusões sobre as possibilidades do Partido Nacional Popular e dos socialistas pregarem uma partida aos nazis. Já não se sentia com forças para se opor «a uma forma de pensar totalmente oposta àquela em que tinha vivido». Notava com amargura que Hitler conseguira extorquir «alguns milhões» à grande indústria com a qual ele, Haber, tinha cooperado estreitamente. Os desgostos começaram de imediato. Os nazis tinham como regra atacar de surpresa.

Numa primeira fase, o seu sobrinho Diether Freyhan é suspeito de colaborar com os comunistas. Haber teve também de redigir um relatório sobre a conduta da sua secretária Irene Sackur, filha do seu colega morto acidentalmente em 1914, acusada de ser comunista. A 1 de Abril de 1933, dia do «boicote aos judeus», o chefe da célula nazi do KWI proibiu-lhe o acesso ao seu próprio instituto. A 11 de Abril, a Universidade de Berlim entrega-lhe um formulário para preencher sobre as condições para acesso ou manutenção do vínculo à função pública. Em lugar de se contentar em responder «não ariano», Haber redige uma espécie de profissão de fé: «Eu sou não ariano. Os meus pais e os meus avós e as duas mulheres com quem me casei, bem como os seus antepassados, não eram arianos no sentido da lei.» Não sem juntar a sua folha de serviço de capitão destacado no alto-comando durante a guerra, enumera todas as distinções militares prussianas, incluindo o retrato do *Kaiser* que Sua Majestade lhe entregara em mão própria com uma dedicatória real. Mas hesitou vários meses antes de enviar este formulário, preenchido a 19 de Abril, e só o entregou à Administração após o terem relembrado para o fazer.

Há já alguns anos que os meios militares tinham pedido a Haber para retomar as suas pesquisas sobre o gás de combate. Parecia finalmente ter compreendido, mas demasiado tarde, quando procurou ganhar tempo dizendo que o seu instituto estava localizado no belo bairro berlinense de Dahlem, que ali não podiam ser realizadas experiências com gás e que, de qualquer das formas, rapidamente se tornaria público. O ministro da Cultura da Prússia, Bernhard Rust, próximo dos militares, não podia de forma alguma contrariar um homem como Haber que prestara tantos serviços às forças armadas, mas os nazis quiseram fazer do KWI um exemplo e liquidar toda a resistência recorrendo ao parágrafo contra os «não arianos». Haber procurava ganhar tempo.

O célebre físico Max Planck interveio sem sucesso em seu favor, primeiro junto de Rust, depois, a 16 de Maio de 1933, junto do próprio Hitler no decurso de uma visita oficial. Segundo o que relatou em 1947, Planck teria explicado o assunto ao «*Reichskanzler* e *Führer* Hitler», que lhe disse que «todos os judeus eram comunistas e que ele lutava contra eles»; Planck retorquiu que era preciso distinguir «entre judeus com valor e judeus sem valor» e não forçar os primeiros «que muitas vezes eram descendentes de antigas famílias da melhor cultura alemã» a emigrarem, o que significaria «pôr a sua ciência ao serviço do estrangeiro». Hitler entrou numa fúria tal que Planck se retirou na ponta dos pés. Alguns historiadores no entanto desconfiam que Max Planck tenha embelezado um pouco o seu papel, mas é incontestável que fez os possíveis para ajudar o seu colega.

Foi tempo perdido: a 15 de Maio, Rust decidiu enviar Haber para a reforma, e instrui-o a continuar a dirigir o KWI até 1 de Outubro e depois entregar a pasta a um sucessor. Muito diminuído fisicamente, Haber procurou um lugar no estrangeiro. Não queria ficar num país onde os seus filhos ou os seus netos fossem relegados para o lugar de cidadãos de segunda classe. A pretensa «taxa sobre a fuga para fora do *Reich*», instituída em 1931 pelo governo de Brüning, criava-lhe um problema. Esta obrigava-o a pagar adiantadamente 25% do que restava da sua fortuna. Com duração até 31 de Março de 1933, foi prorrogada a sua vigência pelos nazis que dela se serviram para extorquir os bens aos judeus que desejavam emigrar. Avaliaram os bens de Haber, sobretudo acções, à taxa de 1930. Como a sua cotação não era mais que um quarto do seu valor, ele partiu sem um tostão.

Não queria abandonar tudo aos nazis. Ele devia a pensão de alimentos à esposa, de quem entretanto se tinha divorciado, e pretendia deixar alguma coisa aos seus filhos. O seu amigo Carl Bosch, da sociedade Bosch, foi o único entre todas as pessoas das relações de Haber, da época em que ambos trabalhavam para IG Farben BASF e para o Sindicato do Azoto, a oferecer-lhe ajuda e a conseguir que os seus bens fossem calculados por valores actualizados. Em Julho de 1933, Haber dirigiu-se a várias capitais europeias em busca de trabalho. No seu regresso a Berlim, deram-lhe a entender que devia abandonar a sua casa de serviço antes do Inverno. Pensou em refugiar-se em casa de um amigo no campo ou em casa do filho, em Paris. Mas uma nova denúncia fê-lo acreditar que lhe iriam retirar o passaporte. Um obscuro conselheiro comercial de Leipzig alegava que fora ele e não Haber quem tinha descoberto a substância «fosgénio» durante a Primeira Guerra Mundial e que isso lhe tinha custado a Cruz de Ferro, entretanto atribuída a Haber.

Era evidente que se tratava de uma maquinação que o poderia conduzir ao banco dos réus e à prisão ou ser atirado para um campo. Assim, decidiu ir para Santander, onde fora convidado para dar uma conferência inserida num congresso de químicos reunido entre 8 e 18 de Agosto. Ao mesmo tempo, soube que um veterano britânico da guerra do gás, Sir William Pope, lhe tinha oferecido, a ele, o antigo inimigo, a possibilidade de trabalhar no serviço de investigação química da Universidade de Cambridge. Sofria de problemas cardíacos graves, mas de qualquer modo preparou a sua exposição até bastante tarde naquela noite, conforme era seu hábito, e acabou por sofrer um ataque numa sala superaquecida onde alguns colegas o vieram ouvir por pura cortesia. Terminou menos mal a sua alocução, sempre movido pelo sentido do dever, ingerindo a nitroglicerina que trazia sempre consigo.

Reencontrando as suas raízes judaicas, deparou-se de novo com o dirigente sionista Chaim Weizman, químico como ele, a quem convidara em 1932 para o seu instituto em Berlim-Dahlem. Weizman trabalhara durante a Primeira Guerra Mundial em Inglaterra no desenvolvimento da acetona aplicada ao fabrico de explosivos. Weizman e o filho teriam tentado convencê-lo a seguir para a Palestina a fim de trabalhar na Universidade de Jerusalém. Mas em Agosto de 1933, Haber escreveu ao seu velho amigo Albert Einstein dizendo que «fora, tanto na guerra como na paz, tanto quanto foi possível sê-lo, um fiel servidor da sua pátria».

Passou dois meses em Cambridge, mas o clima não lhe era favorável, apesar da morfina. Acresce que um emissário do seu advogado berlinense que lhe trouxe a notícia de a IG Farben pretender romper todas as suas relações com ele caso se instalasse numa universidade de um Estado que havia sido inimigo da Alemanha. Na verdade, já nada havia para romper, mas esta recusa fez-lhe mal. A 23 de Janeiro, pronunciou uma última conferência em Cambridge, dirigiu-se a Londres para se encontrar com Weizman e partiu no dia seguinte para Basileia acompanhado pela irmã. Já não conseguia falar sem sentir contracções cardíacas violentas. Foi ali que morreu na noite de 29 de Janeiro de 1934.

O famoso fosgénio que tinha inventado é hoje utilizado para endurecer os plásticos. Este gás, mais bem guardado do que as centrais nucleares, é tão tóxico que alguns centímetros cúbicos podem matar milhares de pessoas, como se provou com uma emanação que se escapou de um reservatório, há alguns anos, em Bopal, na Índia. Resumamos a contribuição decisiva e inconsciente de Haber para a indústria da morte: a partir do fosgénio, Haber criou o agente químico que viria a servir para destruir «como a praga» – será a expressão usada pelos nazis – centenas de milhares dos seus antigos correligionários. A fórmula com que este agente foi utilizado foi desenvolvida por alguns dos seus colegas escolhidos por ele, com base nas suas descobertas. Durante a guerra, aperfeiçoou a utilização de um solvente à base de éter de ácido de cloreto de carbono que permitia tornar volátil um gás de combate, que assim podia ser transportado de forma estável. No período imediatamente a seguir à guerra, dois dos seus colaboradores, Flury e Hase, tiveram a ideia de utilizar este produto como insecticida, como vinham a expor desde 1920 no afamado semanário médico *Münchener Medizinische Wochenschrift.*

Tratava-se da cloropicrina, derivada do ácido cianídrico a que simplesmente chamaram «Klop» e que destinaram à destruição das traças. Durante experiências efectuadas com insectos, levadas a cabo com material defeituoso e com máscaras de gás perfuradas, ocorreram alguns acidentes mortais. Dois dos sábios, Flury e Hase, conseguiram em 1919 ligar os derivados cianogénicos ao ácido prússico com efeitos mortais, partindo de uma substância desenvolvida durante a guerra por Haber para os gases de combate. Para efeitos de camuflagem, este agente tóxico foi cognominado «Zyklon A». O procurador da sociedade industrial Degesch (Deutsche Gesellschaft für Schädlingsbekämpfung – Sociedade Alemã para a Luta contra os Parasitas), associada para esta produção ao consórcio químico IG Farben, Walther Heerdt, que investira nos insecticidas, encarregou-se do desenvolvimento e da produção em série deste produto. Este veio a mostrar-se adequado para utilização em navios e nas naves industriais da fábricas, bem como na higiene urbana.

Mas o Tratado de Versalhes interditava o fabrico na forma líquida do que fora um gás de combate. Tornava-se imperioso, assim, encontrar outras soluções, fossem elas reais ou figuradas. Na posse de financiamentos destinados à investigação que lhe permitiram o recrutamento de assistentes, Hase desenvolveu em 1923 uma forma sólida desta substância tóxica.

Chamaram-lhe «Zyklon B». Era embalado em caixas fáceis de manusear, sob a forma de cristais que não libertavam o ácido cianídrico mortal a não ser quando em contacto com o ar. Assim, o Zyklon B era inofensivo para quem o manuseava quando tomadas as devidas precauções. A Degesch fabricou as primeiras quantidades numa cavalariça e procederam a alguns testes sobre a sua nocividade. Estudava-se também a possibilidade do seu armazenamento. O insecticida foi apresentado ao público em 1924.

Durante a década de 30, a Degesch empregou uma equipa de especialistas que publicaram artigos em revistas científicas sobre as «caixas de gás» e as «câmaras em circuito fechado». A Degesch e alguns concessionários detinham o exclusivo. Antigos colaboradores da Degesch assumiram a direcção das filiais, entre elas a Heerdt-Lingler GmbH de Frankfurt e a Tesch und Stabenow-Internationale Gesellschaft für Schändlingsbekämpfung GmbH de Hamburgo, abreviadamente *Testa*. A primeira tinha o monopólio para a Alemanha Ocidental e Meridional, a segunda para o Norte e o Leste, o que significa, durante a Segunda Guerra Mundial, para os campos de extermínio de Leste, onde formava o pessoal das SS no manuseamento desta substância.

Ficou provado que a Alemanha levou pelo menos uma parte da sua produção de gases tóxicos para os territórios ocupados, fora das fronteiras do *Reich*. A IG Farben tinha uma fábrica perto de Lião, em França, onde comprovadamente foram fabricados os gases asfixiantes. A prova foi dada por uma mensagem da rede de espionagem Orquestra Vermelha interceptada pelos Suíços. Esta mensagem pouco conhecida foi mencionada por W. F. Flicke num livro consagrado a esta gloriosa rede comunista. Pode ler-se:

«RTO para KWT. 23 Fevereiro/2400.29 mts Nx363.

Fonte: Emil.

Dois novos gases tóxicos alemães são produzidos na fábrica IG Farben perto de Lião.

1.Fluoreto nitro-sulfúrico. Fórmula HC2F. 2. Cianeto cacodílico. Fórmula (CH3) 2AsNC.

Rado.»

Para o fabrico de produtos de síntese, a IG Farben criara as fábricas de Schkopau na Turíngia, em 1936, e de Hüls na Renânia, em 1938. O Ministério da Economia exigiu em 1939 a abertura de duas novas fábricas. Assim, criou-se BUNA III pelo alargamento da fábrica-mãe em Ludwigshafen, na Renânia-Palatinato, mas a *Wehrmacht* exigiu um local fora do alcance dos aviões da RAF. Assim, foi escolhido Auschwitz, na Silésia, local completamente desprovido de rentabilidade. Quando Hitler atacou a Rússia, em 1941, foi necessário acelerar os trabalhos e utilizar mão-de-obra do campo de concentração. Os barracões previstos para os operários alemães em Monowitz foram igualmente transformados em campo de concentração. Mas a fábrica de Auschwitz não foi terminada antes da chegada dos Russos em 1945.

A obra comemorativa publicada pela BASF aquando do 125.º aniversário em 1990 salienta que «o número de detidos que foram obrigados a trabalhar para o consórcio não é conhecido», que «o vestuário, alojamento, alimentação e cuidados médicos foram mais que insuficientes» e que «o número dos que pereceram nas instalações ou foram mortos em Birkenau depois de as SS os terem declarado inaptos para o trabalho é igualmente desconhecido». Este texto confirma o extermínio dos detidos pela utilização do Zyklon B «a partir do Outono de 1941 em Auschwitz e nos outros campos de concentração». Este gás estava «à venda desde a década de 20», pode ler-se ali. A patente pertencia à Degesch, «originalmente uma sucursal comercial da Degussa», no capital da qual entraram em 1930 a IG Farben, com 42% e a empresa Goldschmidt com 15%.

As três associadas vendiam os seus produtos sob a marca Degesch e sob supervisão da Degussa. O conselho de administração, composto por cinco elementos representantes da Degussa e outros cinco da IG Farben, bem como um outro da Goldschmidt, só reuniu durante a guerra uma vez, a 16 de Novembro de 1940. Em 1941, os accionistas procederam a alterações na direcção e o conselho passou a ser informado unicamente através de relatórios escritos. O processo da IG Farben perante o tribunal militar aliado em 1947-48 procurou estabelecer se a direcção da IG Farben tinha conhecimento da utilização do Zyklon B para fins de extermínio colectivo. Os juízes concluíram que este não tinha sido o caso e os acusados foram absolvidos desta grave acusação.

O gás não foi utilizado em combate durante a Segunda Guerra Mundial, talvez porque o próprio cabo Hitler tenha sido gaseado na frente (recuperou a visão em 1917 num hospital de Berlim). Um cientista de nome Tesch, que tinha trabalhado com Haber durante a Primeira Guerra, sentou-se no banco dos réus em 1947, bem como o gerente da Degesch, Gerhard Peters. Incontestavelmente é a Haber e aos seus colaboradores que se pode atribuir a paternidade deste meio de extermínio em massa. O sábio judeu que sonhara abrir pela ciência «novas fontes de prosperidade» legou uma das suas armas mais perversas ao III *Reich*.

Em 1923, a primeira execução por gás ocorreu nos Estados Unidos. O carrasco americano só asfixiou um homem. Mas foi um precedente.

2

O Organizador da Carnificina

Após terem gaseado a título experimental, em Dezembro de 1941, 600 prisioneiros de guerra soviéticos na cave do Bloco 11 de Auschwitz-Birkenau e de o Zyklon B ter demonstrado o seu extraordinário poder mortífero, este gás passou a ser utilizado em todos os campos: 95% em conformidade com o seu destino primeiro, a desinfecção e eliminação de parasitas e 5% para enviar seres humanos para a morte. Estes 5% cento foram largamente suficientes tal era o grau de toxicidade deste gás.

Em meados de Julho de 1942, Heinrich Himmler, número um das SS, supervisionou pessoalmente o gaseamento de 449 judeus holandeses numa fábrica experimental de Auschwitz a que chamavam o Bunker 2. Satisfeito com o resultado, deu luz verde à máquina de triturar vidas humanas. As SS exigiram simplesmente aos técnicos que eliminassem do produto o elemento irritante que lhe tinham adicionado para evitar incidentes. Assim, os seres enviados para a morte não a sentiam chegar, crendo antes que os tinham metido numa sala de banho e que iria correr água dos chuveiros fixados no tecto.

Como relataram dois detidos húngaros de Auschwitz, Walter Rosenberg e Karl Wetzler, que, a 7 de Abril de 1944, conseguiram por milagre escapar deste inferno, e que publicaram no seu país o *As Actas de Auschwitz*, as vítimas eram recebidas numa grande sala contígua aos fornos crematórios onde, após os terem mandado despir, lhes davam uma toalha e um pedaço de sabão para que a ilusão fosse completa. Depois passavam para as câmaras de gás. Este subterfúgio evitava aos organizadores da morte assistirem a desordens e balbúrdias.

Segundo Walter Rosenberg, aliás Rudolf Vrba (ver Bibliografia), Heinrich Himmler regressou em Janeiro de 1943 a Auschwitz

No Rasto dos Tesouros Nazis

para assistir a um novo massacre, desta vez mais organizado, nas câmaras de gás disfarçadas de chuveiros, com letreiros onde se lia «Sejam asseados», «Permaneçam calmos». Voltaremos à descrição impressionante que ele nos deu. Mas este sobrevivente já estava em Auschwitz em 1943? A menos que não tenha recolhido o testemunho de detidos que tinham sobrevivido todo este tempo.

O executor do trabalho de carrasco, Adolf Eichmann, no Outono de 1941 foi visitar um capitão da polícia do campo de Treblinka que lhe mostrou como estavam a matar os judeus fazendo-os respirar o gás de um motor recuperado de um submarino soviético. Pouco depois, em Kulmhof, no Warthegau, assistiu a uma variante deste método, como relatou durante o seu julgamento em Jerusalém. Os judeus eram introduzidos numa sala onde se deviam despir. Depois, um camião estacionava ao cimo de uma rampa. Tinham de subir para o veículo que arrancava com todas as aberturas tapadas, chegando à vala comum asfixiados pelos gases do tubo de escape que eram canalizados para o interior do camião.

O assassino de uniforme alegou que este espectáculo o tinha transtornado, pelo que entrou rapidamente para a sua viatura, incapaz de pronunciar uma palavra que fosse. Em 1956, ele de facto garantiu ao SS Willem Sassen que a execução por fuzilamento de um grupo de judeus perto de Minsk o tinha emocionado: «uma mulher, uma judia, mantinha uma criança pequena no ar, por cima da sua cabeça.» Eichmann recebeu ordens do seu superior, o chefe da *Gestapo* Heinrich Müller, para estudar a maneira como se desenrolavam as execuções. Ele observou ainda mais horrores e informou Müller: «*Gruppenführer*, isto assim não vai lá, assim não conseguiremos solucionar a questão judaica, estamos a converter os nossos próprios homens em sádicos.» Ao dizer isto, Eichmann procurava tornar-se indispensável. Ele pretendia fazer melhor e argumentava com pretensas preocupações humanitárias para que lhe fosse atribuída a responsabilidade desta obra.

Ele de facto fez melhor. O seu pretenso desgosto não o impediu de forma alguma de assinar, mal regressou, as ordens de deportação com destino aos pelotões de execução do Báltico e de coordenar com o precioso concurso do *Reichsbahn* os trajectos dos comboios especiais. A 18 de Outubro de 1941, o primeiro transporte deixou Berlim. Os seus passageiros foram fuzilados pelo comando 3 do grupo de choque A. «Nunca matei um judeu. Nunca matei um ser humano», declarou Eichmann no seu julgamento. Mas a 12 de Setembro de 1941, quando o ministro colocado em Belgrado perguntou ao Ministério dos Negócios Estrangeiros, em Berlim, o que fazer com os judeus sérvios, o conselheiro da legação Rademacher telefonou a Eichmann, «responsável pelos assuntos judaicos», e tomou nota da sua resposta expressa num telegrama: «Eichmann propõe que sejam fuzilados».

Os fuzilamentos eram não só demasiado brutais para o seu gosto, como ainda ineficazes. O principal carrasco do *Reich* seguramente nunca matou ninguém pelas suas próprias mãos, como também não suportava uma morte sórdida, mas as suas alegações sobre a repulsa que sentia perante a morte violenta cheiravam a subterfúgio destinado a justificar o seu papel ulterior de exterminador-mor.

Na realidade, os guetos de Leste estavam sobrelotados. Dezenas de milhares de pessoas estavam ali encafuadas, morriam lentamente de fome e de doenças. Ao inspeccionar o gueto de Lodz, o *Sturmbannführer SS* Heinz Höppner escreveu ao seu «querido camarada Eichmann» que «era necessário levar seriamente em consideração que seria uma solução mais humana liquidar os judeus com recurso a um método de efeito rápido. De qualquer das formas, sempre seria mais agradável do que os deixar morrer de fome».

Por outro lado, os esquadrões da morte não estavam desocupados. Na floresta de Rumbuli, perto da capital de Letónia, Riga, em Novembro de 1941 os esquadrões da morte de Heydrich fuzilaram num único dia 15 000 homens, mulheres e crianças. Na floresta de Bronica, ao longo da estrada que liga Sambor a Drohobycs na Galícia, como relatou o historiador Thomas Sandkühler, foi necessário mobilizar soldados eslovacos para cavar e tapar as valas das vítimas. Depois, em meados de Julho, foram recrutados 150 milicianos ucranianos, dos quais 15 foram enfarpelados em uniformes das SS para reforçar os pelotões de execução. No entanto, as milícias ucranianas não tinham esperado pelos SS para iniciar os massacres. Mas como os *Herrenmenschen*, os senhores do *Reich*, não suportavam a iniciativa privada, em Schodnica desarmaram os Ucranianos demasiado expeditos e fuzilaram uns quantos. Em Truskawiec, foram tão sovados que acabaram por vir depositar no gabinete do *Hauptscharführer* alemão os bens que tinham roubado aos judeus.

Para ilustrar a forma como liquidavam os desafortunados nos territórios conquistados pela *Wehrmacht*, antes de o «benfeitor Eichmann» ter inventado o massacre científico, basta reler uma passagem do diário do *Hauptscharführer SS* Felix Landau. O historiador Thomas Sandkühler descreveu-o como «um bruto de um tipo particular», chefe do «grupo de trabalho» judeu de Drohobycz, não longe de Lemberg, na Galícia. Sandkühler recuperou este caderno e outros documentos e testemunhos que cita na sua tese sobre «A "Solução Final" na Galícia».

Na noite de 11 para 12 de Julho de 1941, o comando de Landau deteve cinquenta «intelectuais, na maior parte judeus, mas também ucranianos, dos quais duas mulheres». O *Untersturmführer SS* e comissário da polícia Walter Kutschmann, aliás *Revolver-Komissar*, procedeu a uma «selecção» rápida e decidiu fuzilar no dia seguinte metade dos detidos, todos judeus.

Segundo contou Landau, «às seis horas da manhã, acordam-me abruptamente do meu profundo sono. Chamada para a execução. Bom, vou de novo fazer de carrasco e depois de coveiro, porque não? Não deixa de ser bizarro, amamos a guerra e somos obrigados a abater gente desarmada. Hoje vão ser fuzilados 23, dos quais as duas mulheres que já referi. Elas espantam-nos. Recusam até o copo de água que lhes estendemos. Fui designado como atirador, pelo que tenho de disparar sobre os que tentem fugir. Percorremos alguns quilómetros na estrada municipal e depois virámos à direita para dentro de uma floresta. Naquele momento somos só seis homens e procuramos um local propício para fuzilar e enterrar. Ao fim de alguns minutos encontrámos o que precisamos. Fazemos avançar os candidatos a morrer com pás para cavarem a sua própria sepultura. Há dois que choram, os outros têm uma coragem surpreendente...»

O assassino prossegue: «Os candidatos à morte são repartidos em três grupos porque não temos pás bastantes. É espantoso, mas nada disto me perturba, não tenho qualquer piedade – nada – é simplesmente assim – e para mim nada mais conta [...] Pouco a pouco a vala aumenta. Há dois que choram sem cessar; faço-os cavar durante um pouco mais de tempo, o que os impede de pensar. Enquanto trabalham, efectivamente ficam mais calmos. Fazem um montinho com os objectos de valor, relógios e dinheiro. Colocámos as duas mulheres em primeiro lugar, à beira da vala para aí as fuzilarmos, depois todos os outros foram postos num terreno limpo que fica ao lado. Dois homens já tinham sido abatidos na mata pelo nosso comissário estagiário [...] As duas mulheres avançam calmamente e senhoras de si próprias à beira da vala viraram-se (*sic*). Somos seis homens para as fuzilar. Repartimos o trabalho, três atiram ao coração, três à cabeça, eu aponto ao coração. Os disparos partem e os miolos atravessam o ar, silvando. Dois na cabeça, é demasiado, isso despedaça praticamente todo o crânio. Quase todos caem sem ruído. Só há dois com quem isso não acontece, gritam e gemem ainda por muito tempo. Os tiros de pistola não servem de nada. Para nós os dois que atiramos em conjunto, não há problema. O penúltimo grupo deve deitar para a vala os que já tinham sido fuzilados, depois devem ocupar a posição e cair eles próprios lá para dentro. Os últimos dois devem colocar-se na borda diante da vala para caírem correctamente ao primeiro disparo. Por fim ordenamos alguns cadáveres com ajuda de uma enxada e começamos o nosso trabalho de coveiros. Completamente exausto regresso ao aquartelamento e eis que o trabalho recomeça, é preciso pôr ordem nas casernas.»

A partir de 1942, este bravo Landau pode descansar sobre os louros ou disparar contra inimigos armados. Pois as instalações industriais prosseguiram a sua acção. Este «trabalho» retinha demasiados valorosos combatentes longe da frente. A *Wehrmacht* estava então a combater o Exército Vermelho. Também a ideia que as SS faziam de uma «solução humanitária», rápida e sem complicações, e o gosto de Eichmann por uma morte limpa vieram então bem a propósito. Durante uma viagem de serviço a Auschwitz durante o Verão de 1941, Eichmann discutiu com o comandante do campo, Rudolf Höss, «pormenores» muito importantes, como relatou este último no decurso dos seus interrogatórios na prisão polaca onde esteve detido depois da guerra. Eichmann descreveu-lhe a utilização feita noutros locais dos gases dos escapes dos motores, acrescentando que não é possível proceder assim em Auschwitz, em virtude das massas imensas de deportados constantemente a chegar. O projecto de «racionalização» mediante as câmaras de gás já germinava na sua cabeça.

Utilizar o óxido de carbono teria exigido a construção de edifícios consideráveis e punha o problema do fabrico do gás, afirmou Eichmann. Os dois homens discutiram ainda durante um bom bocado os problemas da execução da «Solução Final» sem terem chegado a qualquer conclusão. Ao despedir-se, Eichmann prometeu a Höss pôr à sua disposição um gás «fácil de encontrar» e que não exigisse «particulares condições de armazenamento».

Transportado sob a forma de cristais em caixas hermeticamente fechadas, o Zyklon B só passava, como vimos, ao estado gasoso quando em contacto com o ar. «Eichmann», lembrará Höss em 1947 antes de ser executado, «era um homem muito activo, muito dinâmico. Congeminava projectos novos sem cessar e procurava continuamente melhoramentos e inovações. Estava obcecado pela questão judaica e pela sua solução final.» Eichmann era o protótipo do burocrata nazi. Não se contentava com biscates. Era necessário um método global e infalível que associasse o saber industrial e administrativo à exequibilidade, o *know-how* como se diria hoje em dia.

A missão de Adolf Eichmann consistiu assim em organizar os transportes, racionalizar o massacre a fim de reduzir os custos e a tirar o máximo proveito material, com uma discrição absolutamente administrativa. Pois o homicídio mais não era do que um mero aspecto da operação, o pior. O outro, não o menor, era a pilhagem. Estas duas acções estavam intimamente ligadas entre si.

Encarnação perfeita dos gestores do regime, esta personagem grotesca, que se chamava Eichmann, era um produto da burocracia. Apropriou-se, embora pervertendo-as, das qualidades do funcionário público alemão, o respeito pela ordem e pelas ordens, a pontualidade minuciosa e precisão exagerada, o sentido aguçado do pormenor e gosto pelos programas coerentes, a prioridade do resultado sobre as incertezas humanas. Wiesenthal, que nunca abandonou a perseguição a Eichmann e contribuiu de maneira decisiva para o longo cerco que conduziu à sua captura pelo Mossad, em 1960, em Buenos Aires («um trabalho de equipa», disse-nos ele), referiu que «se lhe tivessem mandado matar todos os ruivos cujo nome começasse por C, ele cumpriria».

Os psicólogos americanos que se debruçaram sobre os testes gráficos e os desenhos de Eichmann, sem saber que era o seu autor, concluíram que se estava perante «um homem muito agressivo», «sádico e violento, uma personalidade sadomasoquista, um agressor, capaz de usar a violência». No entanto, durante a instrução do seu processo não demonstrou qualquer violência, ante se revelando muito cooperante, mas completamente desprovido de arrependimento. O acusado que teve direito a um processo justo, contrariamente a milhões de vítimas, foi considerado pelos psiquiatras como responsável pelos seus actos.

Wiesenthal disse dele que tinha sido «um contabilista da morte». Se o genocídio dos judeus também foi tão monstruoso é por ter premeditado e ter sido dirigido a uma categoria humana vista como um todo, em vez de ter sido uma eliminação caso a caso, e por ter sido a primeira vez na história da Humanidade que foi planificado administrativamente e executado através de meios industriais, e tudo isto por intermédio de Eichmann.

Para isso foi preciso que este montasse uma logística industrial. Saiu-se tão bem que conseguiu assassinar cinco milhões de judeus

O Organizador da Carnificina

até à Primavera de 1944. Mas estava disposto a continuar. A 19 de Março de 1944, o Holocausto atingiu a maior comunidade judaica ainda intacta, na Hungria. Eichmann tinha preparado cuidadosamente a operação destinada à liquidação de 750 000 judeus húngaros no mais curto espaço de tempo. Os «moinhos de Auschwitz», como ele dizia aos negociadores judeus que lhe tentavam arrancar vidas humanas, moíam o seu grão com precisão. Diariamente, chegavam ao campo de extermínio 14 000 a 15 000 judeus. Em dois meses, foram deportados 450 000. O sueco Raul Wallenberg interpôs-se, tendo conseguido salvar da morte pelo menos 100 000 pessoas.

Compreende-se mal que quem forçava os judeus a subir para os comboios e que os atulhava às centenas por vagão de mercadorias, ou aqueles que gritavam as ordens na rampa de Auschwitz para enviar para o gás os recém-chegados extenuados e assustados não estivessem a satisfazer uma necessidade perversa de domínio. Toda a ditadura molda os executores de que necessita, atrai as personalidades mórbidas ou violentas e desperta os instintos latentes de destruição. Proporciona aos desequilibrados uma oportunidade inesquecível de viver e de assumirem impunemente os seus instintos. De resto, uma vez desmantelada a ditadura hitleriana, com poucas excepções, os carrascos sobreviventes não voltaram a cometer qualquer morte.

É no escalão intermédio das segundas figuras que se situam os *Eichmänner*, os Eichmann e os outros organizadores do massacre, seres despersonalizados que venderam a alma – a pouca alma que tinham – ao *Führer* demoníaco. O Partido privara-os do direito de pensar e de sentir o que quer que fosse. A propósito de Eichmann, exemplo perfeito deste homem-máquina da ordem negra, Wilhelm Höttl, antigo *Sturmbannführer SS*, relata: «Não era absolutamente nada agressivo. Pelo contrário, mostrava sempre uma certa bonomia.» «Eichmann era muito reservado em todas as declarações respeitantes à sua própria pessoa», acrescenta o SS Dieter Wisliceny que prossegue: «Ele tinha uma propensão muito forte para registar, organizar e para os trabalhos sistemáticos e pretensiosos deste tipo.» Era o perfeito burocrata e «o inquietante na sua pessoa era precisamente que ele era como tantos outros, e que todas estas pessoas não eram nem perversas nem sádicas, antes eram e são terrível e assustadoramente normais», referiu a socióloga e filósofa Hannah Arendt, que fez a reportagem do processo para o periódico *The New Yorker*.

«Normais»? Vejamos o que disse o procurador-adjunto do processo de Eichmann, em Jerusalém: «Não sei se teria reparado nele se o tivesse encontrado num autocarro. Mas, por vezes, quando alguma coisa não lhe tinha agradado, o seu rosto iluminava-se com uma expressão que metia medo – o olhar do tigre.» Eichmann e os capangas foram subprodutos extraviados desse «homem sem qualidades» de quem o escritor austríaco Musil anunciara o nascimento para o começo do século? Tinham em comum com os grandes criminosos não poderem sentir o sofrimento ou a infelicidade dos outros. A ideologia nazi conseguiu bloquear todo o sopro humano no exercício das suas funções. O grande sonho de Eichmann era ser recebido por Hitler e que este lhe agradecesse. Mas o *Führer* não gostava de conviver com quem executava as medidas por ele determinadas. Desprezava o seu sanguinário procurador Freisler. Nunca concedeu a Eichmann a honra de uma conversa. O grande mestre da morte nunca passou, mesmo no auge da sua carreira como «comissário para os judeus da Europa», do posto de *Obersturmbannführer SS*, idêntico a mais outros 1159 dignitários.

Apesar de ainda ser um mero *Hauptscharführer SS*, Eichmann conhecera a sua hora de glória em Março de 1938 em Viena após o *Anschluss*. Nascido em Solingen a 19 de Março de 1906, cresceu na Áustria e foi um aluno bastante medíocre na escola secundária de Linz que Hitler tinha frequentado quinze anos antes. Abandonou o liceu após ter reprovado num exame final e, personagem insignificante, conseguiu sobreviver vendendo gasolina e óleo. Por desfastio, foi assistir um dia a uma reunião de nacionais-socialistas. Ali presenciou os vitupérios dirigidos contra Versalhes, contra o desemprego, a crise, os judeus que não representavam mais que 0,76% da população austríaca. Um homem forte, conhecido de seu pai, abordou--o e disse-lhe. «Vem connosco!» Eichmann respondeu: «Porque não?»

Era Ernst Kaltenbrunner que mais tarde se tornou seu superior no Departamento Central de Segurança do *Reich* (RSHA), especializado na perseguição aos judeus. Em 1933, o Partido Nazi foi proibido na Áustria, pelo que Eichmann seguiu com guia de marcha para um campo de formação da «legião austríaca» das SS na Alemanha. Mas em 1934 apresentou a sua candidatura para o Serviço de Segurança das SS em Berlim (o SD). Foi contratado como auxiliar para classificar as fichas dos franco-mações. Mas cinco meses mais tarde foi transferido para a Secção dos Assuntos Judaicos (o *Judentum*).

Leu o *Judenstaat* do sionista Theodor Herzl. Este livro entusiasmou-o e fez dele um «sionista» e um «idealista» em busca da «solução da questão judaica». Mergulhou na cultura judaica e frequentou mesmo cursos de hebraico ministrados por um rabino, pago a três

Reichsmarks por hora. Pronunciou algumas conferências sobre o assunto. O mau aluno Eichmann tornou-se em alguém importante, num «especialista». Foi-lhe previsto um brilhante futuro, tanto mais que já tinha ido em 1937 à Palestina a pedido do homem que tanto admirava, Reinhard Heydrich. Tendo viajado como «turista», acompanhado por um outro funcionário das SS, tinha por missão estudar a forma de para ali expulsar os judeus alemães. A pesquisa terminou mal, tendo os dois homens sido expulsos pelos Britânicos, Eichmann com um ataque de febre tifóide.

O seu antigo camarada nas SS Wilhelm Höttl também conta que ele se sentia sempre estimulado pelo desejo de superar os seus complexos de inferioridade. Os SS ridicularizavam-no por ter um «aspecto judaico» e por ser casado como uma checa. Tinha um rosto ligeiramente assimétrico. Trabalhava num serviço cheio de «Professores Doutores» e de «Senhor Doutor para aqui e para acolá», ele que não possuía o mais ínfimo dos diplomas escolares. Estas perseguições insidiosas tiveram consequências fatais. Em Março de 1938, em Viena, foi finalmente o principal organizador. Após a polícia e as SS terem ocupado o edifício do comunidade israelita, Eichmann pode bisbilhotar os processos, decidir quem seguiria para os campos e quem seria poupado. Pela primeira vez organizou o sistema de selecção dos judeus que voltou a pôr em prática em Budapeste em 1944, com consequências trágicas.

O seu serviço central de emigração judaica era gerido por judeus. Ele limitava-se a passear com um passo decidido pelo gabinetes de pingalim na mão com que ia batendo nas botas. Os judeus que eram proprietários de uma fábrica, de uma loja ou de uma conta bancária chegavam, preenchiam uma quantidade de papéis, recebiam um passaporte e, quando saíam do prédio, já estavam despojados de todos os seus bens. Sobre o passaporte era escrito: «Deve abandonar o país nos próximos quinze dias, sob pena de ser enviado para um campo de concentração.» Com excepção de uma bofetada que deu a Josef Löwenherz, presidente da Comunidade, e a quem imediatamente apresentou as suas desculpas, Eichmann passava por ser um burocrata glacial, mas não brutal, um homem que procurava a colaboração.

Declarou aos juízes que na partilha só recebeu uma pequena peça, uma máquina de escrever. Mas tratou de remediar o assunto. Residia no palácio Rothschild, fazia-se conduzir em Viena na limusina luxuosa dos Rothschild, abria o vinho das suas caves, colheita de 1875, para fazer umas saúdes com os seus camaradas. Foi ali que começou a beber. Cada vez se afastava mais da esposa e ia acumulando amantes passageiras. Cábula, depois SS medíocre, Eichmann acabou por se tornar num senhor. Teddy Kollek, que organizou a partir de Londres o salvamento de irmãos na fé, veio negociar com ele e encontrou «numa grande sala apainelada um homem ainda jovem elegantemente vestido, barbeado de fresco, no seu uniforme preto com a braçadeira da cruz gamada». Vendeu-lhe de imediato a saída da Áustria de 3000 judeus da forma mais rentável possível. Os seus superiores admiravam a eficácia dos seus métodos.

Numa exposição dirigida a Göring, Heydrich atribuiu a si próprio praticamente em exclusivo o «sucesso» alcançado em Viena: «Nós fizemos as coisas de tal maneira que exigimos uma determinada soma aos judeus ricos da comunidade israelita que queriam emigrar. Com todo esse dinheiro e transferências em divisas conseguimos fazer sair do país inúmeros judeus pobres. O problema não era fazer sair os judeus ricos, mas sim a plebe judia.» Göring aconselhou que o método fosse estendido a todo o *Reich*. E assim foi criado em Berlim o Serviço Central da Emigração Judia, com numerosas dependências que serviram mais tarde para coordenar as deportações. Eichmann não foi recompensado à altura dos seus talentos, foi simplesmente promovido a *Hauptsturmführer SS*, mas com a superintendência das deportações da Checoslováquia após a integração deste país no *Reich* em Abril de 1939.

Mas já nenhum Estado queria acolher os judeus. Eichmann organizou o transporte dos judeus checos e austríacos para o leste da Polónia, garantindo-lhes que seriam bem recebidos e que se poderiam instalar na «reserva de Lublin». Chegaram ali dois comboios, tendo os seus ocupantes sido recebidos com cacetadas e assassinados pela população local. Não era isto que ele tinha propriamente em vista para se desembaraçar de um grande número de judeus. Mas, no entanto, os seus superiores consideravam-no um especialista em questões de transportes, pelo que lhe confiaram a secção central do *Reich* IV D4 do RSHA para os «assuntos de evacuação e serviço para a emigração judaica», com sede no número 115 da Kunfürstenstrasse no centro de Berlim. Em Outubro de 1940, dirigiu a primeira grande deportação ao transferir 7 500 judeus de Bade, do Palatinado e do Sarre para a zona livre francesa.

Decepcionado por não poder enviar para o estrangeiro os 3,25 milhões de judeus que em 1940 passaram para a tutela alemã, Eichmann soube de um projecto que lhe lembrava as suas leituras

O ORGANIZADOR DA CARNIFICINA

sionistas, o plano de Madagáscar, que germinara nos Negócios Estrangeiros na cabeça de alguns diplomatas.

No fim do século XIX alguns historiadores franceses anti-semitas já tinham pensado deportar os judeus para Madagáscar. Este estranho projecto reapareceu no período imediatamente anterior ao nazismo. Por volta de 1937, a Polónia considerou também a deportação dos seus 3,5 milhões de cidadãos judeus para aquela ilha do Oceano Índico, tendo ali enviado uma comissão destinada a averiguar localmente se seria habitável por europeus. Os nazis confiaram ao seu Instituto Tropical as investigações sobre as condições climatéricas e outras características de Madagáscar com a intenção de porem em acção o seu plano, uma vez que a França fora derrotada e não poderia reivindicar a sua soberania sobre a ilha. Havia sido congeminado por um deles, Franz Rademacher, colaborador do Ministério dos Negócios Estrangeiros do *Reich*.

É neste contexto que apareceu pela primeira vez a fórmula de «solução final para a questão judaica», num documento dos Negócios Estrangeiros dirigido por von Ribbentrop, datado de 3 de Julho de 1940 e redigido por Rademacher: «A vitória que se anuncia impõe a Hitler a possibilidade e, na minha opinião, igualmente o dever de solucionar a questão judaica na Europa. A solução mais desejável é fazer sair todos os judeus da Europa [...] Para que esta solução se realize, a França deve colocar à disposição desta solução a ilha de Madagáscar no âmbito de um tratado de paz e fazer sair de lá, mediante indemnizações, os 25 000 franceses que ali se encontram. A ilha será colocada sob mandato alemão [...] Os judeus serão responsáveis como devedores universais do valor da ilha. Para esse fim, os bens de que dispunham até aqui devem ser transferidos para um banco europeu, que será preciso criar, e que será por eles utilizado. Na medida em que esse património não seja suficiente para pagar os bens imobiliários que os judeus irão receber e para a aquisição na Europa das mercadorias necessárias, este banco concederá crédito aos judeus.»

Este plano de Madagáscar foi concebido de forma a conquistar a adesão dos dirigentes do Partido Nazi, entre eles o chefe da SS Heirich Himmler, Reinhard Heydrich, chefe do serviço de segurança das SS e Adolf Eichmann. Esta deportação não era uma viagem em direcção à Terra Prometida, pois a sua organização foi confiada a Philipp Boulder, chefe da chancelaria do *Führer* e superintendente do programa da eutanásia. Poderá ser comparada ao transporte dos escravos africanos pelos negreiros. Deve dizer-se no entanto que nos Negócios Estrangeiros do *Reich* alguns usavam o emblema do Partido mais por necessidade, aderindo com tédio à doutrina. Não se pode excluir que alguns dos promotores do plano tenham querido evitar o pior.

Mas o projecto exigia que os paquetes alemães pudessem navegar sem perigo até ao Oceano Índico. Entretanto, todas as vias estavam controladas pelos submarinos e aviões aliados. Assim, em 1941, quando as deportações maciças dos judeus já tinham começado no Governo Geral do Polónia, sob a batuta de Hans Frank, este projecto foi considerado letra morta. A ofensiva contra a Rússia estava em preparação. Hitler previa que uma vez conquistada a Rússia a amplitude do problema seria tal que seria necessário encontrar meios ainda mais radicais de se desfazer dos judeus. É por esta razão por que a fórmula «solução final» só surge nas circulares de Eichmann após a reunião de Wansee de Janeiro de 1942. Até ali procurava-se uma outra «solução» total.

A existência deste plano de Madagáscar obriga a dizer hoje que o Holocausto poderia ter sido evitado em grande medida se já existisse um Estado de Israel que pudesse ter acolhido os judeus europeus. Mas esta hipótese resulta da História tal como não aconteceu. Por fim, é a solução do massacre que nos importa.

3

As Minas de Ouro de Auschwitz-Birkenau

Após terem sido parcialmente autorizados a emigrar durante a década de 30, entre 1939 e 1941 os judeus alemães foram obrigados a trabalhar nas obras públicas, como sejam os 50 000 homens afectados à construção das auto-estradas nos anos de 1940-41. Foi só a partir de 1942 que eles foram destinados a trabalhos forçados e deportados para os campos de extermínio. Em Maio de 1941, um decreto do *Führer* decidiu o confisco do «património dos inimigos do povo e do Estado». No começo das deportações em massa, o Ministério das Finanças do *Reich* publicou a 4 de Novembro de 1941 directivas sobre o confisco dos bens dos «judeus expulsos para uma cidade do leste», o que significa para os campos. O formulário que lhes era remetido antes de serem enviados para a morte era um modelo de perfeccionismo burocrático, se não de crueldade.

Dado que os interessados «emigravam para o estrangeiro», pois os campos da morte estavam geralmente situados fora do território alemão propriamente dito, este texto inspirava-se muito na «declaração de património» que os judeus que emigravam na década de 30 tinham de preencher antes de entregar os seus bens às autoridades. Este primeiro formulário, que começava com as palavras «Sou Judeu», recenseava a propriedade das empresas industriais ou comerciais, a titularidade das contas poupança e à ordem, bem como a liquidez, para concluir com o inventário de móveis, tapetes, cortinados, vestuário, indo até ao mais simples garfo ou guardanapo. Era obrigatório indicar a configuração das habitações bem como as respectivas áreas. O formulário a preencher antes da partida para a deportação tinha, a partir do Outono de 1941, oito páginas, tendo depois passado para dezasseis em 1942. O segundo não era menos pormenorizado que o anterior. Era uma humilhação e uma dor morais suplementares impostas às vítimas para as quebrar psicologicamente antes de lhe entregarem o bilhete de partida para uma viagem sem regresso.

Para roubar uma grande quantidade de gente que em simultâneo se pretende assassinar, o processo de morte manual é complicado, pois exige muitos executores. Assim, os nazis começaram a procurar um meio mecânico e moderno para se desembaraçarem das pessoas «em cadeia», para as pilharem em massa e eliminar as testemunhas com o menor custo possível. Foi a química que o forneceu. Depois, as vítimas eram reduzidas a cinzas. Solução mais cómoda do que o enterramento que, por outro lado, deixa rasto.

A posteriori, os historiadores puderam redigir descrições completas dos procedimentos com base nos testemunhos dos SS julgados e condenados após a guerra. Ao chegar ao campo o deportado era privado de todas as bagagens que levara consigo – de uma forma geral uma pequena mala ou um saco – e de todos os objectos de uso pessoal. Se fosse libertado, estes bens, em princípio, eram-lhe restituídos – mas raramente o foram na totalidade.

A partir de Abril de 1942, foi posto em marcha um processo administrativo especial para recuperar os bens dos judeus levados nos comboios para os campos da morte, Chelmno, Belzec, Sobibor, Majdanek, Treblinka e Auschwitz-Birkenau. Na parte do território polaco anexado pelo *Reich*, em Chelmno (Kumhof para os Alemães), a recuperação dos bens dependia da administração do gueto de Litzmannstadt (Lodz). Nos outros campos tutelados pelo Governo Geral imposto à Polónia anexada, as SS organizavam a pilhagem.

A ordem para retirar o ouro dos mortos já tinha sido transmitida a 26 de Setembro de 1940, mas não foi imediatamente posta em execução. Só dois anos mais tarde, quando se agudizou a falta de divisas para comprar matérias-primas, é que a sua aplicação se impôs. Em Setembro de 1942, o *Brigadeführer SS* August Frank, chefe de um dos departamentos do WVHA, formulou uma directiva para os campos de Auschwitz e Lublin, onde se dizia que «divisas, metais preciosos, jóias, pedras preciosas e semipreciosas, pérolas e resíduos de ouro deveriam ser enviadas ao WVHA e transferidos para o Reichsbank». O responsável pelas entregas seria o chefe do Departamento A-II do WVHA, Bruno Melmer.

Escreve Annette Wieworka que «quando os comboios param em Auschwitz-Birkenau ou em Treblinka, os detidos apoderam-se das bagagens que os que chegam são obrigados a deixar sobre o cais e esvaziam os vagões. Os deportados judeus são de seguida conduzidos para o local de gaseamento. Ali, devem despir-se completamente, deixando as roupas no vestiário. As mulheres são então tosquiadas, num local anexo às câmaras de gás, pois a recolha do cabelo foi determinada a 6 de Agosto de 1942. Os cabelos recuperados servem para fabricar chinelos de feltro destinados ao pessoal dos submarinos e do *Reichsbahn*, a companhia de caminhos-de-ferro do *Reich*. Outros detidos apoderam-se então do vestuário e dos objectos de valor, como sejam as alianças. Após o gaseamento, detidos supervisionados pelos SS arrancam da boca dos cadáveres os dentes e as próteses em metais preciosos. Durante o Verão de 1944, em Auschwitz-Birkenau, no momento da chegada dos Húngaros, quando o extermínio atinge o seu auge, são mais de quarenta prisioneiros destacados para este trabalho. O metal obtido é fundido em lingotes de 500 gramas a 1 quilo ou em discos com 140 gramas.» Quando Eichmann organizou a deportação dos judeus húngaros durante o Verão de 1944, montou diversos estratagemas para evitar uma revolta como a do gueto de Varsóvia, que tinha colocado problemas às tropas alemãs, cujos efectivos se encontravam diminuídos. Enviou à sinagoga de Budapeste homens uniformizados, mas sem galões, que se fizeram passar por «trabalhadores judeus» e que falaram das «boas condições de trabalho nas fábricas alemãs de armamento». As mulheres e as crianças estavam bem alimentadas e acomodadas em campos familiares, garantiam eles. Os futuros deportados receberam postais misteriosos. É assim que Valéria Wache, habitante de Bonyhad, recebeu uma carta de parentes seus com carimbo da Floresta Negra. A família escrevia: «Estamos bem. Não esteja preocupada connosco.» Centenas, milhares de cartas deste teor chegaram à Hungria. O texto andava sempre em volta do mesmo tema: «estamos numa magnífica estação termal, vem depressa juntar-te a nós, se é que ainda queres ter lugar. Não esqueças de trazer calçado forte para os passeios.» Eichmann pensava em tudo: aos soldados alemães, na frente, faltavam boas botas.

Raul Hilberg escreve que assim «os dois processos orgânicos dos campos da morte, os confiscos e a condenação à morte, estavam unidos e síncronos num procedimento único que garantia o sucesso total das duas operações». Em Auschwitz, várias dezenas de barracões estavam destinadas ao armazenamento. Por zombaria e desespero, os detidos tinham-nos apelidado de «Canadá», porque para os emigrantes polacos – se os detidos tivessem podido ter emigrado a tempo – este país representava uma espécie de Eldorado. Alguns detidos chegavam transportando bagagens pesando até 50 quilos. Traziam com eles tudo o que possuíam de precioso, nomeadamente os seus utensílios de trabalho, pois pensavam que iriam ser «reinstalados» em campos de trabalho.

Quanto ao ouro, abria-se as bocas dos cadáveres com o auxílio de um gancho e as próteses em metais preciosos eram arrancadas dos maxilares ensanguentados. Em Majdanek, os detidos eram condenados a esta intervenção sabendo que os seus corpos também a ela seriam submetidos quando chegasse a sua vez. Dispunham de uma mesa em cimento para cima da qual atiravam os corpos, um a seguir ao outro. Em Auschwitz instalou-se uma fundição que foi preciso aumentar no final de 1943, sendo depois transferida para Birkenau, por as quantidades a processar terem aumentado.

Alguns SS arrancavam os dentes aos detidos vivos. No campo de Sachsenhausen, segundo o relatório de um médico, retiraram-se 241,45 gramas de ouro dos pacientes a quem foi dada em troca uma guia de recepção assinada pelo chefe administrativo. Em Dachau, um *Oberscharführer SS* arrancou sem anestesia um dente de ouro são a um detido, dizendo-lhe que estava estragado.

Estas malfeitorias não se limitaram aos campos da morte. Também as prisões contribuíram com a sua quota-parte de dentes. Na prisão de Minsk, em Maio de 1943, ao dentista judeu Ernst Tichauer foi mandado que retirasse os chumbos e as coroas de ouro dos detidos assassinados. A direcção da penitenciária anotou minuciosamente: «Foram retiradas amálgamas em ouro a 516 judeus alemães e russos, 50% dos judeus tinham dentes em ouro.» Este «material» foi inscrito na conta WVHA 158/1488 aberta na filial do Reichsbank de Berlin--Schöneberg[6].

O dentista-chefe das SS no WVHA, o *Obersturmbannführer* Hermann Pook, frequentou um curso em Fevereiro de 1942, denominado «Formação Médica Contínua» sobre a remoção de próteses dentárias. De seguida partiu para os campos de concentração para explicar aos seus subordinados como deveriam fazer. Em vez de en-

---

[6] Recomendamos vivamente a leitura do livro de Xavier Riaud, *La Pratique dentaire dans les camps du IIIème Reich*, com preâmbulo do Professor François Resche e prefácio do Professor Simon Berenholc, Harmattan, Paris, 2000. Um livro de referência sobre o ouro dentário, desde a sua extracção nos campos à sua exploração pelo Deutsche Bank.

tregarem o metal todos os meses, foram obrigados a fazê-lo semanalmente.

Nos meios dirigentes do III *Reich*, o destino Auschwitz era conhecido. Dizia-se que era «a maior cidade da Europa, onde muitos entravam, mas donde ninguém saía». Esta piada macabra não significava necessariamente que todos os responsáveis nazis estivessem ao corrente do processo de extermínio escolhido por Himmler e seus homens.

Como foi descrito por Annette Wieworka, havia ainda as jóias. Eram colocadas no montepio de Berlim que revendia as mais belas no estrangeiro em troca de divisas. O vestuário e diversos objectos menores eram dispersos por outras rubricas. Relógios, pingentes, navalhas de barba, tesouras, lanternas de bolso, estojos de objectos de higiene eram assim enviados para as oficinas de reparação do WVHA. Dali, eram remetidos para as estações de correio para serem vendidos aos soldados.

O vestuário e roupa interior, roupa de cama e roupa de casa, chapéus-de-chuva, carrinhos de bebé, malas de mão eram enviados para o VOMI, ou Volksdeutsche Mittelstelle, organização de apoio social aos Alemães oriundos das províncias limítrofes, com excepção do vestuário de senhora em seda. A seda, destinada ao fabrico de pára-quedas, tornava-se pertença do Ministério da Economia. Óculos e monóculos eram remetidos para o serviço médico D III ou departamento dos assuntos sanitários. As peles de valor ficavam no WVHA enquanto que as peles vulgares eram entregues ao serviço B II, encarregado de as tratar numa fábrica de vestuário das SS em Ravensbrück. Quanto aos artigos de pouco valor ou sem utilização, seguiam para o Ministério da Economia que os revendia a peso.

Raul Hilberg escreveu que as SS se tinham tornado num verdadeiro Exército de Salvação. E ao mesmo tempo, tinham ganho ascendente sobre o Ministério de Walther Funk. As SS, o seu WVHA e as diversas ramificações deste último, nomeadamente as oficinas e as fábricas nos campos, tinham-se tornado, sob a batuta de Himmler, numa poderosa empresa industrial que laborava a custos muito baixos visto que a mão-de-obra era a população concentraccionária e as matérias-primas recebidas gratuitamente. Himmler vigiava atentamente para que o produto da venda destes artigos e os lucros do seu conglomerado entrassem nos cofres públicos. Contrariamente a Göring e a outros paladinos do III *Reich*, Himmler não constituiu uma fortuna pessoal.

Os industriais do crime velavam para que a população não tivesse dúvidas de que todos estes bens que afluíam ao mercado não tinham sido roubados aos judeus. As pessoas poderiam sentir repulsa ao tornarem a vestir roupa dos mortos e em utilizarem os seus objectos. É assim que August Frank decretou que seriam designados como «mercadorias oriundas de roubos, produto da venda de mercadorias roubadas, mercadorias depositadas e não reclamadas». O vestuário era cuidadosamente inspeccionado para se encontrarem metais preciosos. A 26 de Setembro de 1942, Frank deu ordem expressa para serem descosidas as estrelas amarelas.

No entanto, não faltava gente pouco escrupulosa, ávida de lucrar com aquelas oportunidades. É assim que no distrito da Galícia, ocupado pela *Wehrmacht* e entregue às crueldades da *Gestapo* e da *Sipo* (polícia de segurança), foi apresentada no princípio de 1942 numa esquadra uma ladra de nacionalidade alemã que se tinha apropriado das caixas onde estavam guardados os bens pertencentes aos judeus da região, que aguardavam a sua entrega à administração. A acta do inquérito mostra que «ela própria admitiu ter retirado as tampas das caixas onde se encontravam objectos de prata e jóias pertencentes aos judeus de Sambor e que tinha levado uma parte desses objectos para Aachen e uma outra parte para Drohobycz. Como se percebe, é muito fácil, tendo em conta o que o secretário do governo A. tinha relatado, que cada um pudesse retirar o que tivesse necessidade para seu uso pessoal. Não é necessário salientar que os objectos retirados iam muito para além das necessidades pessoais [...] Como nos foi relatado confidencialmente, os objectos em ouro e em prata confiscados em Turka estavam disponíveis para toda a gente e sabia-se que os funcionários da polícia ucraniana exibiam anéis com diamantes provenientes seguramente do lote dos bens confiscados. Estes desvios certamente que foram importantes.»

Neste distrito ocupado, em Drohobycz, Sambor e Stryj, foram feitos reféns os conselhos judeus que serviam de correia de transmissão para os nazis administrarem as selecções e as pilhagens, à maneira de Eichmann. Recolheram-se equipamentos de esqui, peles e vestuário de Inverno. Em Sambor, esta «operação peles» ficou ligada ao confisco de ouro e prata. Em Turka, acompanhou a execução a tiro de 300 judeus pela *Sipo*, que requisitou a cooperação da polícia local.

Três SS, Heyduk, Günther e o *Hauptscharführer* Krause chegaram com um embrulho de cartuchos e pediram alojamento para uma noite no posto de polícia de Turka. Os efectivos da esquadra deviam

As Minas de Ouro de Auschwitz-Birkenau

reunir os judeus inválidos, cavar uma vala e ajudar ao seu fuzilamento. O chefe do posto recusou obedecer aos três vampiros. O trio dormiu em casa do comissário das alfândegas. Os trabalhadores forçados judeus que foram obrigados a cavar a campa foram liquidados no dia seguinte juntamente com os restantes. Mais tarde, a polícia local aceitou cooperar nas «evacuações» para a morte.

A linguagem do III *Reich* usava as palavras *Aussiedlung* ou *Umsiedlung*, que significam «deslocamento» ou «transferência», um eufemismo para dar a impressão que os judeus eram requisitados para serem instalado noutros locais, como colonos. Na realidade, tratava-se da «Operação Reinhard».

A operação implicava a sua deportação para as câmaras de gás dos campos de Belzec, Sobibor e Treblinka e a expropriação dos seus bens no interesse do *Reich*. O distrito da Galícia, viveiro de escritores e poetas, que anteriormente havia pertencido ao império Habsburgo, era habitado por numerosos judeus, que em Março-Abril de 1942 ainda se cifravam em 430 000. Era uma região próspera, com uma cultura antiga, no coração da Europa. Muitos destes judeus eram gente culta e alguns eram ricos.

Em meados de Setembro, as estatísticas oficiais já não contavam mais do que 278 000 judeus. Até ao fim do ano, foram assassinados pelo menos 300 000. Como revelou Sandkühler, esta operação não se desenrolou com regularidade, mas sim por vagas, enquanto que por iniciativa local foram ainda assim fuzilados qualquer coisa como 30 000. Em Drohobycz, em cinco dias, em Agosto de 1942, 15 000 judeus foram deportados para os campos da morte sob a égide da *Gestapo*. A *Geheime Staatspolizei* pedira pouco antes ao conselho judaico para elaborar uma lista dos «inaptos para o trabalho». A polícia local, a polícia ucraniana e o serviço de ordem judeu entraram no gueto que fora selado e conduziram os judeus para um campo desportivo próximo. Até ao meio-dia de 4 de Agosto foram transportados em camiões ainda mais, vindos de toda a região. Depois começou a «selecção», executada por funcionários da *Gestapo* e da *Kripo* de Sambor, na presença do funcionário para as questões judaicas, Gabriel, e do chefe da «milícia negra» ucraniana, Temnyk.

Alemães, como a secretária do capitão local da *Wehrmacht*, ou ainda o empresário de construção de Munique, Quecke, que era também membro das SS e encarregado de missão da *Luftwaffe*, tentaram interpor-se, procurando salvar os seus trabalhadores. Ele teve de regressar à sua empresa em Strzylki sem nada ter conseguido. Ali, com

171

o director da sua serração, Perschke, conseguiu obter a restituição à liberdade de trabalhadores que haviam sido presos pela polícia ucraniana. Quecke cruzou o cordão policial, levando pelo braço a sua contabilista judia.

A administração local instalada pelos Alemães era excessivamente zelosa pois inúmeros dos seus funcionários civis eram membros das SS, ou mesmo quadros do SD, que tinham sido demitidos dos seus cargos depois de diversas faltas. Não somente porque as SS lhes podiam dar ordens directas e tinha assim um ascendente sobre a administração, como também porque estavam empenhados em se redimir através de rigor redobrado.

A operação acabou por ser um bom negócio. Segundo o relatório do SS Katzman, até meados de 1943 tinham sido confiscados 262 dólares e 16,8 milhões de *zlotys* em numerário, aos quais há que juntar 4,3 toneladas de prata, quatro quilos de colares de coral, 28 de caixas de pó-de-arroz e uma mala com canetas e lapiseiras bem como 35 vagões de peles. Os guardas e os assalariados das SS foram generosamente pagos. O vestuário e os móveis foram entregues à VOMI.

O *Reich* continuou a enriquecer até ao fim. De Maio a Julho de 1944, pouco antes da retirada dos Alemães, a sociedade fiduciária alemã encarregue de gerir os bens abandonados pelos judeus revendeu terrenos a algumas comunas ucranianas, oficialmente para ali instalar refugiados alemães dos territórios de Leste.

Uma das personagens mais estranhas e ambíguas do III *Reich*, um homem que deixou atrás de si um rasto envenenado, espécie de demónio possuído pelo génio do mal, merece aqui menção especial. De seguida iremos conhecer o seu percurso.

Foi cognominado «o anjo da morte». Era oriundo de uma família de industriais bafejada pela sorte e também lucrou com o Holocausto. Tinha concluído os seus estudos médicos e celebrado um casamento rico. Era um homem distinto, elegante no seu uniforme das SS, um melómano que trauteava as melodias de Brahms enquanto procedia à selecção dos detidos na rampa de Auschwitz.

Mas ambicionava tornar-se no corifeu da ciência, de uma ciência que os nazis pensavam dominar: a eugenia. O eugenismo estava para o que hoje chamamos a engenharia genética como o batuque africano está para Mozart. Este «eugenista» dava pelo nome de Josef Mengele.

Wiesenthal afirmou-nos que «sabemos com toda a certeza que Josef Mengele está morto. Os seus restos mortais foram identificados em 1985 na Argentina graças à genética. O seu filho deu sangue que foi comparado com as ossadas do pai. Nos anos 50, Mengele quis-se instalar na Suíça. Viera à Alemanha assistir ao funeral de seu pai. Infelizmente, só o soubemos demasiado tarde.

– As autoridades alemãs não prestaram atenção?», perguntámos nós.

Wiesenthal respondeu-nos simplesmente com um suspiro.

Josef Mengele nasceu em 1911, em Günzburg, na Suábia. Era filho de um pequeno empresário, estudou Medicina e Filosofia e aderiu às SS em 1938. Médico do campo de Auschwitz entre 1943 e 1945, seleccionava os detidos à sua chegada. Com um gesto elegante da luva, enviava crianças, mulheres grávidas, doentes e idosos directamente para as câmaras de gás e conservava durante algum tempo os restantes como cobaias. Mengele construiu uma sinistra reputação devido às experiências médicas efectuadas com detidos, nomeadamente em 1 500 gémeos.

Para garantir o domínio da «raça ariana» e criar indivíduos louros, de olhos azuis e alto porte procurava seleccionar factores genéticos entre os gémeos, para aumentar a fertilidade da mulher alemã. Explorava também métodos de destruição «científica» das «raças inferiores», estudava os processos de esterilização, e assim matou milhares de infelizes com recurso a injecções. Quem caía nas garras deste doutor Mabuse tinha de suportar sofrimentos indescritíveis. Por exemplo, para «azular» os olhos das suas vítimas, injectava-lhes pigmentos no globo ocular. Os seus «doentes» ficavam cegos e morriam no meio das dores mais atrozes.

Menashe Lorenzi e a sua irmã Lia, nascidos em Klausenburg, na Transilvânia, foram deportados para Auschwitz em Maio de 1944. Foram-lhes feitas medições, que ditaram que correspondiam aos «critérios» estabelecidos por Mengele, que «os tomou sobre a sua protecção desde o primeiro dia da sua detenção». À rapariga retiram-lhe todo o sangue. Por pouco não morreu mas acabou por padecer grande sofrimento. Estiveram prestes a morrer de fome. «Eu não cessava de repetir que precisávamos de sobreviver», conta Lorenzi, de 62 anos, lapidador em Telavive. Ele e a irmã foram libertados pelo Exército soviético.

«Nunca se sabia como ele se ia comportar», conta esta testemunha. «Era como o Dr. Jekyll e o Mr. Hyde.» Tanto brincava carinhosamente com as crianças, como espumava de raiva, como um louco. Os Lorenzi sobreviveram juntamente com mais 136 outras crianças que, após a guerra, formaram em Israel a organização Nezach (Eternidade) dos «gémeos de Auschwitz».

Em Janeiro de 1945, pouco antes da chegada dos Soviéticos, as listas de pessoas a eliminar já estavam dactilografadas em Auschwitz, onde figuravam os gémeos de Mengele. Mas um certo número acabou por sobreviver, pois foi preciso abandonar o campo precipitadamente. A 17 de Janeiro, os SS reuniram todos os que podiam caminhar e conduziram-nos para ocidente em colunas, através do Inverno glacial da Polónia. Todos os que não podiam andar eram imediatamente abatidos.

Durante a noite, «o anjo da morte» abandonou o campo com todos os apontamentos tomados durante as suas pseudo-experiências. Levou também consigo duas caixas com documentos do gabinete do seu colega, Dr. Puzynas, que efectuava as medições dos gémeos. Quatro meses antes, tinha mostrado estes papéis à Dr.ª Elle Lingens, uma sua colega oriunda de Viena mas detida, dizendo-lhe «Olá, cara colega, já lhe mostrei os resultados das minhas investigações?»

Apresentou-lhe estes papéis, cuidadosamente redigidos, com esquemas de partes do corpo humano acompanhados das respectivas medições. «Não é belo? É pena que tudo isto vá cair agora nas mãos dos bolcheviques.» Ela evitou contrariar este maníaco.

A 27 de Janeiro, o Exército soviético entrou no campo. Dos 3000 gémeos de Mengele, só 180 tinham sobrevivido.

V PARTE

O Triângulo das Bermudas

A nova Europa monetária

O seu objectivo, durante a guerra, explicou Emil Puhl, ex-vice-presidente do Reichsbank, numa carta datada de 1954 ([7]), era conseguir que toda a Europa passasse completamente para a esfera de influência financeira da Alemanha. Pretendia criar uma «união monetária» informal, mas submetida ao *diktat* do III *Reich*. A partir de 1940, os nazis projectaram criar um Banco da Europa cuja sede seria em Viena. Puhl tinha submetido os seus projectos aos banqueiros suíços durante algumas conversações privadas e encontros sociais.

As reservas que esse banco iria dispor deviam ser substanciais. Todo o ouro europeu iria ser confiscado. O primeiro ponto de triagem seria o banco central do *Reich* em Berlim. O armazenamento seria feito na Suíça, transformada em fornecedora de divisas. Sem dúvida, a Suíça, onde se encontrava o Banco de Pagamentos Internacionais (BPI), iria continuar a funcionar como comissária activa, pois os donos do III *Reich* fizeram praticamente do seu banco nacional e do BPI de Basileia as suas sucursais. Do ponto de vista financeiro, o III *Reich* preparou muito bem o seu negócio.

O Banco de Pagamentos Internacionais tinha sido criado para gerir os milhares de milhões de marcos de reparações que os Aliados exigiam de Berlim. Quando a Alemanha entrou em cessação de pa-

---

([7]) Citada *supra* no final da I Parte.

gamentos durante a década de 20, os Aliados conceberam o Plano Young que devia permitir retomar o pagamento das reparações, recalculadas em 34,5 mil milhões de *Reichsmarks*, até 1988, mediante a emissão de obrigações. Mas ao fim de um ano foi congeminado um novo arranjo e a moratória Hoover concedeu nova dilação que conduziu à criação do BPI.

A ideia partiu do célebre Hjalmar Schacht que pouco depois se tornou ministro da Economia de Hitler e presidente do Reichsbank.

Fundado em 1930 por sete bancos centrais para garantir certas incumbências da circulação monetária internacional e para apurar as dívidas de Berlim, devia garantir a solvabilidade da Alemanha e para lhe ser retirada qualquer carga política foi instalado no centro financeiro de Basileia, que inspirava confiança, uma cidade que ainda por cima se encontrava exactamente sobre a fronteira germano-suíça.

O banco foi ocupar um antigo hotel em frente à estação central de caminho-de-ferro de Basileia. Quem nele trabalhava ia frequentemente almoçar ao vizinho Café Frey. Os seus accionistas eram os bancos centrais dos países mais importantes do mundo. Tornou-se assim num clube de financeiros internacionais, ultrapassando largamente a sua função inicial e o serviço das reparações em favor dos antigos vencedores. Rapidamente caiu sob influência alemã.

Hitler via em Schacht o porta-bandeira de que necessitava. O Reichsbank estivera entre os membros fundadores do BPI e conservara o seu relacionamento com o banco. Durante a guerra, houve alemães como membros da direcção do BPI que nessa qualidade assistiam às reuniões. Um deles chamava-se Hermann Schmitz. Era o director da IG Farben, que produzia o gás tóxico Zyklon B.

É praticamente certo que tenha sido depositado por ele um lote de acções da IG Farben na Suíça que após a Guerra poderá ter continuado a gerar dinheiro. As SS também tinham acções. A IG Farben e. L. (em liquidação), com sede na Suíça, tornou-se após a reunificação da Alemanha, em 1990, no maior proprietário imobiliário da ex-RDA. Não é de espantar que se tenha encontrado na Suíça o rasto do caçador de divisas de Erich Honecker, Alexander Schalck-Golodkowski.

Outro membro da direcção do BPI foi Emil Heinrich Meyer, igualmente pertencente à direcção do Dresdner Bank, e um outro ainda o barão Kurt von Schröder, director do J. H. Stein Bank de Colónia, oficial superior, tesoureiro da *Gestapo* e amigo de Himmler. Este ocupou o lugar de Carl Melchior, sócio do Banco Warburg de Hamburgo, que foi marginalizado e obrigado a demitir-se por ser judeu. E, naturalmente, o presidente do Deutsche Reichsbank e ministro da

Economia, Walther Funk, e o seu vice-presidente, Emil Puhl, tinham também assento neste areópago. Haviam sido designados por Hitler em nome de quem velavam pelo bom funcionamento desta instituição e donde colhiam informações internacionais. De qualquer modo, não era motivo de grande preocupação, pois os estatutos do BPI previam que continuaria em funcionamento sem sofrer quaisquer embargos mesmo se os Estados membros entrassem em guerra uns com os outros.

A partir de 1 de Janeiro de 1940 o presidente do BPI foi um americano de nome Thomas Harrington McKittrick que não escondia as suas simpatias pela Alemanha nazi, mas que jogava em todos os tabuleiros, protegendo assim os «bons judeus», forçosamente ligados ao meio bancário. O *Wall Street Journal* considerou que a sua nomeação iria reforçar «a neutralidade» do BPI.

Uma das suas primeiras decisões consistiu em levar o Federal Reserve Bank de Nova Iorque a permitir que o Deutsche Reichsbank transferisse dinheiro para os Estados Unidos por intermédio da sua conta no BPI. Assim, a Alemanha pôde pagar os serviços que comprava e proceder a aquisições nos Estados Unidos até à entrada deste país na guerra. Esta iniciativa foi sugerida a McKittrick pelo seu amigo Emil Puhl. Somente quinze dias após a sua nomeação, fez-se convidar para Berlim por Walther Funk. O diário do Partido Nazi, *Völkischer Beobachter*, celebrou «o financeiro americano». Após vários jantares de gala, este fez o elogio da cozinha alemã e agradeceu aos seus anfitriões pela organização perfeita da sua estadia.

O Polónia foi invadida, a Inglaterra e a França entraram em guerra contra o *Reich* e a *Gestapo* tinha acabado de alterar o seu nome, passando a chamar-se *Reichssicherheitshauptamt* (RSHA). A viagem até à capital do *Reich* do antigo agente dos serviços secretos da marinha americana McKittrick, que visivelmente não era muito perspicaz, fora organizada pelo director do BPI, Paul Hechler. Este alemão, membro do Partido Nazi, antigo director do Reichsbank, tinha residência no número 23 da Paul-Merian-Strasse em Basileia. Hechler rematava as suas cartas em papel timbrado do BPI com a fórmula «*Heil Hitler*!» Como que por acaso, ele era o responsável dentro do banco pelo departamento de «Divisas». Colocou homens seus em todos os lugares-chave. Fixemos sobretudo o nome de Konrad Thiersch, encarregado das relações com o Banco Nacional suíço. Um deles, Günther Gartenschläger, dava tanto nas vistas que a Suíça acabou por o expulsar em 1942, acusado de espionagem. Continuou as suas actividades em Lörrach, do outro lado da fronteira.

Walther Funk previra que «o *Reichsmark* se tornaria na moeda mais importante da Europa no quadro dos pagamentos multilaterais». E porque não? A Alemanha vitoriosa estava na situação agradável de poder consumir mais do que produzia depois de ter produzido mais do que aquilo que podia pagar. Foi durante este tempo que Churchill pediu à população britânica «sangue, suor e lágrimas».

O neutro Per Jacobson, um sueco com assento na direcção do BPI, que também acreditava na invencibilidade da Alemanha, imaginava o mundo repartido entre o «bloco do marco», o «bloco do iene», o «bloco do esterlino» e o «bloco do dólar». «Se na guerra actual a Suíça conseguir permanecer indemne e neutra», escrevia ele, «a praça financeira helvética poderá servir de placa giratória útil entre o mercado do dólar e a nova Europa dos nazis.» Um testemunho tanto mais objectivo quanto Jacobson não partilhava das ideias nazis. A sua irmã era casada com um oficial britânico.

Felizmente, Hitler não foi assim tão «genial» como se acreditava. Em Junho de 1941, atacou a União Soviética, declarou guerra aos Estados Unidos quatro dias depois de Pearl Harbour, em Dezembro do mesmo ano. McKittrick conservou todavia o seu lugar no BPI, mas o presidente do Banco Nacional suíço, Ernst Weber, aceitou servir como mediador entre o americano e o Reichsbank para preservar uma aparência de neutralidade.

O *Reichsmark* inconvertível não servia para grande coisa fora do *Reich*. Foi preciso recorrer ao ouro. Depois da guerra, o secretário de Estado americano Henry Morgenthau quis dissolver o BPI, mas o economista John Maynard Keynes pensava que ainda poderia ser útil. E é assim que ele ainda hoje existe.

1

O Eixo Reichsbank-BPI

O destinatário do ouro dos campos era o Reichsbank de Berlim, antepassado distante do actual Bundesbank em Frankfurt. Durante o III *Reich*, o seu primeiro presidente, de 1933 a 1939, foi Hjalmar Schacht, que já tinha presidido ao banco central entre 1923 e 1930. Cognominado «o mágico de Hitler» por ter conseguido financiar o relançamento da economia e assim absorver o imenso desemprego, pensava controlar o *Führer*. Mas ele próprio acabou por perder o seu lugar.

O seu sucessor foi Walther Funk, antigo colaborador de Goebbels no Ministério da Propaganda. Nascido em 1890, Funk tornou-se por acaso jornalista económico do *Börsenkorrespondenz*, depois em vários outros jornais e, por fim, no *Berliner Börsenzeitung*. Fundado em 1855 por Bismarck, este jornal sempre se manteve independente até 1938, ano durante o qual, graças à intervenção de Funk, passou para o controlo do grupo de imprensa nacional-socialista Cautio.

Hitler notara em Funk o traço de carácter que mais apreciava: a sua total docilidade. Já desde 1930 que ele vinha desempenhando as funções de conselheiro económico do futuro *Führer* e foi mesmo seu porta-voz em 1933 quando Hitler tomou o poder. Assistiu atrás dele na varanda da *Reichskanzlei*, no dia 30 de Janeiro, ao desfile das SA comemorativo da vitória. De 1939 a 1945 presidiu ao Reichsbank.

Condenado em Nuremberga a prisão perpétua, Walther Funk foi libertado em 1957. Desde que saiu da prisão até à sua morte em 1960, o Bank Deutscher Länder, que sucedera ao Reichsbank, pagou-lhe mensalmente uma pensão.

A sua doutrina era a oposta à do Bundesbank de hoje: «Na Alemanha, é o Estado que fixa o valor do dinheiro e não as potências e forças internacionais.» O «sistema bancário mais moderno do mundo» do III *Reich* estaria assim em condições de preencher «as suas grandes tarefas futuras». Subentende-se que a indexação ao ouro deixara de ter importância, porque, de qualquer maneira, com a conquista o ouro começaria a afluir. Um decreto de Janeiro de 1937 tinha libertado a taxa de desconto da sua cobertura bancária. O governo podia assim regular o crédito à sua maneira. Para esta reforma era preciso obter o aval do BPI de Basileia. Este concedeu-o de boa vontade aos seus amigos de Berlim.

Em Julho de 1940, durante as celebrações do 175.º aniversário do Deutsche Reichsbank, que até 1846 se tinha chamado Banco Real, e Banco da Prússia até 1876, Funk fez um discurso: «Graças ao génio de homem de estado e de cabo-de-guerra do nosso *Führer*, a Alemanha esmagou os seus inimigos com uma rapidez sem paralelo. Mas a luta ainda não está consumada.» De facto uma nova fase da luta começava para o Reichsbank: a batalha do ouro.

A partir de 1939, os membros da direcção do Reichsbank eram designados pelo próprio Hitler, ficando directamente subordinados ao *Führer* e à *Reichskanzlei*. Este sistema suscitava naturalmente algumas desconfianças nos meios financeiros internacionais. Tanto mais que para alimentar a sua indústria de guerra o governo de Berlim esbanjava os *Reichsmarks* sem fazer contas, pelo que a moeda estava por isso totalmente desvalorizada. Antes da autarcia, o *Reich* vivia já numa economia artificial.

Mas em breve vieram as conquistas e os bancos centrais dos países ocupados foram postos a saque. Não só as suas reservas foram pilhadas, mas em Paris, por exemplo, o Banco de França transferia diariamente 50 milhões de francos, mais tarde 65 milhões, para uma conta do Reichsbank que por sua vez colocava imediatamente esse dinheiro em circulação para pagar ao pessoal da ocupação e aos militares alemães.

Emil Puhl, adjunto de Funk, era o homem que dirigia todas as operações duvidosas. Vice-presidente do Reichsbank de 1940 a 1945, entrara para o Partido Nazi em 1937. Este homem, que tinha subido os degraus que medeiam entre o posto de simples contabilista à direcção *de facto* do banco central do *Reich*, estava imbuído de uma ambição política desmedida. Após a guerra, Puhl só foi condenado a cinco anos de reclusão por «crueldade e delitos contra civis». Nos considerandos da sentença pode ler-se que estava ao corrente do extermínio dos judeus e que nele tinha participado, embora sem ter desempenhado um papel determinante.

Dois membros da direcção sobreviveram maravilhosamente à guerra e atravessaram sem sobressaltos as etapas da desnazificação. Um foi o protegido de Hjalmar Schacht, Karl Blessing, «um tecnocrata ambicioso e ambivalente», como o descreveu no seu excelente livro sobre o Bundesbank o jornalista económico britânico David Marsh, que foi correspondente em Bona do *Financial Times* entre 1986 e 1991.

Após uma carreira fulgurante na finança nazi, Blessing foi o primeiro presidente do Bundesbank, entre 1958 e 1969. A 6 de Agosto de 1947 foi proposto pelos seus pares, juntamente com H. J. Abs, como presidente do futuro banco central alemão. Foi uma verdadeira provocação, pois na altura estava sob custódia americana. Nessa época, os Aliados tinham algumas boas razões para desconfiar dele. Não tinha ele escrito, por exemplo em 1938, na revista *Braune Wirtschafts-Post*, três meses após o *Anschluss*, que este constituiu «uma jornada memorável que jamais esqueceremos», pois tratava-se então de fundir numa «unidade indelével» a economia do *Reich* e do *Ostmark* (a Áustria). Para tanto, era necessário nomeadamente «efectuar outras transformações na propriedade dos banqueiros privados austríacos que em 90% não eram arianos, sendo o objectivo criar um sistema bancário são e implantado no território com o apoio forte do *Reich*».

O outro foi Wilhelm Vocke, membro da direcção do Reichsbank. Entre 1948 e 1957 foi presidente da direcção do Bank Deutscher Länder que sucedeu àquele. Marsh caracterizou-o como «firmemente convencido da sua própria infabilidade». Filho de um pastor protestante, Vocke não era nazi, mas também não foi um resistente. Mais tarde garantiu ter afirmado que Hitler «não foi mais do que o portador de infortúnios inenarráveis», mas na década de 30 calou-se, fundamentalmente preocupado em não ser envolvido nas manipulações nazis. Contribuiu para o programa de Schacht com vista à criação de emprego através do *deficit spending*, uma política situada nas antípodas da que veio mais tarde a ser praticada pelo Bundesbank.

Durante a guerra, demasiado idoso para ser mobilizado, Vocke retirou-se para Berlim onde ensinou Direito no Kaiser-Wilhelm--Institut. Ele não podia assim estar ao corrente das transacções do ouro dos mortos. Em 1948 tornou-se presidente do Bank Deutscher Länder, com 62 anos, quando foi criado o *Deutschmark*, reencontrou a sua vocação e defendeu com unhas e dentes a independência do novo banco central em relação ao poder político, primeiro dos Aliados, dos ministros-presidentes e por fim do chanceler Adenauer. A lei de 15 de Junho de 1939 sobre o Reichsbank tornou o instituto emissor num órgão enfeudado à ideologia nacional-socialista. O estatuto de independência do Bundesbank resulta em grande medida da alergia a esta recordação e portanto a toda supremacia do político sobre o monetário.

Criado pelos Aliados imediatamente após o fim da guerra, o Bank Deutscher Länder, herdeiro do Reichsbank e futuro Bundesbank, tinha manifestado a sua independência em relação ao poder da época, mas sempre no bom sentido. Em 1948, o seu conselho central cooptou para as suas fileiras Otto Schniewind, que pertencera ao conselho do Reichsbank antes da guerra e Hermann Josef Abs, personagem-chave do Deutsche Bank durante o III *Reich*. De acordo com o analista britânico do Bundesbank, David Marsh, tratava-se de uma bravata destinada às potências ocupantes.

O BPI ainda hoje é considerado o banco central dos bancos centrais. No princípio de 1997, nos Estados Unidos e na Grã-Bretanha, alguns fizeram saber que ele teria sido um dos veículos mais importantes para dar destino ao ouro roubado pelos Alemães no estrangeiro.

O secretário-geral do BPI, Gunter Baer, rejeitou com indignação estas acusações. Já em 1946 as transacções sobre o ouro entre o BPI e o Reichsbank tinham sido passadas à lupa para saber se nelas estava incluído ouro roubado. Constatou-se que entre elas somente figuravam 3,7 toneladas do ouro que tinha pertencido aos bancos centrais belga e holandês e que já lhes tinham sido devolvidas. E que, durante a guerra, 12 toneladas de ouro, no valor de 14 ou 15 milhões de dólares da época, tinham circulado pela conta do Deutsche Reichsbank aberta no BPI. Entre os lingotes, encontrava-se até ouro roubado e ainda não fundido. Por outro lado, já depois do fim da guerra foram ainda inscritas no activo dessa conta 1,5 toneladas de ouro que a Alemanha já não tinha conseguido entregar.

«Se houve algum lucro, terá de estar inscrito numa contabilidade paralela. Mas disso nunca tive conhecimento», afirmou Gunter Baer. Seria preciso, continua, voltar a ordenar os arquivos. Tudo depende da atitude tida pelo BPI, estrita neutralidade passiva ou tolerância activa? Incontestavelmente, o BPI foi uma comporta para toda a espécie de pagamentos.

Mas os arquivos ainda estão completos? Quando a polícia suíça se apresentou no dia 8 de Maio de 1945 na residência de Ludwig Maehler, contabilista do BPI, já nada encontrou. Membro da secção de Basileia do Partido nazi e presidente da *Nationalsozialistische*

Kameradschaft suíça, queimou todos os papéis comprometedores. Teve de ser libertado.

Mas o *Basler Nachrichten* publicou uma lista de 58 nazis refugiados na Suíça, onde se incluía Maehler. Quiseram-no expulsar. McKittrick interveio a seu favor junto de Presidente suíço Eduard von Steiger. Este pediu desculpas por aquela «intervenção precipitada da polícia». Maehler podia, por seu lado, processar as autoridades cantonais. Mas, entretanto, acusado de espionagem a favor do SD nazi pela imprensa suíça, atirou-se ao Reno.

Em 1943, o presidente do Banco Nacional Suíço, Ernst Weber, tinha admitido: «Não pudemos ver com os nossos olhos donde veio o ouro que o Reichsbank nos vende.» A 8 de Maio de 1940, dois dias antes da ofensiva a ocidente da *Wehrmacht*, o Reichsbank tinha aberto uma conta junto do Banco Nacional Suíço onde foram depositados 144 lingotes de ouro no valor de 8,9 milhões de francos suíços. Tiveram pudor em não abrir a conta imediatamente após a vitória, para lá depositar o saque. Mas os países ocupados não detinham assim tanto ouro como Berlim tinha imaginado. Por isso, passou a ser imperioso ir procurá-lo noutro lado e imediatamente, a fim de pagar os fornecimentos de material de guerra efectuados pela indústria suíça, o que no dizer do encarregado de negócios alemão em Berna, Otto Carl Köcher, em escrito endereçado ao secretário de Estado Ernst von Weizsäcker, se mostrava imperioso.

Sobre a origem do ouro, o ex-presidente do Reichsbank, Walther Funk, aparentou desconhecimento perante o tribunal de Nuremberga em 1946. Mas o seu subordinado, Emil Puhl, relatou que fora convocado por Funk durante o Verão de 1942 para ser informado de uma «nova relação comercial». Doravante, explicou-lhe o seu chefe, as SS entregariam ouro, jóias e divisas ao Reichsbank «provenientes dos territórios ocupados a Leste».

No mesmo dia, o *Obergruppenführer SS* Oswald Pohl telefonou a Puhl que recusou falar com ele ao telefone e que o recebeu no seu gabinete. Encarregado da gestão do Reichsbank, Puhl assinou o acordo com as SS referente à conservação e avaliação do ouro dos campos. De seguida, Pohl fez um relatório oral a Funk, tendo igualmente informado o director Albert Thoms. Este relatou que Puhl insistira na confidencialidade desta operação especial, uma *Sonderaktion* sobre todos os pontos de vista. Deu-lhe o número de telefone do SS Pohl que disse que a entrega seria feita por camiões às ordens do *Hauptsturmführer SS* Bruno Melmer.

Por fim, devemos referir aquele que encaminhou o ouro do WVHA. A sua folha de serviço descreve Bruno Melmer como um «carácter essencialmente nórdico», uma «natureza combativa», um «nacional-socialista de longa data» em quem «se pode confiar inteiramente em virtude da sua honestidade e franqueza». Filho natural de uma costureira de 18 anos, nascera em 1909 em Wiesbaden. Chegado a Berlim, foi confrontado com longos anos de desemprego e matava o tempo fazendo a ronda pelas tabernas da capital. Finalmente, recrutado pelos nazis, que fizeram dele gerente de um albergue das SA, chamou a atenção pela sua habilidade para manipular números. Pohl fê-lo ingressar em 1942 no departamento de contabilidade do WVHA. Melmer sobreviveu à Segunda Guerra Mundial e à desnazificação.

O primeiro comboio de camiões carregados de ouro chegou à sede central do Reichsbank, nos números 34-36 da Jägerstrasse de Berlim, no dia 26 de Agosto de 1942. Os transportes eram feitos geralmente de noite, vindos dos edifícios do WVHA, situados na Schlossstrasse no bairro de Berlin-Steglitz e na avenida Unter den Linden em Berlin-Lichterfelde. «O Reichsbank devolvia sempre a Melmer uma nota dando conta do valor da sua entrega. A décima entrega, a de Novembro de 1942, incluiu pela primeira vez ouro dentário. As que se lhe seguiram tinham-no em grandes quantidades», assinalou Annette Wieworka.

Como revelou Raul Hilberg, foram realizados 76 ou 77 transportes, de todas as vezes com os camiões carregados até ao limite. Os empregados do banco tomavam conta da mercadoria e acondicionavam-na em sacos com a designação «Reichsbank». Albert Thoms, que dirigia o departamento de metais preciosos, sabia qual a proveniência. Marcas sobre as embalagens indicavam a origem: Lublin, Auschwitz. Como afirmou Thoms em 1946 «um dia trouxeram-nos dentes de ouro. A sua quantidade aumentava de forma anormal...»

Geralmente o destino seguinte do ouro era a Suíça. Como as relações germano-suíças se encontravam a um nível muito elevado, Berna não tinha razões para se envergonhar. Emil Puhl, vice-presidente do Reichsbank, tinha um conhecimento íntimo do mundo bancário suíço e desempenhou um papel decisivo nas transacções com os bancos helvéticos e com o banco central em Berna. Durante a guerra efectuou dezenas de viagens à Confederação. Na época, os responsáveis nazis eram visivelmente considerados – não só na Suíça – como homens de Estado ou financeiros respeitáveis. Quem dissesse em 1939-1940 que cinco ou seis anos mais tarde estariam sentados no banco dos réus seria ridicularizado. A ilusão de respeitabilidade que transmitiam com os seus títulos académicos, de presidentes, de oficiais, de secretários de Estado ou ministros, contribuiu seguramente para uma boa parte das facilidades que lhes foram concedidas.

Podiam movimentar-se na Suíça como se de um país amigo, se não mesmo aliado, se tratasse. Enquanto os homens morriam na frente no maior dos sofrimentos, os civis eram destroçados por tapetes de bombas, homens, mulheres e crianças passavam da vida à morte em câmaras de gás ou perante as balas dos grupos de execução, quando não morriam de desnutrição ou de disenteria nos sórdidos barracões dos *KL*, os membros alemães da direcção do BPI almoçavam em restaurantes selectos de Basileia e de Zurique com os seus colegas suíços, americanos, britânicos e franceses.

Após o desembarque dos Aliados em Itália e a queda de Mussolini, a Suíça formou uma espécie de barragem à logística alemã que pretendia recorrer aos seus túneis. Sem dúvida que teria sido mais simples ocupar, mas a que preço! As perdas em homens sofridas em Estalinegrado e em África, a paralisia provocada pelos bombardeamentos aliados e os efectivos necessários para a ocupação do país impediram a operação. O jovem general SS, *Obergruppenführer*, Walter Schellenberg realizou em 1943 uma viagem pela Confederação que lhe permitiu certificar-se junto dos oficiais superiores do Exército suíço da fiabilidade deste parceiro.

Schellenberg, a quem Heydrich notara a inteligência, e que em 1942 se tornou chefe do Serviço IV da segurança (RSHA), depois sucessor de Canaris em 1944 na Abwehr, pôde assim sossegar Hitler e levá-lo a uma atitude mais conciliatória, evitando-lhe assim mais um erro. Schellenberg tinha estreitas relações de amizade com Roger Mason, o chefe do serviço de espionagem suíço, SPAB, criado precisamente em 1939. Graças a Mason, ele pôde escoar para a Suíça grandes quantidades de notas falsas fabricadas pelos nazis no quadro da operação Bernhard.

Schellenberg não era um produto das cervejarias de Munique como tantos outros SS. Era licenciado em Direito, tinha recebido uma educação superior à média e acreditava em Deus. Nascido em 1910 em Sarrebruck, estava classificado no seu processo das SS como «europeu do Norte de pura cepa». Alto, belo, elegante e calmo: o seu perfil era talhado para lhe abrir todas as portas. A sua ficha sinalética acrescentava: «Carácter: ingénuo e sincero. Homem de um carácter recto. Perfeito para os serviços de segurança. Vontade: firme, inquebrantável, reforçada por uma grande energia. Raciocínio: muito subtil.» No fim da guerra, Schellenberg não foi incomodado: ofereceu os seus serviços aos Alemães ocidentais e aos Americanos. Mas este homem tão dotado morreu precocemente em Turim em 1952 devido a uma doença gástrica crónica. Antes tinha ditado as suas memórias ao jornalista Klaus Harpprecht, o futuro biógrafo de Willy Brandt e cronista do Dresdner Bank.

O responsável a quem o banco central de Berna estava confiado era Ernst Weber, que entre 1943 a 1946 fora o presidente do conselho de administração do BPI. Eleito, é certo, contra a sua vontade, como o confirmou o jornalista e escritor Gian Trepp. Contudo, ele conhecia todos os seus meandros. Mas Emil Puhl preferiu tratar com o director do Banco Nacional Alfred Hirs em vez de Weber, muito céptico na sua opinião. Foi com Hirs, que não escondia o seu anti-semitismo, que aperfeiçoou a estratégia das entregas do ouro.

Puhl confirmou após o fim da guerra, no interrogatório que lhe fizeram os Americanos, que tinha revelado aos Suíços que o Reichsbank mandara fundir grandes quantidades de ouro para assim obter divisas, «a fim de evitar confusões». O que ele queria dizer claramente: para apagar a origem do ouro roubado.

Os Suíços não parecem ter ficado perturbados com esta confissão. Concluíram negócios de *bona fide* com Puhl e não sonhavam que após a guerra os vencedores pudessem pedir contas a um país neutro como o seu.

Ainda hoje o BPI se afirma incapaz de detectar a origem do ouro em barras depositado nos seus cofres pelos Alemães. Podemos apostar sem receio de perder que dele fazia parte ouro roubado e fundido.

2

Um Homem Só: Hersch Fischler

Em Julho de 1998, uma emissão do primeiro canal da televisão alemã ARD lançou a controvérsia. Nela afirmava-se que os 26 livros de contas do SS Bruno Melmer tinham sido destruídos entre 1976 e 1978 em instalações da administração alemã.

Sejamos precisos, não se tratava de notas do funcionário do Reichsbank, Albert Thoms, que havia anotado as entradas e saídas do ouro do Reichsbank. Como veremos, estas encontram-se na sua maior parte disponíveis. O desaparecimento diz respeito aos cadernos de Melmer, a etapa anterior do circuito. Relatavam as chegadas do ouro e dos bens das vítimas dos campos e da sua transferência para o banco central do *Reich*. A conferência que teve lugar em Londres em Dezembro de 1997 sobre o ouro nazi encarregou os Arquivos Federais de Coblença, onde estão guardados os processos referentes ao III *Reich*, bem como do Bundesbank, de os encontrar e eis que se volatilizaram.

Percebe-se rapidamente que seria difícil demonstrar que um tal escamoteamento não fosse premeditado, antes resultou da miopia burocrática, como afirmou o director-adjunto dos arquivos do Bundesbank, Harald Pohl. O Serviço de Liquidação da Herança do Reichsbank, dependente do Ministério das Finanças federal, considerou que aqueles processos não eram importantes e queimou-os ou meteu-os no triturador de papéis.

Viraram-se então para os Arquivos Federais em Coblença. Um colaborador dos Arquivos, Siegfrid Büttner, encarregado de efectuar algumas investigações, afirmou que estes preciosos documentos «tinham desaparecido em Frankfurt». Mas contrariamente ao Bundesbank, os Arquivos garantiram que «não havia provas sufi-

No Rasto dos Tesouros Nazis

cientes para poder afirmar que os processos tinham sido destruídos». Os cadernos de Melmer estavam simplesmente desaparecidos.

Por seu lado, Harald Pohl lembrava que os processos tinham sido enviados pelos Americanos ao Banco dos *Länder* Alemães, antecessor do Bundesbank. Mas ao contrário de outros ficheiros, ainda existentes em grande número, as notas de Melmer não estavam disponíveis. O Bundesbank calcula deter cerca de um quinto dos arquivos do Reichsbank, dos quais alguns documentos respeitantes às entregas do ouro proveniente da Bélgica e de Itália, bem como microfilmes, mas só «um metro» diz respeito ao ouro roubado aos judeus.

Quanto aos últimos processos do Reichsbank que se encontravam em Berlim e onde foram registadas as últimas operações referentes ao ouro, posteriores a Janeiro de 1945, e que ainda não tinham sido arquivados, caíram nas mãos dos Soviéticos. Moscovo recusa de momento a abri-los à consulta.

Harald Pohl exclui a possibilidade de terem querido eliminar os documentos a seu cargo. No entanto, os funcionários da comissão liquidatária do Reichsbank tinham sido na maioria seus empregados durante o III *Reich*. Mas Pohl alegou que, como não tinham destruído papéis muito mais comprometedores, o que sem dúvida lhes faltou foi simplesmente «sensibilidade histórica».

Como provar então que os documentos não foram destruídos deliberadamente para colocar o Bundesbank, herdeiro jurídico e moral do Reichsbank, ao abrigo de pedidos de restituições?

O Bundesbank terá de viver com esta suspeita, a menos que os documentos Melmer sejam encontrados. O banco acolheu nas suas caves os processos que ainda existiam no princípio da década de 80, mas não os cadernos de Melmer. Quanto ao ouro residual, sublinhou Harald Pohl, foi restituído após a guerra aos antigos países ocupados pela *Wehrmacht*, ou aos seus antigos proprietários privados ou inclusivamente a organizações judaicas.

Afirmação que Shimon Samuel, director para a Europa do Centro Simon Wisenthal em Paris, desmentiu categoricamente. Só uma pequena parte do ouro foi restituída. A destruição dos processos revelou «na melhor das hipóteses uma certa desordem e na pior provou que os responsáveis pelo Bundesbank à época quiseram garantir a conservação dos seus bens mal ganhos».

Em Frankfurt, o deputado democrata-cristão Michel Friedman, membro do Conselho Central dos Judeus Alemães, foi muito mais claro. Acusou os Arquivos Federais de Coblença de serem, «pelo menos no que respeita a questões de restituições, um verdadeiro Triângulo das Bermudas». Ao abrir-se um inquérito, poder-se-ia reconstituir com segurança quem tinha tomado a decisão e quem deveria arcar com a responsabilidade. Friedman não disse claramente que se tratou de um golpe organizado, mas deixou-o subentendido.

O assunto é embaraçoso para o Bundesbank. Mas, pelo contrário, é surpreendente que o banco central alemão até aqui não tenha sido alvo de pedidos de restituições. Sem dúvida porque é um organismo do Estado e o Estado alemão já pagou. Mas a este templo do *Deutschmark* que é o «Buba», como por vezes é designado, não faltam detractores. Criticados pelo seu monetarismo, os guardiães do *Deutschmark* foram a besta negra dos economistas keynesianos e outros conjunturistas. O Bundesbank talvez seja um mito, mas não é intocável.

Interesses políticos superiores protegeram-no enquanto o euro não chegou aos nossos bolsos e o Banco Central Europeu (BCE) de Frankfurt não substituiu completamente o Bundesbank, bem como os bancos centrais dos países membros do clube do euro, como instituição emissora e de gestão monetária. Até à hora do euro, até 2002, o *Deutschmark* continuou a ser a referência das moedas europeias e do euro. Tocar no Bundesbank seria comprometer os primeiros passos deste recém-nascido.

Adquiriu uma grande respeitabilidade e ninguém contesta a eficácia da sua política monetária. O marco teve um bom comportamento, mesmo ligeiramente sobrevalorizado, apesar das enormes despesas com a reunificação alemã e da recessão que se lhe seguiu, independentemente dos défices medonhos do orçamento alemão e da dívida acumulada da República Federal, avaliada em mais de 2000 milhões de marcos.

Para além do rigor da gestão das taxas directoras, o segredo deste sucesso do Bundesbank pode resumir-se a duas palavras: «estabilidade e continuidade». Estabilidade monetária, com continuidade histórica. Mas detenhamo-nos por agora no problema dos documentos desaparecidos.

Uma vez que, nos nossos dias, as pessoas que sofreram prejuízos reclamam por seu lado o que lhes é devido, os documentos encontrados em Merkers não serão menos importantes que o próprio metal precioso. Acabara-se por se renunciar a nunca os encontrar. Pensava-se que os documentos dos nazis – encontrados em Merkers e noutros locais – que poderiam orientar nas acções individuais de indemnização, ao permitirem determinar a origem do ouro, tinham sido destruídos durante os últimos dias de guerra e que não tinham sido devolvidos às autoridades alemãs aquando das operações de indemnização. Alguns desconfiaram igualmente dos Americanos por terem querido apagar os rastos e baralhar as pistas.

Parece não ter sido o caso e que os documentos desapareceram quando estavam na posse das autoridades alemãs. A decepção foi grande. Mas houve quem não tivesse desesperado. Hersch Fischler, um homem só, agarrou-se ao assunto. Acreditava que os documentos não poderiam ter desaparecido sem deixar rasto. Ele acusava Washington por ter dado mostras de alguma «ambiguidade moral» ao atacar a Suíça. Estes documentos tinham sido escamoteados porque «pesavam na consciência após ter sido identificada em Merkers a origem do ouro e de o mesmo não ter sido entregue às associações das vítimas».

Em Agosto de 1997, Fischler acusou os Americanos e os Alemães de se terem conluiado para fazer desaparecer os documentos. «Ambos lucraram», afirmou ele. «A jovem República Federal porque Albert Thoms fora promovido a novas funções na gestão do banco dos *Länder*. Os Estados Unidos porque tinham devolvido, após a guerra, o ouro roubado aos bancos centrais europeus e não às vítimas do Holocausto.»

Nascido num campo de refugiados perto de Viena onde os seus pais se tinham conhecido imediatamente após o fim da guerra, depois de as respectivas famílias terem sido assassinadas pelos nazis, Fischler tem hoje 57 anos. Naturalizado alemão e habitando em Düsseldorf, praticamente sem recursos o cidadão Fischler pôs-se em campo. Efectuou pesquisas nos arquivos alemães que o colocaram na pista das malfeitorias cometidas pelos sicários nazis em detrimento do regime que serviam. Neste contexto, interessou-se pela carreira do comissário de polícia Walter Zirpin que tinha feito um percurso fulgurante durante o III *Reich*. Em 1940, Zirpin fora enviado, à frente de um comando, para Lodz, na Polónia, onde se encontrava antes da guerra uma das mais ricas comunidades judaicas da Europa. Unidades das SS tinham muitas vezes roubado ouro aos judeus e tinham-no guardado para si em vez de o remeterem aos seus superiores ou ao Reichsbank. Zirpin tinha por missão pôr cobro a estas razias «privadas» e organizar sistematicamente a pilhagem em proveito do Estado, evitando assim novos desvios. Ao ler este processo, Fischler acabou por se deixar obcecar pela questão: «Mas para onde foi o ouro que Zirpin roubou do gueto de Lodz?».

No Instituto de História Contemporânea em Munique, Fischler descobriu uma peritagem que indicava que «os metais preciosos provenientes de Lodz tinham sido remetidos para o Departamento Alemão de Refinação do Ouro e da Prata», abreviadamente Degussa, iniciais de *Deutsche Gold-und-Silberscheideanstalt*. Dirigiu-se a esta empresa que continua a existir em Frankfurt e em Hanau no Hesse. Mas foi pura perda de tempo: «Eles nada queriam dizer e procuraram mesmo induzir-me em erro.» Mas não se deixou desencorajar e rapidamente encontrou provas nos Arquivos Federais de Coblença, nos processos americanos datados de 1948, de que a quase totalidade do ouro roubado pelos nazis fora enviado ao Reichsbank e que a Degussa havia sido encarregada de o fundir em lingotes.

Presentemente, não sabiam onde estavam esses processos, segundo lhe disseram, provavelmente nas mãos dos Russos. Resposta que lhe pareceu tanto mais estranha quanto ele lera processos americanos onde eram citados textos do Reichsbank relativos ao ouro. Nenhum historiador sério podia ignorar que os Americanos, e não os Russos, era quem tinha posto a mão no ouro e nos processos encontrados em Merkers e noutros locais da sua zona de ocupação. «Eu tinha a certeza que os Americanos, e não os Russos, tinham esses processos em sua posse», recorda Fischler. Acabou por encontrar um documento que terminava com todas as dúvidas, pois continha a prova do número de pastas com documentos sobre o ouro, detidas pelo Reichsbank, que tinham ido para Frankfurt para os arquivos do Banco dos *Länder*, antecessor do Bundesbank, onde permaneceram até à década de 50. Entre elas existiam notas sobre as contas-poupança judias e sobre as posições bancárias das vítimas do nazismo.

As pastas estavam assim no Bundesbank, para onde Hersch Fischler se dirigiu no princípio do mês de Março de 1997, acompanhado de Peter Bild, jornalista do *Daily Telegraph*, mais precisamente ao gabinete do historiador-chefe do Bundesbank, Dieter Lindenlaub. Este entregou-lhe a lista feita pelos Americanos das pastas transferidas para o Banco dos *Länder*. Mas Lindenlaub assegurou-lhes que a sua empresa não possuía nenhum dos processos em questão. E afirmou nunca ter encontrado indícios que permitissem dizer que o Banco dos *Länder* teria estado na posse da totalidade da documentação, incluindo os talões de recepção das remessas enviadas às SS e os abatimentos efectuados por esta organização nazi. Pelo menos, Lindenlaub mandou buscar todas as pastas que estavam na posse do Bundesbank. «É pouco, só conseguimos encontrar quinze ou dezasseis situações», relata Fischler, na verdade oito da *Goldabteilung* de Thoms e as restantes com datas anteriores à Guerra.

Havia apontamentos que diziam terem as pastas sido depois entregues ao Ministério das Finanças alemão ou ao da Economia. Ali estavam então os responsáveis pelo seu desaparecimento presumido, se é que não tinham sido destruídas. Um porta-voz do Ministério das Finanças alemão comunicou-lhe no final de Agosto de 1997 que só restavam alguns fragmentos que se encontravam nos arquivos do Bundesbank. Descobriu-se também uma comunicação interna do Ministério das Finanças datada de 10 de Agosto de 1956 que ainda adensava mais o mistério. Nos termos desse escrito, «os documentos relativos a esses valores não puderam ser encontrados nos arquivos alemães». Assim, fica demonstrado que já na década de 50 se tinham efectuado pesquisas.

No meio da papelada do Bundesbank, Fischler descobriu um texto de 109 páginas assinado por um certo Herbert Herzog, natural de Viena. Deparou-se com este nome pela primeira vez. No imediato, não se preocupou nada com ele, visto que tinha outra coisa a bailar-lhe no pensamento.

Retomou a pista americana e viajou até aos Estados Unidos, na esperança de que os Americanos tivessem microfilmado os documentos antes de se terem desembaraçado deles. Na realidade era o que parecia que se tinha passado. Num memorando redigido por um colaborador do Ministério das Finanças americano, com data de 16 de Janeiro de 1953, encontrava-se a confirmação da transferência dos documentos para o Banco dos *Länder* Alemães «para que lhe seja dada a melhor utilização». Mas, por outro lado, precisava-se que «os documentos tinham sido copiados para filmes de 35mm, existindo uma cópia em Washington». O auto de restituição confirmava que a lista das quantidades de ouro roubado elaborada pelos Americanos se subdividia em 91 capítulos. Por fim, Fischler conseguiu descobrir os microfilmes nos arquivos americanos, no US Treasury, em Washington. O Bundesbank recebeu imediatamente uma cópia. Mas a decepção de Fischler não podia ter sido maior: após cinquenta anos em depósito, tinham-se tornado ilegíveis!

Era preciso voltar novamente à caça. Desta vez Fischler partiu rumo a Viena, seguindo a pista Herzog.

O título do texto de Herzog, datado de 1958, dizia: «Documentação sobre as peças de ouro italianas transportadas para a Alemanha durante a guerra». Fischler ainda não podia saber que este papel era a sua tábua de salvação.

Encarregado pelos Italianos de efectuar investigações sobre o desaparecimento do ouro – entregue pelos Americanos à Áustria – o negociante e jornalista vienense Herbert Herzog, antigo detido de Buchenwald, fizera na década de 50 investigações no Banco dos *Länder* Alemães. Infelizmente este homem morreu subitamente a 18 de Julho de 1977, com 55 anos.

Fischler descobriu a companheira dos seus últimos anos de vida. Até 1982 vivera na casa do casal situada junto ao Prater, tendo-se posteriormente mudado com os seus dois filhos para uma casa mais modesta. Por falta de espaço viu-se obrigada a vender alguns móveis. Mas recordava-se que Herzog lhe tinha recomendado para guardar cuidadosamente duas caixas de particular importância. Assim, ela respeitou esta última vontade do seu companheiro e conservou as caixas que durante anos tinham estado guardadas no gabinete de Herzog.

Mostrou-as ao seu interlocutor. Estas duas caixas anódinas com o diâmetro de treze centímetros continham a menção: *Kodagraph Microfile – Orthochromatique Film de Securité* (*sic* em francês). Nas etiquetas coladas sobre as tampas tinham sido estampados números de série completados com números escritos à mão: «1-11» numa delas e «12-22» na outra. Para as fechar e garantir a sua estanquidade, tinham sido coladas várias camadas de fita cola negra sobre a qual foi escrita a data de «Abril de 1977». Pouco antes da morte do proprietário.

Efectivamente, Herbert Herzog tinha atribuído uma importância muito especial a estas caixas da célebre casa Kodak para ter preparado tão cuidadosamente a sua preservação. Tendo ganho a sua confiança, a sua legatária entregou-as a Herbert Heschler, com autorização para as abrir na condição de o seu conteúdo ser submetido a uma verificação científica.

Fischler abriu-as. Classificou o que viu como «sensacional». Em 22 microfilmes perfeitamente conservados, existiam mais de 700 documentos respeitantes ao ouro dos nazis. Exactamente as pastas que ele tinha procurado febrilmente no Bundesbank e em Washington. Autenticou o seu conteúdo através da comparação dos documentos filmados com o espólio que restava nos arquivos do Bundesbank. Era o mesmo papel, a mesma disposição, a mesma caligrafia.

Dos filmes constava não só a lista das entregas feitas pelas SS ao Reichsbank, mas também os locais onde o Reichsbank tinha depositado o ouro das SS fundido em barras e os endereços das instituições a quem havia sido enviado. De seguida, Fischler foi surpreendido pelos nomes de dois bancos privados alemães e pelo nome da Degussa. O Deutsche Bank recebera 650 quilos de ouro roubado, o Dresdner Bank 313 quilos e a Degussa 478 quilos. «Estou certo de que existia muito mais», foi o seu primeiro sentimento, que nos confiou ao telefone. A sua intuição não o enganava.

Estas revelações foram tornadas públicas muito oportunamente alguns dias antes da conferência sobre o ouro nazi realizada em Londres e foram difundidas no dia 1 de Dezembro de 1997 pelo magazine político da televisão alemã *Report-Südwestfunk*. Na altura perguntei a Simon Wisenthal qual o valor que se deveria atribuir àqueles documentos. «Pensa que se poderá retirar muita coisa dos microfilmes dos documentos do Reichsbank encontrados em Viena?» A sua resposta foi lacónica mas precisa: «Se forem bem explorados, sim, seguramente.»

O ex-chefe de redacção da revista austríaca *Profil*, Peter Michael Lingens, tinha conhecido o homem que microfilmou os documentos respeitantes ao ouro nazi, o vienense Herbert Herzog. «Vivia para fazer negócios», relatou ele sem mais precisar ao programa televisivo *Report*. «Tratava-se dos negócios mais diversos e, na minha opinião, negócios geniais cujo sucesso sempre lhe escapou.» «Como o caracterizaria?», perguntou-lhe o repórter. «Era um fanático. Um ás da encenação. Conheci-o quando era chefe de redacção de uma revista de informação. Fez algumas investigações para nós e nunca conheci ninguém que as fizesse tão bem como ele.»

Herbert Herzog descansa hoje no principal cemitério de Viena, no talhão A, fileira 4, campa n.º 58. A lápide tem o nome de família Anton, o nome da mãe, uma católica austríaca. O pai, que era judeu, foi preso pela *Gestapo* durante a guerra e morreu no cativeiro.

A história do ouro dos nazis começou para Herbert Herzog a 23 de Abril de 1945, dia da sua libertação do campo de concentração de Buchenwald para onde os nazis o tinham atirado depois de, aos 22 anos, ter incitado os operários de Viena a fazer greve. Fora preso duas vezes pela *Gestapo* de Viena, libertado da primeira, em Dezembro de 1943, após doze dias de detenção, mas da segunda esteve encarcerado durante várias semanas até ter sido transferido em 7 de Abril de 1944 para Buchenwald. O motivo invocado pela polícia nazi: «Apoiou os inimigos do Estado e sabotou um trabalho importante para o esforço de guerra; constitui uma ameaça para a segurança do III *Reich*.»

Após a sua libertação do campo pelo Exército americano, Herzog regressou à Áustria e seis semanas mais tarde surgiu em Badgastein. A razão da sua presença nesta estância termal elegante não pôde ser elucidada. Movimentando-se sempre na desordem provocada pela derrota, fez um conhecimento que alterou o seu destino e o lançou numa pista que o levou a Frankfurt, Berlim, Paris, Roma e à Suíça.

A 6 de Junho de 1945, Herzog encontrou naquela estação termal, que já tinha sido frequentada por Bismarck, o jovem diplomata alemão Bernd Gottfriedsen, primeiro conselheiro de embaixada. Este alto funcionário havia sido, com o título de *Sturmbahnführer SS*, ajudante de campo do ministro dos Negócios Estrangeiros, Joachim von Ribbentrop. Gottfriedsen lidara de perto com Hitler, Estaline e muitas outras personalidades dessa época triste. Mas sobretudo, como algumas fotografias o comprovam, tinha gerido os fundos de divisas e de metais preciosos do Ministério dos Negócios Estrangeiros.

O chefe depositava confiança nele. No fim de Abril de 1945, Ribbentrop abandonou Berlim em ruínas atacada pelo Exército Vermelho, levando consigo cinco toneladas de ouro oriundas do banco central italiano e que se tinham tornado propriedade do seu ministério. Gottfriedsen recebeu a missão de esconder esse ouro na aldeia de Hintersee, a vinte quilómetros de Salzburgo. Esta aldeia pouco frequentada estava situada num vale dos Alpes sem saída. Ajudado por soldados do exército em fuga como ele, Gottfriedsen enterrou a maior parte deste ouro, duas caixas e 81 sacos com moedas, na quinta de um camponês simpatizante dos nazis, Aloïs Ziller, antigo *Ortsbauernführer* da aldeia, e uma caixa mais pequena na cave de uma estalagem de Badgastein. Em casa do aldeão, o ouro foi depositado dentro de uma cabana numa vala quadrada com dois metros de lado e dois metros de fundo coberta por pranchas.

Ali permaneceu durante muito tempo. Pouco antes de ser detido pelos Americanos, Gottfriedsen revelou o local do esconderijo – ninguém sabe porquê – a Herbert Herzog. Será que Gottfriedsen temia ser fuzilado? Pediu ao seu confidente para colocar o ouro em lugar seguro. Herzog anotou: «O Sr. Gottfriedsen disse-me que esperava ser preso a todo o instante e que ele próprio já não podia garantir que esse ouro permanecesse em lugar seguro.» Herzog não conseguiu convencer as autoridades austríacas locais a colocarem este tesouro ao abrigo da cobiça. Disseram-lhe que isso era um assunto dos Aliados.

Dez dias mais tarde, Herzog dirigiu-se aos serviços de informações americanos, o CIC, e propôs revelar-lhes onde estava escondido o ouro do Banco de Itália recuperado pelos nazis. Acompanhado pelo agente do CIC James Devan, dirigiu-se a Hintersee. Foram ajudados pelos homens da aldeia no carregamento das duas caixas e dos sacos para os camiões. Estes continham sacos mais pequenos, fechados com o selo de chumbo do Banco de Itália. «Não foi difícil reconhecer que continham moedas», narrou Herzog. O pecúlio foi carregado em veículos blindados do Exército americano para o edifício administrativo do CIC na Arenbergstrasse em Salzburgo. Dois dias mais tarde, Herzog e Devan foram carregar o segundo tesouro à estalagem de Badgastein.

Herzog quis ficar de mãos limpas. Como relatou, «aquando da minha primeira conversa com o Sr. Devan em 1945 ele assegurou-me que me seria conferida uma recompensa a partir do momento em que o ouro fosse entregue ao seu proprietário». Esta frase ficou gravada na sua memória. Como o ouro nunca foi entregue ao seu proprietário, o Banco de Itália, Herzog nunca recebeu a recompensa pelos seu bons e leais serviços. Provavelmente, um desejo irresistível de se vingar sobre estes desleais vencedores que o tinham explorado, a ele, o antigo detido dos campos de concentração e prisioneiro da *Gestapo*, cujo pai tinha sido morto pelos nazis.

Em 1946 dirigiu vários requerimentos às autoridades americanas, os quais ficaram sem resposta. Ao mesmo tempo, indagou junto das autoridades italianas se estas tinham recebido o ouro encontrado em Badgastein. Mas dali também nada veio. Se Herzog tivesse recebido respostas afirmativas e uma recompensa substancial, sem dúvida que as sua diligências teriam ficado por ali e hoje não estaríamos na posse dos documentos desaparecidos. Mas ele lançou-se de corpo e alma em investigações que o transformaram em poucos anos no melhor perito europeu do ouro nazi. Rapidamente ficou em posição de provar que os ocupantes tinham desviado o ouro de uns em favor de outros. É isto que hoje se pode demonstrar graças aos seus microfilmes.

Dois anos mais tarde, o «seu» ouro, efectivamente, tinha mudado pela terceira vez de nacionalidade. O general americano Geoffrey Keyes devolveu ao chanceler austríaco Leopold Figl «uma parte do tesouro austríaco que os nazis haviam confiscado em 1938». O governo da Áustria afirmara que se tratava do ouro do seu banco central que não tinha deixado o território nacional, a ele regressando de pleno direito. Esta era a versão oficial. Mas era uma falsa verdade. Sem dúvida que se tratava do ouro italiano recuperado de acordo com as indicações de Herzog que só confirmou este «desfalque» em 1949. Ao corrente da fraude estavam oficiais americanos, Gottfriedsen, que ainda estava vivo após ter deposto no Julgamento de Nuremberga, e Herzog.

Na esperança de obter a recompensa que lhe fora prometida, Herzog contratou um advogado de Viena e pediu uma entrevista com o presidente da câmara dos notários austríacos, Hans Bablik. Pediu--lhe para intervir junto do chanceler Figl. Este afirmou a Bablik, em Novembro de 1949, que esse ouro «provinha do bolo comum de Bruxelas». Mas em Bruxelas, Herzog ficou a saber que a comissão encarregada de gerir o saque dos nazis tinha ela própria colocado questões aos Austríacos que deixavam entrever que aquela quantidade de ouro era um assunto do governo austríaco e o governo americano. Para Herzog, as mentiras acumulavam-se

Não desistiu e reclamou junto do governo austríaco a recompensa que lhe era devida, dado este afirmar-se como o proprietário do ouro. Em Maio de 1950, um secretário de Estado da Chancelaria de Viena, Franz Sobek, escreveu-lhe dizendo que contrariamente ao que parecia, a Áustria não era a proprietária desse ouro e que, dada ser uma mera detentora, não lhe podia atribuir nenhuma recompensa pela recuperação do tesouro. Nada mais havia a fazer que não fosse dirigir-se ao Estado proprietário do ouro, dado o governo austríaco estar disposto a devolvê-lo se fosse feita prova de propriedade.

Herzog não pensou duas vezes. Nada mais lhe restava do que proceder de maneira a que o ouro regressasse ao seu ponto de partida, Roma. Iniciou conversações na capital italiana com o Banco de Itália, não sem um pedido prévio de autorização às autoridades austríacas. Esta atitude revela talvez um elemento do carácter complexo deste homem, simultaneamente muito interessado e idealista, respeitador das regras mas também desejoso de garantir a sua retaguarda. Apresentou aos Italianos todas as provas e testemunhos que estavam na sua posse e convenceu-os de que tinham boas possibilidades de recuperar os seus bens. Em 21 de Dezembro de 1950 concluiu com eles um contrato formal assinado pelo ministro dos Negócios Estrangeiros.

Encarregado da missão pelos Italianos, conseguiu que lhe fossem abertas as portas do Banco dos *Länder* Alemães, em Frankfurt, com que o banco romano mantinha boas relações. Efectuou pesquisas durante meses em vários locais de Frankfurt que lhe permitiram juntar tantos documentos que foi co-autor, com o Banco de Itália, quando este intentou a 30 de Setembro junto do Tribunal de Comércio de Viena um processo contra o Banco da Áustria. Roma não pedia somente a restituição das 4,3 toneladas de ouro encontradas na quinta do camponês Aloïs Ziller, mas as 71 toneladas de ouro fino levadas pelos Alemães de Itália. Desde 1950 que Herzog tinha na mão todas as provas que o ouro italiano não fora afundado na parte suíça do Ticino, conforme escreveu Jean Zigler, mas que o restante, o que não estava na Áustria, se encontrava escondido na mina de sal de Merkers.

Como teria ele sabido se não tinha estado na posse dos documentos de Albert Thoms, antigo procurador do Reichsbank? O processo durou quatro anos e terminou sem julgamento mas com um acordo celebrado a pedido dos Americanos. Herzog pelo menos concluiu a redacção da sua documentação para os seus litisconsortes italianos. Era um homem conscencioso. Queria cumprir o seu contrato e pôs-lhe um ponto final em 1957.

Foi o texto que Hersch Fischler descobriu em 1997 no Bundesbank em Frankfurt. Os seus dados eram tão exactos que Herzog não podia ter tido outras fontes que não fossem as originais. Ele próprio os microfilmou e como tal permaneceram no seu legado, intocados passados que foram vinte anos. «Foi necessário», pensa Fischler, «que Herzog tivesse tido amigos no Banco dos *Länder*. Alguma documentação de Herzog prova que o próprio Albert Thoms o ajudou no seu trabalho. E que lhe forneceu material contendo pareceres muito detalhados, incluindo os pareceres confidenciais dos Americanos. Esses pareceres determinavam a origem e o destino dos lingotes de ouro do Reichsbank.»

Ao depor perante o Tribunal de Nuremberga, Albert Thoms contou a história do ouro roubado pelas SS aos judeus da Europa de Leste. «Não nos traziam só os valores que o Reichsbank poderia introduzir imediatamente nos circuitos comerciais, havia também jóias e outros objectos cujo valor era preciso calcular», declarou o financeiro. Thoms, o tecnocrata que sempre cumpriu as suas funções sem um estado de alma excessivo, mostrou-se muito cooperante com os Americanos em 1945. Eles concederam-lhe o estatuto de funcionário civil das suas forças armadas e, até 1948, ajudou a Divisão Financeira a compreender o circuito do ouro dos campos, a sua origem e o seu destino. Foi preso nas proximidades da mina de Merkers e imediatamente ajudou os Americanos a deitarem a mão a outras quantidades de ouro armazenadas nas filiais do Reichsbank antes que caíssem nas mãos dos larápios.

Consciente da importância dos documentos que Thoms pusera à sua disposição, Herzog microfilmou-os. Os seus filmes são o único exemplar disponível hoje em dia desses documentos, incluindo o «Relatório Thoms» feito para os Americanos e que Herzog igualmente pode compulsar. Resulta dos documentos que o Reichsbank não entregou ouro somente a bancos suíços e alemães mas também a um banco romeno.

Talvez não tenha sido encontrado todo o ouro italiano. Talvez a maior parte se encontre nos subterrâneos de um forte construído entre 1833 e 1889 pelos Austríacos a 15 quilómetros a norte de Brixen no Alto Ádige, o Franzenfeste. Situado junto à margem de um lago originado por uma barragem, o Franzenfeste tinha subterrâneos nos quais, a trinta metros de profundidade, os nazis teriam escondido em 1944 o ouro italiano avaliado em 1,2 mil milhões de marcos (600 milhões de euros). Os habitantes das suas margens viram chegar 35 vagões em Agosto de 1944. Quatro deles ficaram no local, os restantes foram atrelados a dois comboios e partiram para a Suíça.

Esta informação foi dada por um antigo ajudante do Exército alemão, Anton W., de 78 anos, que prefere manter o anonimato por razões evidentes. Desde Setembro de 1944 que a entrada para o subterrâneo está bloqueada. Um ataque aéreo fez deslocar duas enormes encostas de montanha que se abateram sobre este local. Em 1986, em Roma, Anton W. descreveu pormenorizadamente o local a um secretário de Estado do Ministério do Interior italiano. «Obrigaram-me a assinar papéis pelos quais eu me comprometia a não falar deste assunto com ninguém. Isto pareceu-me estranho, como se pretendessem esconder qualquer coisa», afirmou Anton W. O ministro do Interior à época era Luigi Scalfaro, que depois se tornou Presidente da República italiana.

A zona onde se situa Franzenfeste é considerada até aos dias de hoje como «zona militar proibida». No solo há granadas da última guerra por explodir. O Ministério dos Negócios Estrangeiros italiano afirmou a um jornal italiano: «A Alemanha já pagou uma indemnização à Itália por causa desse ouro há mais de quarenta anos. Se hoje for encontrado, ele pertencerá à Alemanha.»

Que dizem então os documentos de Herbert Herzog? Que as responsabilidades foram partilhadas e que os ataques dos Americanos contra a Suíça poderão muito bem voltar-se contra a América e contra o mundo financeiro alemão.

Mas num documento assinado «Thoms» e redigido a pedido do Office of Military Government for Germany, United States (OMGUS), sob o título «Compras de ouro – barras diversas», a Suíça não consta.

No Rasto dos Tesouros Nazis

Este texto foi microfilmado por Herzog e encontra-se no filme número 8 na posse de Fischler, que é de opinião que os bancos privados alemães via Reichsbank foram os principais beneficiários do ouro em barras das SS. É o que está escrito por ele num parecer destinado à «Comissão Independente – Suíça, Segunda Guerra Mundial».

Na página 30, encontra-se a seguinte menção: «20 de Maio de 1943: nove lingotes; origem: Melmer – 22 de Maio de 1943: nove barras; destino: Deutsche Bank.» Nove lingotes de ouro entregues por Melmer foram então enviados dois dias mais tarde ao Deutsche Bank em Frankfurt. A 20 de Junho do mesmo ano, quatro lingotes de Melmer chegaram ao Reichsbank e foram encaminhados para Roma a 8 de Julho. Em 22 de Agosto de 1943, seis lingotes de Melmer deram entrada no Reichsbank que remeteu quatro para a sede berlinense do Dresdner Bank e os outros dois para o Deutsche Bank. E assim sucessivamente. As duas últimas chegadas estão datadas de 5 de Janeiro de 1945, cada uma com dois lingotes de Melmer destinados ao Reichsbank.

Na discriminação total de Fischler lê-se como segue: «55 barras de "ouro Melmer" para o Deutsche Bank (638,4 kg); – 23 barras de "ouro Melmer" para o Dresdner Bank (261,6 kg); – 17 barras de "ouro Melmer" para o Consorzio Italiano Exportazione Aeronautiche de Roma (211,6 kg). Com destino à Suíça somente – 3 barras de "ouro Melmer" (37,5 kg) para o Schweizer Nationalbank de Berna; e – 6 barras de "ouro Melmer" para a Casa da Moeda da Prússia (Preussische Münze), uma barra para a Devisen-reserve». Três lingotes ficaram no Reichsbank e não foi possível identificar nove outras entregas.

Eram factos que as autoridades americanas conheciam desde o começo do pós-guerra. Por outro lado, é evidente nos documentos de Herzog que partes muito significativas da riqueza Melmer não foram restituídas aos herdeiros das vítimas, que os Americanos só entregaram 750 mil dólares do contravalor do ouro dentário e das jóias pessoais roubadas às vítimas à International Refugee Organization.

Com base nos processos OMGUS e a partir de livros microfilmados relativos ao ouro em barra Fischler concluiu que 117 desses lingotes, com o peso total de 1,3 toneladas, provinham exclusivamente dos comboios de Melmer. Eram em ouro com amálgamas de outros metais preciosos. Há que lhe juntar moedas, desperdícios de ouro, o ouro dentário, objectos em ouro e jóias. O Reichsbank comercializava o seu ouro na forma de lingotes ou moedas. Fazia refinar o ouro em barras entregue por Melmer em lingotes de alto teor ou ouro puro. Curiosamente, notou Fischler, estes lingotes não tinham a forma habitualmente usada para as trocas internacionais de ouro praticadas entre bancos centrais. Quanto aos objectos em ouro, o Reichsbank confiava-os à central das casas de penhores – a Städtische Pfandleihe – que os mandava fundir e os devolvia em barras ao banco central sob a rubrica «diversos».

No decurso dos últimos anos da guerra, 1944 e 1945, o registo nem sempre seguiu o ritmo das entregas. Ao fazer o inventário da mina de Merkers, os Americanos encontraram 207 contentores de ouro entregues por Melmer com dezoito lingotes, ouro dentário e objectos de ouro e de prata que não tinham sido registados.

Felizmente, os documentos do departamento ouro e outra documentação essencial, entre ela os 26 classificadores de Melmer, encontravam-se em Merkers. Estes 26 classificadores, hoje desaparecidos, não foram verdadeiramente microfilmados como deve ser pelos Americanos?

Estarão – microfilmados – na posse de Hersch Fischler? Ou de uma instituição que os poderá apresentar no momento que considerar oportuno?

No seu relatório encontrado no Bundesbank, Herzog tinha consignado as entradas e as saídas de ouro da Alemanha durante os cinco anos da guerra. Para além do ouro enviado para a Suíça, os nazis exportaram 47,8 toneladas para a Roménia, 6,2 toneladas para a União Soviética antes do início das hostilidades e a mesma quantidade para Itália, 5 toneladas para a Turquia, 4,5 toneladas para a Suécia, 1,9 toneladas para os Países Baixos e 300 quilos para a Jugoslávia. No total de 455, 8 toneladas.

Herzog escreveu nos seus comentários: «Todas as quantidades de ouro acima mencionadas foram ou vendidas no estrangeiro ou entregues à guarda de depósitos alemães no estrangeiro (o Schweizer Nationalbank em Berna). Iremos encontrar mais pormenores sobre este assunto nos documentos respeitantes ao Deutsche Reichsbank que também fornecem indicações sobre o que foi feito com os depósitos no exterior.»

Com uma minúcia extraordinária, o inquiridor vienense anota todos os transportes de ouro em barra efectuados pelos nazis para todos os destinos da Europa. Registou o número de barras, os números das contas e dos lingotes de ouro, os pesos e as quantidades. Elaborou uma lista das quantidades de ouro que o Reichsbank tinha enviado para a Suíça a partir de 1940: «336 toneladas para o

Schweitzer Nationalbank, de Berna; 22,6 toneladas para o Schweitzer Bankverein de Le Locle; 4,7 toneladas para o Schweizer Bankverein de Zurique; 5 toneladas para o Schweizerische Bankgesellschaft de Berna; 1,5 toneladas para o Schweizerische Bankgesellschaft de Zurique; 3,1 toneladas para a Leu & Co. de Zurique; 600 quilos para o Basler Handelsbank de Zurique; 400 quilos para o Schweizerische Kreditanstalt de Zurique; e 1,4 toneladas para diversas casas de crédito suíças.

Os apontamentos de Herzog ainda referem o Belgische Nationalbank e o Banco do Estado da URSS, o Consorzio italiano já mencionado, 419 barras destinadas ao «Banco Central da República da Turquia, Istambul», as 248 barras de ouro de Junho de 1940 e 1,4 milhões de peças de ouro de Agosto de 1944 colocados no Sveriges Riksbank de Estocolmo. Herzog antecipou as investigações que as comissões de inquérito realizaram a partir de 1995. E tudo está mais que confirmado pelos seus microfilmes. Alguns verão nisto a obra de um maníaco. Mas ela é antes a obra de um historiador e arquivista de grande valor.

3

A Odisseia do Ouro Belgo-Luxemburguês

Tudo começa a 26 de Junho de 1940, quando o Rei Leopoldo III, prisioneiro no seu palácio de Laeken juntamente com a sua corte, mandou chamar o oficial da *Wehrmacht* encarregue da sua guarda para lhe ditar uma carta dirigida a Hitler. O castelo está rodeado por parques soberbos. O Rei vive confortavelmente mas sofre pelo seu país. Ele dita ao alemão que o *Führer* queira repatriar para a Bélgica 4944 caixas contendo as reservas de ouro do Banco da Bélgica no montante de 221 toneladas de ouro. Segundo sabe as caixas encontram-se perto de Bordéus. Atitude digna, visando o espírito cavalheiresco do inimigo… Era conhecer mal os nazis e o seu chefe. Mas o Rei ignora também que uma missão secreta francesa transportou as caixas em camiões, juntamente com parte de ouro pertencente ao Banco de França, em direcção a Brest onde navios ingleses e americanos as deveriam encaminhar para os Estados Unidos.

A operação é anulada após a capitulação da França. Um cruzador francês, o *Victor-Schoelcher*, já com ouro polaco a bordo, embarca esta riqueza em plena noite para escapar aos espiões alemães. Destino: Dacar. O navio navega o mais próximo possível da costa africana para escapar aos submarinos alemães e chega ao Senegal, sob controlo francês. Um director do Banco Nacional polaco, um certo Michalski, fez a viagem com o ouro. A 12 de Junho de 1940, o barco de Creso atraca em Dacar. Na época, era uma aglomeração urbana no meio de deserto, pobre, invadida pela poeira e pela areia. As caixas são transportadas em carroças até ao vizinho forte francês.

Na Europa, a guerra do ouro já tinha começado. Os Alemães querem-no para a sua economia de guerra se bem que de acordo com os termos dos regulamentos internacionais ele não lhes pertença. A 12 de Setembro, em Wiesbaden, os representantes do Ministério das Finanças da França ocupada são veementemente instados, pelo chefe da delegação berlinense, Johannes Hemmen, a devolverem o ouro aos Alemães: «Nós ocupamos Bélgica. Somos nós quem manda agora! Todos os direitos do Banco Nacional Belga foram transmitidos para nós. Confio-vos a missão de nos devolverem esse ouro.» É assim que negoceia a «raça de senhores». Os Franceses cederam face à brutalidade dos nazis.

Em Novembro de 1940, as tropas francesas estacionadas no Senegal recebem assim ordem para repatriar o tesouro via terrestre. As caixas foram encaminhadas até à guarnição do deserto em Kayès e aí carregadas em vagões de caminho-de-ferro. Na melhor tradição do Oeste americano, o vagão imediatamente atrás da locomotiva transporta metralhadoras protegidas por sacos de areia. O comboio atravessou 500 quilómetros de paisagens desoladoras. Passa Bamako, onde alguns europeus habitam moradias cor de ocre. Chega-se ao fim: Koulikoro, um posto no deserto.

Ali, as caixas são carregadas em camiões com destino ao oásis de Tombuctu, situado a 1300 quilómetros de distância. A maior parte dos veículos enterra-se na areia do deserto. Torna-se necessário mobilizar camelos. Assim, as caixas são transportadas por barco pelo rio Níger até Tombuctu. Os barcos estão tão carregados que ameaçam afundar-se a todo o instante. Os soldados aborrecem-se durante esta empresa. Por fim, as caixas permanecem ali durante semanas, empilhadas em cima da areia, guardados por soldados dos quais muitos estão afectados por doenças tropicais. E tudo isto para satisfazer a avidez dos vencedores. Esta expedição faraónica teria sido verdadeiramente inevitável? Não poderiam ter afirmado que este tesouro tinha desaparecido? E escamoteá-lo? Quais teriam sido as represálias?

Acabam por encontrar camiões para transportar o ouro até à cidade santa das muçulmanos, Gao. A viagem perigosa começa então: 1700 quilómetros de deserto para atravessar, em pleno Sara. É necessário requisitar de novo centenas de camelos. As caixas são içadas para os seus dorsos. Acabam por provocar chagas na coluna dos pobres animais. A caravana atravessa estepes espinhosas infestadas de serpentes. Depois é de novo a areia do deserto com pequenos oásis aqui e ali onde só se consegue beber água turva. Não é o esquadrão branco, mas sim o esquadrão de ouro, muito menos glorioso. Por fim, o transporte chega à cidade argelina de Colomb-Béchar. Aqui vivem muitos franceses, a vida pública é regulamentada. As caixas são içadas para o comboio de mercadorias. O carregamento chega à cidade portuária de Argel donde aviões franceses o transportam de noite para Marselha.

Ali, os soldados alemães esperavam-no, apoderam-se dele e reenviam-no, apesar dos protestos das autoridades francesas, para Berlim onde as últimas caixas chegam a 26 de Maio de 1942. Uma fotografia da época mostra o ministro da Propaganda, Josef Goebbels, e o director do Reichsbank, Walther Funk, a acariciarem os lingotes dispostos sobre uma mesa. Rodeados por oficiais nazis e por civis que trocavam entre si olhares cúmplices, enquanto Goebbels e Funk tocam no metal precioso como chefes de quadrilha após terem dado o golpe do século. A fotografia data de Junho de 1942. Funk mandou fundir estes lingotes, com o selo belga, em barras que declarou serem «reservas alemãs anteriores à Guerra». O ouro foi em seguida transferido por comboio para a Suíça. Sem fazer perguntas, os Suíços trocaram este ouro por sonantes francos suíços. Os nazis voltaram a ter divisas frescas para comprar material de guerra.

Herzog fez o inventário de cada um dos transportes de ouro vindos de Dacar, mencionando a data e o número exacto de caixas repletas. Fez o levantamento de 4944 caixas registadas no Reichsbank, o mesmo número que foi comunicado pelas autoridades francesas da época. Os Franceses foram valentes, nada estava perdido! Boa surpresa para os Alemães que acreditavam que os Gauleses não eram pessoas sérias! O *Führer,* que «nunca se enganava», não tinha dito que os Franceses eram «cafrealizados», *vernegert*, logo degenerados?

Depois Herzog descreveu a rota que este ouro tomou, onde foi depositado, a sua fundição na Preussische Staatsmünze e finalmente a distribuição dos lingotes. No total, fez o levantamento de 10 136 lingotes que ficaram na sede central do Reichsbank em Berlim ou transferidos para Merkers no maciço do Reno. Este ouro que tinha pertencido aos bancos centrais da Bélgica e do Luxemburgo serviu em 1943 para presentear o Banco Nacional da Roménia com 1510 lingotes. Em 18 transportes, foram também entregues 6276 lingotes ao Banco Nacional suíço. Cada um deles tinha um número que Herzog anotou. O austríaco escreveu que coligiu todos estes elementos para «demonstrar com a ajuda de um exemplo com que exactidão se pode assinalar e indicar a permanência e identidade dos montes de ouro transferidos para a Alemanha durante a guerra, mesmo que tenham dado à costa noutros países».

Graças às revelações feitas por Herzog e aos seus microfilmes, poderão ser reconstituídas a maior parte das transacções de metais preciosos do III *Reich*.

Após termos evocado nas páginas do *Le Figaro* esse memorável comboio africano, recebemos uma carta de um leitor que se dizia testemunha ocular e punha em dúvida a veracidade histórica dos factos, afirmando nomeadamente que o ouro não se encontrava em Dacar pelo que não poderia ter sido organizado um comboio para o transportar através de África. Errado: indicações muito precisas fornecidas por Herbert Herzog sobre o ouro africano estão contidas num documento que ele intitulou «Utilização e permanência dos lingotes belgas e luxemburgueses». Este texto deu-nos alguns meses mais tarde a prova da transferência que aquele leitor tinha contestado. Eis o que escreveu:

«Em virtude de negociações anteriores do ministro plenipotenciário alemão Hemmen e de um acordo concluído entre uma delegação francesa e a delegação alemã do armistício, o governo francês fez transferir para Marselha as quantidades de ouro belga e luxemburguês que tinham sido enviadas para Dacar tendo-as entregue a funcionários do Deutsche Reichsbank. Tratava-se, segundo os números franceses, de 221 toneladas de ouro fino no valor aproximado de 587 milhões de *Reichsmarks*. Seguidamente, essas quantidades foram transportadas para a sede central do Deutsche Reischsbank em Berlim. Como as autoridades competentes francesas e belgas recusaram aceitar como paga deste ouro Obrigações do Tesouro alemão, o Reichsbank depositou o meio de pagamento, sob a forma de um cheque no valor de 560 milhões de *Reichsmarks*, no tribunal administrativo de Berlin--Mitte.»

4

Circuitos Ibéricos e Circuitos Nórdicos

A 3 de Novembro de 2000, o meu editor em França recebeu uma carta assinada por Michel Guérin, professor numa escola primária perto de Oloron, no Béarn, e correspondente de jornais de Pau (Pirinéus Atlânticos), na qual manifestava vontade de entrar em contacto comigo. O que acabou por acontecer, tendo por ele ficado a saber que um indivíduo de Oloron chamado Jonathan Diaz tinha descoberto documentos autênticos que provavam o transporte, em 1943, de metais preciosos e relógios entre a Suíça e Espanha, antes de terem, segundo toda a probabilidade, transitado por Portugal a caminho da América do Sul. Esses registos, escrevia o meu correspondente, foram encontrados por mero acaso numa lixeira pública perto da estação internacional de caminhos-de-ferro de Canfranc, em Espanha. Cuidadosamente dactilografados, revelavam que em Junho de 1943 e em Dezembro desse mesmo ano, 63 508 toneladas de ouro, 3800 toneladas de prata e 6 toneladas de peças de relojoaria (60 000 relógios), tinham chegado por comboio provenientes da Suíça, através da França então ocupada.

Foi o que se chamou o «Ouro de Canfranc» ou *los documentos del Somport*. Michel Guérin publicou a história nos diários de Pau *Eclair Pyrénées* e *La République des Pyrénées*. Diaz tinha reunido várias centenas de páginas que provavam que em 1942 e 1943 se efectuou a transferência deste saque, sendo utilizados 44 comboios de camiões, registados na Suíça, em nome de um misterioso sindicato, e carregados de metais preciosos e relógios. Os valores passaram para Portugal, se bem que uma parte deles tenha permanecido em Espanha. Guérin recolheu diversos testemunhos, entre eles o de Daniel Sanchez, funcionário da estação internacional de Canfranc, e encarregado do transbordo das carregamentos.

No Verão de 2001, Luís Esteves, representante em Genebra da agência noticiosa Lusa, investigou este assunto. Esteves fora o porta--voz do antigo Primeiro-Ministro e Presidente da República de Portugal, Mário Soares, ao mesmo tempo que integrava a comissão Berget, criada em 1999 pelo governo suíço para esclarecer o comércio dos metais preciosos. Ele afirmou: «Todo o ouro que entrou oficialmente em Portugal teve como destinatário final o Banco de Portugal. No final da guerra, as reservas ali existentes eram enormes e a moeda tinha-se tornado forte, de acordo com os desejos do ditador então no poder. Do ouro tomado aos bancos dos países ocupados, o Portugal de Salazar e a Espanha franquista adquiriram parte desse ouro à Suíça. O mesmo sucedeu com as divisas holandesas.»

Segundo Esteves, existiram outras pistas que o levaram a afirmar: «No que respeita à existência de circuitos paralelos, os valores entravam nomeadamente através das malas diplomáticas, transportadas a bordo de aviões que aterravam discretamente em Sintra, que continham ouro e jóias recuperadas nos campos de concentração e que os funcionários do *Reich*, destacados em Lisboa, se apressavam a levantar.» Acrescentou que dez toneladas de relógios excediam largamente as necessidades de Portugal: «Está posta de parte a hipótese de serem de origem judaica, pois eram novos. Desta forma, subsistem pelo menos duas hipóteses: a sua venda para os Estados Unidos através de Portugal, para ali serem comercializados, ou a utilização dos seus mecanismos como detonadores para bombas».

Na verdade, fica a dever-se à descoberta «histórica» de Jonathan Diaz terem sido trazidas à luz as provas materiais da existência do circuito *Reich* alemão – Suíça – Espanha/Portugal através da França ocupada e a abertura de um novo capítulo da história. Antecedidas pelo jornal suíço *Le Temps*, a imprensa e a televisão espanholas pegaram por seu turno nesta informação. A estação desafectada de Canfranc tornou-se alvo de curiosidade e mesmo de cobiça. Por isso, a RENFE, a companhia de caminhos-de-ferro espanhola, interpôs uma acção destinada a recuperar, pelo menos em parte, os documentos fotográficos sobre este tráfico que foram encontrados, segundo eles, por Diaz, em Saragoça. De acordo com Guérin, os originais poderiam encontrar-se em lugar seguro em Madrid. Outra hipótese: esses «negativos» poderiam ter sido abandonados por esquecimento, enquanto os originais teriam sido destruídos para apagar os vestígios do crime.

Ramon Campo, jornalista do *Heraldo de Aragon*, escreveu um livro sobre *El Oro de Canfranc* que obteve grande sucesso devido à mediatização do ouro do Somport e também às investigações minuciosas do autor, que conseguiu rebater a tese erguida no relatório oficial, datado de 1997, segundo o qual Espanha não tinha recebido ouro nazi. Mas este livro permitiu também provar que Canfranc fora um ponto de fuga importante para os judeus da Europa e um ponto de passagem usado pela Resistência francesa. Enquanto que a Suíça expulsava do seu território mais de 100 000 judeus, vários milhares de famílias judaicas encontravam refúgio em Espanha, entre elas a de Israël Singer, secretário do Congresso Mundial Judaico. O livro de Ramon Campo recebeu o apoio do governo de Aragão e do Ministério da Cultura francês[8].

Documentos classificados como *top secret* existentes nos arquivos americanos confirmam que em plena guerra, sob a cobertura da bandeira de neutralidade da Confederação Helvética, 280 camiões transportaram ouro proveniente em parte de haveres judaicos para Portugal e Espanha. Estes documentos descobertos pelo senador d'Amato obrigaram-no a dizer que «a neutralidade suíça era uma ficção». Os responsáveis pelo banco central suíço reconheceram ter revendido a Portugal e a Espanha fundos nazis. Mas tratava-se de operações técnicas e normais; procuram atribuir-nos o labéu de receptadores, queixam-se eles. Que honrado banqueiro quereria este qualificativo? Mesmo que o tenha merecido.

Será que este filão suíço incitou os nazis a recolheram cada vez mais ouro para poderem continuar a adquirir os metais estratégicos indispensáveis à sua indústria de guerra, manganésio e tungsténio? Foi após a entrada da *Wehrmacht* na União Soviética e nos Balcãs que as trocas com Portugal explodiram literalmente. Tratou-se de um comércio triangular do qual o Banco de Pagamentos Internacionais de Basileia era a placa giratória. O jornalista suíço Gian Trepp revelou a existência deste circuito, «simbiose perfeita do BPI com o Banco Nacional e os grandes bancos suíços», segundo ele. O Banco Nacional de Berna, o que significa o seu presidente Ernst Weber – homem o mais delicado possível –, aceitou efectivamente em Fevereiro de 1942 fazer a ponte entre o Reichsbank e o BPI.

As trocas efectuavam-se em nome do BPI, mas o ouro alemão destinado a Portugal estava essencialmente guardado no Banco Na-

---

[8] Foram publicados vários artigos de Michel Guérin sobre esta questão, nomeadamente no *Eclair Pyrénées* em 13 de Agosto de 2001, Dezembro de 2001 e 17 de Junho de 2002.

cional que entregava escudos aos Alemães para pagarem as suas compras. A quantidade de ouro marcado «Portugal» era tão grande que Lisboa pediu ao BPI para transferir uma parte para o seu território. Este contratou o transportador Irmãos Grondrad, que conhecia muito bem. Em dois meses, na viragem de 1941 para 1942, chegaram a Portugal 20 toneladas de ouro.

Os serviços de informações dos Aliados mais não puderam fazer que não fosse tomar conhecimento. Londres telegrafou a McKittrick: «Como acabo de saber, o BPI organiza transportes de ouro [...] Previno-vos que as nossas autoridades vêem esses transportes com grande desconfiança.» O presidente do BPI mentiu: «Só transportámos quatro toneladas e fornecemos simplesmente uma ajuda logística.» Uma tonelada de napoleões de ouro levados de França pela *Wehrmacht* foram fundidos pela casa da moeda da Confederação em lingotes marcados «CH», a pedido do BPI. Assim, ninguém poderia pedir contas ao Banco Nacional, visto estar a satisfazer uma encomenda do BPI.

Depois foi a vez de 172 lingotes de ouro húngaro, provenientes do depósito junto do BPI, receberem o selo da Suíça. Esta prática vigorou até Maio de 1944, quando a *Wehrmacht* já recuava em todas as frentes.

Os documentos desenterrados pelo senador d'Amato integram nomeadamente um relatório rubricado em 1946 pelo director do Departamento de Assunto Estratégicos, antecessor da CIA, e um segundo documento, datado de Agosto de 1945, com as notas do interrogatório de Karl Graupner, ex-chefe das operações com ouro do Reichsbank. Este financeiro nazi declara que «o Banco Nacional Suíço de Zurique estava autorizado [...] a enviar determinante montante de ouro dos nossos depósitos para o Banco de Portugal. Os Suíços [...] transportaram o ouro [...] e tiveram o cuidado de segurar estes transportes junto de companhias de seguros do seu país». Segundo d'Amato, o valor total destas expedições, efectuadas entre Maio de 1943 e Fevereiro de 1944, poderia ser contabilizado em dois milhões de francos suíços. O tonelagem exacta do transporte continua a ser ignorada. Os escudos não estiveram muito tempo a ganhar bolor nos cofres alemães. Serviram para pagar armamento proveniente da América do Sul e destinado à *Wehrmacht*. Devem-lhe ainda ser acrescentados diamantes industriais, volfrâmio e platina.

Outros documentos americanos descobertos em Julho de 1997 também implicavam o Banco do Canadá e o Federal Reserve Bank de Nova Iorque nestes circuitos. No auge das hostilidades, a 10 de

Setembro de 1944, Portugal comprou quatro toneladas de ouro das reservas suíças já detidas antes da guerra pelo Banco do Canadá. Alguns meses mais tarde, o banco nova-iorquino transferiu, de acordo com instruções do Banco Nacional Suíço, 15,5 toneladas de ouro da conta deste para o Banco de Portugal. Enquanto a Suíça duplicava a sua quantidade de ouro, as reservas deste metal precioso nas mãos do regime de Salazar tinham passado de 0 a 249 toneladas.

No intervalo dos seus interrogatórios, Graupner escreveu, a 20 de Agosto de 1945, numa velha máquina, o que sabia sobre as transacções do ouro, recorrendo à sua memória e a notas tomadas durante as suas actividades bancárias. O seu relatório dactilografado, descoberto recentemente entre os seus papéis, mencionava entre outras a firma Otto Wolff.

Otto Wolff von Amerongen era um cavalheiro germânico, muito distinto e de belo porte. Em 1998 festejou o seu 80.º aniversário e ainda continua a dirigir uma sociedade suíça de distribuição de filmes para televisão e uma das cinco maiores agências de emprego alemãs. Entregue a um genro seu desde 1986, a sua empresa metalúrgica foi adquirida pelo grupo Thyssen, hoje Thyssen-Krupp. Em 1952, o pai do milagre económico alemão, Ludwig Erhard, confiou-lhe a direcção da comissão do comércio com o Leste da recentemente criada Federação Patronal Alemã (DBI). «Uma missão pouco convencional em plena Guerra Fria», admite hoje Wolff. As suas boas relações com a URSS atraíram sobre ele a ira dos anticomunistas da época. A situação piorou quando, em 1957, preparou o primeiro acordo comercial entre a Alemanha e a República Popular da China. Chamaram-lhe então «o ministro oculto dos negócios de Leste».

Foi recompensado pelos seus bons e leais serviços com a presidência da Câmara de Comércio e Indústria (DIHT). A sua predisposição para o compromisso e para o… comprometimento ilustra a divisa de seu pai, Otto Wolff, fundador da firma e já então empenhado no comércio com a URSS: «Não quero salvar a pátria, mas ganhar dinheiro.» Otto Wolff von Amerongen era um filho natural. Somente com 22 anos, era na altura o representante da empresa em Portugal.

É sem tomar qualquer partido que, segundo o relatório de Graupner, a empresa de Otto Wolff, representada pelo seu procurador berlinense Wolff-Siedersleben, metera a mão na engrenagem do ouro perto do fim da guerra. Em meados de 1944, mandou transportar metal precioso de Madrid até Lisboa, a saber, «dólares em ouro no valor de cerca de 10 milhões de *Reichsmarks*» e «1,1 milhões de *Reichsmarks*, metade em dólares em ouro e outra metade em francos suíços». Graupner parece não ter sido informado do destino do transporte. A acção misteriosa continuou até Março de 1945. Ele revelou que a empresa entregava sempre francos suíços, escudos e pesetas ao Reichsbank, obtidos pela troca de ouro, e que este como paga lhe entregava *Reichsmarks* para uso interno, em virtude de não serem convertíveis, a que se juntava uma remuneração pelos serviços prestados. «Wolff tinha reservada para si uma comissão de 3% sobre os negócios que realizava», escreveu Graupner.

O *Reichsbanquier* Graupner relata uma das suas transacções que decorreu em Espanha. No fim de Junho de 1944, Otto Wolff viu serem-lhe confiados 2 380 950 dólares em ouro que distribuiu por 119 caixas. O ouro foi expedido em duas remessas. «As duas expedições foram asseguradas por Wolff mediante uma factura emitida em seu nome pela companhia de seguros Thuringia de Berlim. Wolff suportou os custos do transporte e da apólice.» Graupner acrescenta: «Intermediários da empresa Wolff encarregaram-se de fazer crescer esse ouro em Espanha.» Da mesma forma, prossegue o ex-membro da direcção do Reichsbank, a firma Otto Wolff conduziu ouro para Portugal onde alguns intermediários o transformavam em dinheiro. Ele revelou as datas dos transportes: dias 17, 22 e 29 de Junho de 1944.

Otto Wolff von Amerongen residia na época em Portugal, encarregado, segundo os rumores, da compra de metais raros para a indústria do *Reich*. Segundo outras fontes, em missão para Canaris, teria estabelecido em Portugal contactos com os Aliados, sob a cobertura das suas actividades industriais e financeiras ao serviço do *Reich*. O que explicaria que não tenha sido incomodado durante o pós-guerra. Canaris tinha ligações com os opositores ao regime hitleriano.

Este homem enigmático, antigo comandante de um submarino durante a Primeira Guerra Mundial e patriota alemão inteligente e independente, organizou a *Abwehr* que deu a Hitler preciosas informações, mas que também protegia os adversários do nazismo. Ele pusera os seus recursos no exterior à disposição dos resistentes do Círculo de Kreisau que fomentaram o atentado contra Hitler de 20 de Julho de 1944. Entre os instigadores da conspiração anti-hitleriana contavam-se diplomatas como o conde Helmuth von Moltke, oficiais como o conde Claus Schenk von Stauffenberg, políticos como o antigo presidente da câmara de Leipzig Carl Goerdeler e eclesiásticos como o pastor luterano Dietrich Bonhoeffer.

Até 1943, Bonhoeffer podia deslocar-se à Suíça onde se encontrava com o teólogo protestante Karl Barth, suíço expulso da Alemanha por não ter prestado vassalagem a Hitler. Mas naquele momento, Himmler começou a desconfiar do seu ex-amigo Canaris e Hitler determinou que a *Abwehr* devia ser dissolvida. De seguida, um emissário do Círculo de Kreisau, Adam von Trott zu Stolz, voltou uma vez mais à Suíça. Também ele foi executado após o atentado. Tal como Canaris, que foi enforcado com uma corda de piano pela *Gestapo* em Janeiro de 1945, depois de ter sido torturado.

Afastados dos mercados devido à sua fragilidade económica, Portugal e Espanha não se podiam envolver em grandes negócios, contrariamente à Suíça e a outro país neutro cuja economia estava intacta: a Suécia. Por seu turno, tinham recaído suspeitas sobre este país por ter usado a sua neutralidade de uma forma assaz ambígua. Seria preciso desconfiar tanto dos «duendes de Estocolmo» como dos «gnomos de Zurique»?

Uma sombra paira sobre este período, pois a Suécia nunca reanalisou as suas relações com a Alemanha nazi. Nenhuma condenação foi pronunciada sobre esta questão. E parte dos arquivos do seu banco central foi destruída.

Em Janeiro de 1997, o diário *Dagens Nyheter* afirmava que o seu governo tinha aceite, como pagamento pela venda do seu ferro à Alemanha, ouro notoriamente roubado nos países ocupados. No princípio de 1943, os Aliados tinham advertido Estocolmo da origem fraudulenta do ouro nazi, prevenindo os Suecos que no fim da Guerra iriam responder por isso. Estes fizeram orelhas moucas, tendo-se contentado em pedir aos Alemães que lhes garantissem que aquele ouro não era roubado. Vários ministros suecos haviam já dado a sua luz verde para a continuação das transacções.

Em 1939, a Suécia mantinha relações comerciais estreitas com o *Reich*. Exportava anualmente um milhão de toneladas de minério de ferro para a Alemanha. Durante a guerra, entregou 35 milhões de toneladas, milhares de rolamentos de esferas, vitais para a indústria aeronáutica alemã, e uma quantidade de instrumentos de precisão. Este comércio pôs os Aliados em alerta, mas estes satisfizeram-se com a ideia de que isso iria evitar que a Suécia fosse invadida, contrariamente ao que havia sucedido com os outros países escandinavos.

O *Reichmarschall* Hermann Göring tinha um fraquinho pela Suécia, onde se tinha refugiado no início da década de 20 após o fracasso do *putsch* nazi de Munique. Foi ali que se casou com uma aristocrata sueca, Carin von Fock. No princípio da guerra o delfim de Hitler, Rudolf Hess, foi a Estocolmo afirmar durante um comício público as intenções pacíficas da Alemanha em relação à Suécia. À época Hess ainda era o secretário particular de Hitler e era considerado o seu segundo delfim, a seguir a Göring, até ter fugido e saltado de pára-quedas em 1941 sobre a propriedade do duque de Hamilton na Escócia. Julgado em Nuremberga, morreu em 1987, com 93 anos, na prisão de Berlin-Spandau. Os Soviéticos nunca permitiram a sua libertação.

Em resumo, a Suécia teria recebido, até Janeiro de 1944, 34,5 toneladas de ouro, no valor de 163 milhões de coroas suecas actuais. Segundo um documento do Ministério dos Negócios Estrangeiros suíço, uma parte dos lingotes foi colocada pelos Alemães numa conta sueca em Berna e marcada com «Suécia», a pedido dos Suecos, para eliminar a sua proveniência.

Se forem deduzidas as 34 toneladas iniciais, 14 toneladas que sempre foram consideradas como «não contaminadas» ou «sem risco», ou seja, adquiridas honestamente pelos nazis…, restam 7 toneladas de ouro que os autores do artigo publicado no quotidiano sueco, o antigo embaixador Sven Fredrik Hedin e o jornalista da rádio e historiador Göran Elgemyr, suspeitam que ainda se encontrem entre as reservas do banco do Estado, pois 13 das 20 restantes foram devolvidas a pedido da Comissão Tripartida, em 1946, à Bélgica, e em 1954 aos Países Baixos.

A isto o chefe do departamento jurídico do Banco da Suécia responde: «As nossas pesquisas a nada conduziram. É muito difícil encontrar vestígios do ouro nazi dado as nossas reservas terem sido refundidas no princípio da década de 80.» Oficialmente «para se obter um ouro mais puro». Mas segundo os dois investigadores, o presidente do banco central sueco, Ivar Roth, sabia desde Fevereiro de 1943 que parte desse ouro alemão era constituído por saque de guerra.

Nessa época, entre 1943 e 1945, o secretário de Estado das Finanças sueco chamava-se Dag Hammarskjöld. Depois da guerra foi eleito secretário-geral das Nações Unidas e morreu num avião misteriosamente abatido em África. Fora o responsável, no seu Ministério, pelas transacções com o III *Reich*. A questão que o antigo embaixador sueco Sven Fredrik Hedin coloca é: «O Riksbank e o governo sueco compraram ouro aos Alemães sem conhecer a sua origem ou antes compraram conscientemente ouro roubado?»

Os vencedores da última grande guerra conheciam muito bem o papel desempenhado por Hammarskjöld e contudo fizeram dele o segundo secretário-geral da ONU após a guerra. Porquê? É nos documentos do secretário de Estado Hammarskjöld que iremos encontrar o rasto das sete toneladas de ouro ainda sem dono.

Em Junho de 1996, o secretário-geral do Congresso Mundial Judaico, Israël Singer, foi a Estocolmo. Aconselhou o governo sueco a nomear uma comissão de inquérito para investigar o destino dos bens judeus. Foram criados dois grupos de trabalho, um sob a égide do banco central, o outro na dependência do Ministério dos Negócios Estrangeiros. Sven Fredrik Hedin, que durante dois anos desbastou montanhas de arquivos, lança o desafio: «Aceitar o ouro roubado, era aceitar que a Alemanha ganharia a guerra.» Numerosos compatriotas seus respondem que este ouro era o pagamento do seu trabalho e dos produtos que tinham vendido e que não eram responsáveis pela sua origem.

Após a destruição pelos Aliados do porto de Narvik na Noruega, ocupado pelos Alemães, e do afundamento por acção das minas de dezanove navios carregados com minério, a Suécia passou a ter uma importância vital para o III *Reich*. O mineral transitava pelo porto de Lulea na costa báltica da Suécia, notoriamente mais calma. «No início alguns maquinistas dos comboios recusaram-se a entregar o ferro», recorda Hubert Nordwall, ajudante de maquinista durante a guerra, «mas depois o governo fê-los vergar». Somente durante o mês de Julho de 1940, mais de um milhão de toneladas de ferro foram entregues em Lulea, um nível que só na década de 60 Narvik veio a alcançar.

Em Kiruna, um antigo mineiro, Nils Ericson, recorda: «O minério de ferro? Sabia-se muito bem que se destinava à Alemanha nazi. Como assalariados não nos interessava a quem pudesse ser vendido. Meu Deus, quem trabalhava precisava de arranjar de comer. Nunca se discutiu pelo facto de estarmos a fornecer ferro aos Alemães. Não compreendíamos muito bem o que se estava a passar. A guerra estava demasiado longe.» Em compensação, a Suécia recebeu também carvão da Polónia ocupada para aquecer as suas habitações.

O assunto mais embaraçoso é a implicação de uma das maiores famílias de industriais do país nas trocas com a Alemanha de então. A quinta geração da dinastia Wallenberg, uma das mais poderosas da Europa, geria a quase totalidade da indústria pesada sueca e detinha o controlo de 40% das sociedades cotadas na Bolsa de Estocolmo. Mandava em mais de 50 empresas e dava trabalho a mais de 200 000 pessoas. Possuía o Banco Enskilda que era proprietário de um dos quarteirões mais ricos da cidade e de 13% do capital privado do país.

Lancemos um olhar sobre os anos 30. O império é dirigido por Gustav Oscar e dois dos seus sobrinhos, Jacob e Marcus. Os Wallenberg trabalhavam com os Americanos mas participavam na venda de rolamentos de esferas à Alemanha. O seu relacionamento com o *Reich* era estreito, ao ponto de terem servido de testa-de-ferro à empresa Bosch nos Estados Unidos. Um acordo secreto estipula que passados três anos sobre o fim da guerra, estas empresas seriam revendidas aos seus antigos proprietários de Estugarda e que todos os lucros realizados durante as hostilidades lhes serão devolvidos. Mas os Americanos descobriram a trapaça e confiscaram a sociedade germano-sueca no princípio de 1942. Por este serviço, os Wallenberg receberam pelo menos na sua conta suíça 1146 quilos de ouro que a empresa Bosch obtivera do Deutesche Reichsbank em 1943. Conhecedores dos avisos dos Americanos contra o ouro alemão, aconselharam Bosch a adquirir antes valores suíços. Tudo isto não impediu que em 1944 Jacob Wallenberg tivesse tentado persuadir Ivar Roth a comprar ouro «contaminado» aos Alemães, operação que o presidente do Sveriges Bank recusou.

Em seu abono, devemos precisar que a sociedade Bosch foi envolvida no esforço de guerra do III *Reich*, como toda a indústria alemã, mas teve à frente da sua direcção até ao seu falecimento em 1942 um presidente do conselho de administração deliberadamente hostil aos nazis. A correspondência e os apontamentos de Robert Bosch permitiram concluir em 1993 que ele estava em contacto com Carl Goerdeler, um dos cabecilhas do atentado falhado contra Hitler de 20 de Julho de 1994, que foi condenado à morte pelo pretenso «tribunal do povo» nazi. O que escreveu não deixa qualquer dúvida sobre a sua hostilidade radical ao nacional-socialismo. Por outro lado, os Wallenberg estavam em contacto com o pastor protestante Dietrich Bonhoeffer, uma das cabeças pensantes da conjura anti-hitleriana. Os Wallenberg jogavam em todos os tabuleiros. Durante a guerra, Marcus trabalhou com os Aliados, Oscar com os Alemães.

Será justo acusar a Suécia, presa como a Suíça na tenaz da Alemanha nazi, de ter fingido ignorar a proveniência dos pagamentos ou o destino dos seus fornecimentos? O país resgatou-se pelo salvamento dos judeus dinamarqueses, bem como de numerosos judeus e resistentes alemães refugiados no seu solo. E há ainda Raul Wallenberg, «o anjo de Budapeste»[9].

---

[9] Sobre a acção e o destino excepcional de Raul Wallenberg até à sua execução na União Soviética, recomendamos a leitura do artigo de Jean-Charles Demian, "Wallenberg, autopsie d'une disparition", em *Historia*, n.º 594, de Junho de 1996.

VI PARTE

O Apocalipse Infame

Berlim, Kolonnadenstrasse

A rua das Colunatas no centro de Berlim liga a Vossstrasse em Wilhelmstrasse fazendo um cotovelo. É bordejada por edifícios ao estilo da RDA, em placas de cimento, mas da melhor qualidade. A campeã mundial leste-alemã de patinagem no gelo, Katharina Witt, habitava aqui e talvez tenha ali mantido o seu apartamento. Nas traseiras, foram construídos parques de estacionamento e um espaço relvado com árvores e canteiros, rodeado por uma paliçada em madeira e separado de Potsdamer Platz por um pequeno recinto desportivo coberto.

Foi aqui, sob a relva e este parque de estacionamento, que Hitler e os seus últimos paladinos morreram. O *Führerbunker,* que serviu de posto de comando do III *Reich* durante os últimos meses da guerra, situava-se no subsolo. Mas dele nada resta. Sobre este terreno podem ver-se três tampas de esgoto e uma placa de ferro, mas é impossível dizer se escondem uma canalização ou um abrigo subterrâneo. Seja o que for, o conjunto foi dinamitado depois da guerra. Conseguiu-se que nada mais ficasse senão a placa de cimento que servia de chão ao *bunker*, a 12 metros de profundidade.

Os que sonharam em dominar o mundo acabaram como ratos neste local onde o seu absurdo político os tinha encerrado. Enquanto uns se entregavam à morte, e outros procuravam fugir, os SS franceses da Divisão Carlos Magno sacrificavam inutilmente as suas vidas nas entradas do metropolitano da Potsdamer Platz, esmagados pelas vagas avassaladoras do Exército Vermelho. A 2 de Maio de 1945, os homens do NKVD soviético entraram no *bunker* sem desferir um tiro.

Após a batalha de Estalinegrado e dos primeiros grandes ataques aéreos a Berlim, em Março de 1943, com bombas de fragmentação que destruíam os edifícios, Hitler e os seus colaboradores consideraram insuficientes os 91 pequenos *bunkers* cavados sob o corpo central da chancelaria do *Reich*, a *Reichskanzlei*. Mandaram colocar no jardim do edifício este bloco de betão armado com aço. No fim de Setembro de 1944, a obra estava concluída, um cubo com quinze compartimentos e com as dimensões de 12 metros de altura por 16 metros de lado. O arejamento era deficiente, o mobiliário espartano. Dormia-se em camas de campanha. Havia uma sala com uma caldeira de aquecimento e uma central telefónica, um gabinete para Goebbels e outro para Bormann. Hitler e Eva Braun tinham cada um seu quarto, mais uma sala comum e Hitler um gabinete próprio. O mordomo de Hitler, Fritz Linge, também ali tinha um quarto.

O *Führerbunker* era o maior de um sistema de *bunkers* existente no centro de Berlim. Entre eles o *bunker* do Hotel Adlon destinado a abrigar das bombas os hóspedes do hotel e os colaboradores do ministério de Albert Speer. Construído em 1943, hoje enfiado no alcatrão diante da Porta de Brandeburgo. Depois, o *bunker* do Ministério do Armamento e Munições, igualmente invisível. Uma associação para a defesa do património, chamada *Berliner Unterwelten*, anda à sua procura. E ainda o *bunker* de Goebbels, assim chamado porque os seus corredores conduziam ao Ministério da Propaganda, recentemente descoberto. Encontra-se exactamente no local onde o chanceler Helmut Kohl queria mandar erigir um memorial do Holocausto.

Entre as dezenas de *bunkers* descobertos nesta zona, é necessário referir também o abrigo dos motoristas e da guarda pessoal de Hitler, descoberto em 1990, durante as sondagens efectuadas num terreno para se encontrarem minas ou munições aquando da realização do concerto dos Pink Floyd, *The Wall*. Foram descobertos frescos nas suas paredes, que mostravam os SS a defenderem o povo alemão com heroísmo. Foi medido, inventariado e enterrado sob toneladas de cascalho para que mais ninguém a ele acedesse.

Devemos ao historiador russo Lev Besymenski saber exactamente como morreram Hitler e os seus próximos. Um historiador e jornalista da revista *Stern*, Ulrich Völklein, utilizou os apontamentos de Besymenski para redigir o seu livro sobre o último acto do III *Reich*.

Besymenski estudou 414 páginas dos interrogatórios de Otto Günsche, o ajudante-de-campo de Hitler, e de Heinz Linge, que serviram o seu amo até à morte e acabaram por cair nas mãos dos Soviéticos. Este texto encontrava-se nos arquivos do KGB.

Nos arquivos do Estado, Besymenski também encontrou a pasta n.º 41-Sh/2-w/1 que continha todos os dados recolhidos pelos Russos sobre as circunstâncias da morte de Hitler, Eva Braun e da família de Goebbels, juntamente com os resultados das autópsias e fotografias dos corpos. Este documento estava reservado para exclusiva informação de Estaline.

Até aqui era mais ou menos dado como assente que Hitler, de 56 anos, tinha casado com a sua amante Eva Braun a 29 de Abril de 1945, à 1 hora da manhã, no *bunker* onde os guardas das SS os encontraram mortos no dia seguinte entre as 15,30 e as 16 horas. Os seis filhos de Joseph e Magda Goebbels, com idades compreendidas entre os 4 e os 13 anos, tinham sido envenenados pelos seus pais na noite do 1.º de Maio, tendo-se o casal suicidado pouco depois.

Mas para além de Hitler e de Goebbels havia mais alguém no *bunker*: Martin Bormann, o fiel secretário particular do *Führer*, praticamente o número dois do regime. Eva Braun abandonara a residência de Berghof, perto de Berchtesgaden, contra a vontade de Hitler, que tinha aberto uma conta na Suíça para lhe garantir a sobrevivência. Ela chegou a Berlim de avião para permanecer junto do seu companheiro até ao fim. A 22 de Abril, Goebbels tinha mandado vir a família para o *bunker*. Gerda Bormann permaneceu na Baviera com os filhos, estando prevista a sua fuga para Itália através do Tirol.

Himmler tinha declarado em Janeiro de 1945 que os cobardes não mereciam a piedade das mulheres alemãs e que Berlim estava organizada para resistir até ao último homem, até à última pedra. Praticamente ninguém se rendia aos Soviéticos porque tinham medo de ser executados pelos SS ou pela *Feldgendarmerie,* que espreitavam as suas presas por detrás das linhas.

Desde Janeiro que os dirigentes sabiam que tudo estava perdido. Todavia, o sistema funcionou até ao fim nas cidades, destruídas em dois terços ou em três quartos. Os nazis denunciavam ao acaso os cobardes, os suspeitos e os inocentes que os SS fuzilavam ou enforcavam nos candeeiros de iluminação pública que ainda se mantinham de pé neste campo de ruínas, «para servirem de exemplo». O avanço dos Aliados fazia com que os campos de concentração se esvaziassem e os detidos fossem obrigados a marchar para a morte. Centenas de prisioneiros de guerra e de oficiais russos foram fuzilados bem como os presos políticos alemães ainda vivos.

Na manhã de 16 de Abril, enquanto a artilharia soviética cobria Berlim com um trovejar constante, Hitler leu o seu último comunicado radiofónico: «Pela última vez, o inimigo mortal judeu e bolchevique deu início ao seu ataque em massa [...] Tínhamos previsto este assalto e tudo está preparado para a construção de uma frente sólida. Uma poderosa artilharia acolherá o inimigo. As baixas da nossa infantaria serão preenchidas por forças frescas.»

Só este último ponto era verdadeiro: sobreviventes de Verdun e adolescentes de 14 e 16 anos foram enviados para a primeira linha. O general Reymann, que sobreviveu bastante bem à guerra, afirmou: «Não é preciso dominar o ofício das armas. Há que combater o inimigo atrás das linhas com uma fanática vontade de vencer. O mundo inteiro olha a batalha de Berlim que ainda pode inverter a situação».

A 29 de Abril, Goebbels lançou pela rádio: «Nós estamos de pé e permaneceremos firmes. Onde o *Führer* estiver está a vitória.» Mas no dia 1 de Maio, a rádio nazi transmitia o seu célebre comunicado segundo o qual «lutando até ao seu último alento contra o bolchevismo, o *Führer* caiu esta tarde no seu posto de comando na *Reichskanzelei*».

Mentiras até ao fim, como desde há 12 anos. O mais sórdido dos regimes da história alemã afundava-se a pique, fiel a si próprio. Os seus dirigentes tentaram sobreviver a qualquer preço, na vergonha e no desespero, fazendo nas últimas horas das suas vidas a prova da sua incapacidade, como acontecia desde 1933 e sacrificando inutilmente vidas humanas. Não se assistiu a um crepúsculo dos deuses, mas sim a um apocalipse infame.

Günsche e Linge não foram nem agredidos, nem torturados, nem ameaçados pelo NKVD. Não lhe foram extorquidas confissões mediantes promessas fictícias. Estaline queria informações precisas. Foram interrogados de 1946 até 1949, depois postos em liberdade já nos anos 50. Linge morreu dez anos mais tarde. Güsche ainda hoje vive mas não quer voltar a falar. As suas descrições da morte de Hitler são verídicas.

O ditador soviético queria ter a certeza que o seu adversário estava bem morto e sem qualquer possibilidade de se voltar a apresentar na cena política. Não era ele quem se servia de duplos para prevenir os atentados? Seria plausível que um sósia de Hitler tivesse sido morto no *bunker* e que o próprio *Führer* tivesse empreendido a fuga. Quando em 1960 a República Federal votou a imprescritibilidade dos crimes de guerra e contra a humanidade, foi em parte para evitar que se um dia Hitler reaparecesse não deixasse de ser presente à justiça. Esta sábia decisão permite em 1964 os retumbantes processos dos guardas de Auschwitz.

Estas incertezas alimentam os mitos. Viveria Hitler algures na América do Sul sob uma falsa identidade? Ou na Alemanha com um rosto diferente? Circularam as hipóteses mais mirabolantes, tanto mais que o *Führer* fora sempre sobrestimado, graças a uma hábil propaganda.

Na manhã de 30 de Abril de 1945, a *Reichskanzelei* é bombardeada pela artilharia soviética. Este sismo fez tremer o *bunker*. Hitler sai do seu quarto. A sua face é da cor da cinza, olheiras negras contornam-lhe os olhos, o braço esquerdo treme de tal forma que dá a impressão de que todo o seu corpo e cabeça são sacudidos por espasmos. Pelo menos desde 1944, Hitler sofre da doença de Parkinson, conforme indicava um diagnóstico pedido pelo general SS Schellenberg. Os cuidados fantasistas do seu médico pessoal, o Dr. Morell, e o regime estritamente vegetariano que seguia contribuíram para o agravamento do seu estado.

Bormann fala com o *Führer* no seu gabinete. O secretário particular sai para dizer a Günsche e a Linge que o *Führer* e Eva Braun se vão suicidar. É necessário encontrar gasolina para queimar os corpos. O chefe do corpo de guardas, Rattenhuber, e os dois pilotos de Hitler, Baur e Beetz, chegam e fazem perguntas, muito nervosos.

Hitler deixa o seu gabinete. Os homens fazem-lhe a saudação nazi. Ele não corresponde. Anuncia a todos que tinha decidido que o seu corpo deveria ser cremado. Ele não «quer ser exposto em Moscovo numa redoma de vidro». O seus fiéis protestam, tentam apertar-lhe a mão. Volta-lhes costas e reentra no seu escritório. Pouco depois, Eva Hitler, Braun de solteira, sai e despede-se de Linge e pede-lhe para que transmita à sua irmã Gretel, no caso de ele sair dali com vida, como o marido morreu. Depois foi ter com Magda Goebbels.

Eva Braun já se tinha tentado suicidar por duas vezes. A vida com Hitler foi difícil ao ponto de desejar a morte. Magda Goebbels pede para ver Hitler por uma última vez. Joseph Goebbels e a esposa tentam dissuadi-lo da sua decisão. Antes de regressar ao seu gabinete, Hitler diz a Linge e a Günsche para tentarem atravessar as linhas soviéticas e partirem para ocidente. «Mas porquê, *mein Führer*?» dizem eles. Hitler, sempre patético, diz após alguns segundos de silêncio: «Pelo homem do futuro.» Aperta a mão de Linge. Retira-se.

Eva Hitler segue-o alguns minutos depois. Após ter saído por uns instantes, Linge regressa e diz a Günsche: «Penso que agora tudo acabou» e diz a Bormann, que aguarda, mão pousada sobre a mesa e de cabeça baixa, que se sente o cheiro da pólvora.

Abre a porta e entra acompanhado por Bormann. Hitler está sentado à esquerda num sofá, morto. Perto dele, a mulher, igualmente no sofá, com as pernas encolhidas. Os seus sapatos de saltos altos estão no chão. Os lábios estão cerrados. Ela envenenou-se com cianeto. Um orifício do tamanho de uma moeda abre-se na têmpora direita de Hitler, o sangue corre-lhe pela face. No chão, uma poça de sangue. E de cada um dos lados das pernas de Hitler, as testemunhas encontram duas pistolas Walther, uma de calibre 7,65 e outra de 6,35 ([10]).

Tinha pregado ao seu uniforme, juntamente com o emblema em ouro do Partido Nazi, a Cruz de Ferro de 1.ª Classe e a Medalha dos Feridos da Primeira Guerra Mundial que usou sempre nos seus últimos dias. Pusera uma gravata preta, calçava sapatos pretos com peúgas pretas.

Linge e Bormann envolveram o corpo de Hitler numa coberta previamente estendida no chão. Pessoal das SS transportou os cadáveres para o pátio onde foram incinerados de forma algo atabalhoada. Não se sabe se Magda Goebbels envenenou ela própria os filhos ou se requisitou os serviços dos médicos das SS, Dr. Ludwig Stumpfegger e Dr. Helmut Lunz, para lhes meterem o cianeto na boca. O primeiro injectara-a primeiro com um narcótico. «Todos os soldados e todas as crianças recebem neste momento uma injecção», disse-lhes a mãe.

A filha mais velha, Helga, de 16 anos, está consciente do que se passa. Duvida que seja morta. Goebbels recusou confiar os seus filhos à Cruz Vermelha: «São os filhos de Goebbels», disse ele, «não têm qualquer hipótese». O seu último erro. Os filhos dos dirigentes nazis sobreviveram e não foram considerados responsáveis.

Os testemunhos recolhidos até aqui foram confirmados pela antiga secretária de Hitler, Traudl Junge, que a jornalista alemã Melissa Müller convenceu a falar antes da sua morte. O livro de ambas surgiu em 2002 com o título *Bis zur letzen Stunde* ([11]). Traudl, que quisera

---

([10]) Aproveitando o que hoje se sabe, a 5 de Junho de 1998 o antiquário americano Kevin Cherry vendeu duas pistolas, uma Walther PPK 7,65 e uma Walther 6,35 com as quais Hitler e a sua sobrinha e primeira amante, Geli Rauball, se teriam suicidado. Mas a autenticidade destas armas é duvidosa.

([11]) Traudl Junge/Melissa Müller, *Bis zur letzen Stunde*, Claassen Verlag, Munique, 2002 [*Até ao Fim – um Relato da Secretária de Hitler*, Dinalivro, Lisboa (*N. do T.*)].

ser bailarina, como a irmã, aproveitou uma oferta de empı Chancelaria do Reich para ir para Berlim, tendo acabado por faıᴸ na véspera da projecção da sua entrevista *No ângulo morto*, no Fes tival de Berlim de 2002. Ela conseguiu fugir do *bunker*, afastou-se de Berlim na companhia de um antigo detido de um dos campos de concentração, a quem ela jamais revelou o seu passado, tendo sido «desnazificada» sem problemas. Tornou-se jornalista científica e membro do partido social-democrata alemão (SPD). Com frequência, ocupava os seus tempos livres a ler textos a cegos e dedicou grande parte do seu tempo a tentar compreender que as suas graves depressões se deviam ao que tinha vivido nos anos entre 1943 e 1945. A sua personagem foi maravilhosamente recriada no ecrã em 2004/ /2005 no filme *Der Untergang* (*A Queda*), de Bernd Eichinger, que relata os últimos dias de Hitler, pela actriz germano-romena Alexandra Maria Lara, de 25 anos.

É o seu livro, juntamente com o de Joachim Fest, *Os Últimos Dias de Hitler* ([12]), que deram origem ao argumento deste filme que confirmou a um vasto público (4,5 milhões de espectadores alemães nos dois meses após a estreia, distribuído numa vintena de países, entre os quais França, Espanha, Portugal e Itália) que Hitler estava morto e bem morto apesar das atoardas sobre a sua mudança de identidade ou sobre a sua fuga num submarino. Anne de la Bachellerie, enfermeira francesa no III *Reich* foi testemunha a 5 de Maio de 1945, em Cuxhaven, de uma dessas farsas que é relatada nas suas memórias de guerra ([13]).

Até ao fim o regime fabricou lendas. O próprio Hitler acabou por seguir os conselhos do seu principal ilusionista, o Dr. Goebbels, ao rejeitar os apelos dos que o ajudariam a fugir para o seu reduto alpino e ao decidir acabar em Berlim. Goebbels pretendia um fim heróico. No dia 2 de Maio, fez difundir na rádio a sua última patranha: «À cabeça dos defensores heróicos da capital do Reich, o *Führer* caiu. Animado pela vontade de salvar o seu povo e a Europa do

---

([12]) Joachim Fest, *Der Untergang. Hitler und das Ende des Dritten Reichs. Eine historische Skizze*, Alexander Fest Verlag, Berlim, 2002.

Igualmente deverá ser lido *Hitler. 1936-1945* de Ian Kershaw.

([13]) Anne de la Bachellerie, *La corde de piano*, Editions DiversGens, Bistrita, Roménia, Março de 2005. Esta jovem que trabalhou na base de submarinos alemães em Bordéus foi envolvida pelo chefe da *Abwehr*, almirante Wilhelm Canaris, na sua luta contra a *Gestapo* e viu a guerra chegar ao fim como enfermeira internacional na Alemanha. Vive hoje em Bordéus.

bolchevismo, ele sacrificou a sua vida». Teria ainda acrescentado: «Dentro de cem anos, será rodado um filme sobre a sua morte, e o nosso movimento renascerá». Não foi preciso esperar um século para mostrar quão lamentável e sórdida foi a morte deste demiurgo que fez tremer a Europa e tinha 50 milhões de mortos.

1. Chegada de judeus húngaros a Auschwitz em 1944. A «selecção» (AKG).

2. Portão da entrada principal de Auschwitz encimado pela tristemente célebre frase («O trabalho liberta»), que procurava banalizar e moralizar o inominável (BPK).

3. Heinrich Himmler, grão-mestre da «Ordem Negra», inspecciona o campo de Dachau a 8 de Maio de 1936 (AKG).

4. Joachim von Ribbentrop, ministro dos Negócios Estrangeiros do *Reich* apresenta o seu relatório a Hitler após regressar de uma viagem à URSS. Em segundo plano pode ver-se o conselheiro de embaixada Gottfriedsen (de óculos) que em 1945 acompanhou o ouro para a Áustria (Ullstein Bilderdienst).

5. Adolf Eichmann no banco dos réus durante o seu julgamento em Jerusalém (11 de Abril a 15 de Dezembro de 1961) (AKG).

6. Um homem marcado, mas não pelos remorsos: Joseph Mengele, «o anjo da morte», em Bertioga, no Brasil, durante os anos 70 (AKG).

7. O executor testamentário de Hitler, Martin Bormann, «o secretário» (AKG).

8. O *bunker* do *Führer* em Berlim (AKG).

9. «Gás tóxico». Trata-se de Zyklon B, utilizado nas câmaras de gás sob a forma de cristais volatilizáveis em contacto com o ar (BPK).

10. Edifício da IG Farben em Frankfurt (AKG).

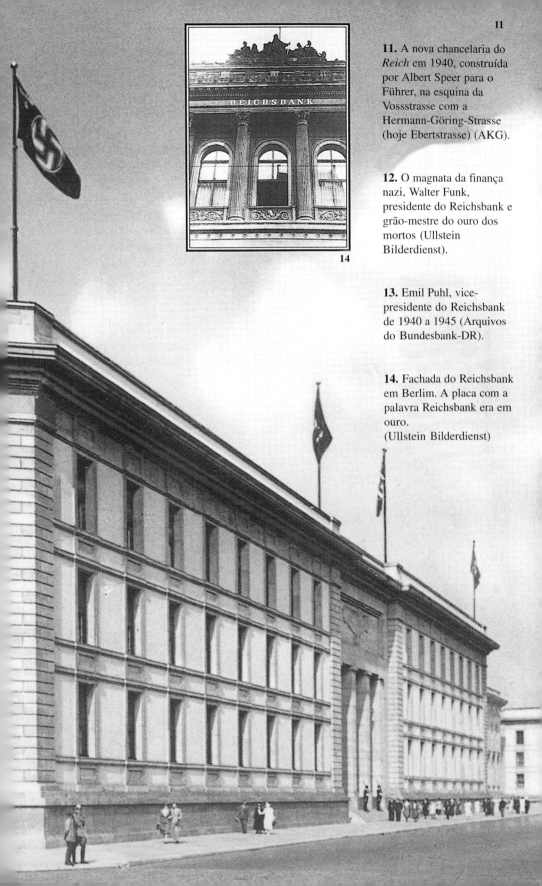

11. A nova chancelaria do *Reich* em 1940, construída por Albert Speer para o Führer, na esquina da Vossstrasse com a Hermann-Göring-Strasse (hoje Ebertstrasse) (AKG).

12. O magnata da finança nazi, Walter Funk, presidente do Reichsbank e grão-mestre do ouro dos mortos (Ullstein Bilderdienst).

13. Emil Puhl, vice-presidente do Reichsbank de 1940 a 1945 (Arquivos do Bundesbank-DR).

14. Fachada do Reichsbank em Berlim. A placa com a palavra Reichsbank era em ouro.
(Ullstein Bilderdienst)

15. Nos cofres do Reichsbank em Berlim (fotografia publicada em 1941 no *Signal*) (AKG).

16. Alianças em ouro de detidos descobertas após a libertação do campo de Buchenwald a 11 de Abril de 1945 (AKG).

17. Soldados do 3.º Exército do general Patton descobriram numa mina de potassa, na Turíngia, parte do saque nazi (AKG).

18. Fritz Haber, um grande sábio, produto do império guilhermino e vítima da sua própria cegueira (Ullstein Bilderdienst).

19. Hjalmar Schacht, o «genial» banqueiro e economista que compreendeu demasiado tarde onde estava metido (Ullstein Bilderdienst).

20. Karl Blessing, alto responsável do *Reichsbank*, depois director da Continental de Petróleos, foi preso pelos Americanos antes de se tornar no primeiro director do Bundesbank (Ullstein Bilderdienst).

21. O vienense Herbert Herzog, que microfilmou os documentos do Reichsbank (*Profil*).

22. Simon Wiesenthal no seu escritório de Viena (Ullstein Bilderdienst).

23. Ignatz Bubis, presidente da Comunidade Judaica Alemã desde 1992, aquando da inauguração na gare Berlin-Grunewald de uma placa em memória dos judeus berlinenses enviados para a morte (Ullstein Bilderdienst).

1

O Secretário de Mefistófeles

Os restos mortais de Bormann não foram encontrados dentro do *bunker*. Tendo concluído o trabalho, como bom servidor que era, procurou pôr-se ao largo, mas acabou por cair nas mãos de uma patrulha soviética; tendo sido reconhecido por outros fugitivos, trincou a cápsula de cianeto que todos os dirigentes nazis traziam consigo nos últimos meses de guerra. Pelo menos continua a pairar um mistério sobre as circunstâncias do seu «suicídio».

Assim, um Bormann foi reaparecendo regularmente nos *media*. No dia 1 de Outubro de 1946, o Tribunal de Nuremberga condenou-o à morte à revelia. Em 1970, o procurador de Frankfurt declarou-o oficialmente falecido depois de desde o fim da guerra terem sido seguidas pelo menos 6400 pistas que não conduziram até ele.

Bormann é a personagem do III *Reich* sobre a qual mais perguntas se colocam hoje em dia. Este potentado do regime, de rosto redondo e aspecto indolente, crânio hipertrofiado, lábios carnudos de amante da vida e nariz achatado de animal farejador, denunciando inclinações materialistas mas também uma grande inteligência, tinha engordado no apogeu da sua carreira. Usava o seu uniforme da cruz gamada à moda de um Göring em miniatura e parecia algo apatetado ao lado de Hitler, mais e magro e mais alto que ele.

A partir de 1943, tornou-se num dos três ou quatro principais dirigentes do nazismo, ou seja, nos últimos anos, o número dois do regime, o homem que seguia Hitler como uma sombra e que tomava notas das propostas que o *Führer* fazia à mesa ou enquanto passeava para depois lhe fazer os discursos e as actas. A carreira fulgurante de Bormann e a decadência física e mental do seu mestre, as semidesgraças de Himmler e de Göring, fizeram dele o dono *de facto* do III *Reich*.

É difícil conhecer bem esta personagem complexa. Simultaneamente factótum burocrático e eminência parda que manipulava o semilouco depressivo e mitómano em que Hitler se tornara, o chefe da Chancelaria dominava a situação e não era tolo, como o provam certas disposições que tomou quando viu aproximar-se o fim do regime.

Terá ele mudado de comportamento nos últimos meses da guerra? E este nazi fanático, anticomunista e anticlerical até à medula, ter-se-á convertido? A 28 de Março de 1945, Josef Goebbles escreveu no seu diário: «Bormann não tem preenchido as expectativas que depositava nele no que respeita à radicalização da guerra.» O seu filho mais velho, Martin, nascido em 1930, e que tinha «Adolf» como segundo nome próprio, que abandonou entretanto, recebeu uma carta em Março de 1945, o último sinal de vida deste pai que tanto o amava e que lhe chamava *Kronprinzi*, ou «príncipe herdeiro». Segundo o filho, esta mensagem não exprimia nenhum arrependimento e, pelo contrário, dizia que «a guerra ainda poderia ser ganha». «Não sei se isso era o que ele sinceramente pensava ou se se tratava simplesmente de propaganda», comenta hoje Martin Bormann filho.

Teria sido completamente sincero com este jovem, numa carta que corria riscos de ser interceptada? Desde 1939 que Bormann idolatrava Hitler, desde que passou a ser um dos seus próximos. «Para ele era uma quase religião», relembra o filho. Bormann tinha dito a seu filho durante o Verão de 1943 que após a guerra se retiraria da política e se iria instalar na sua propriedade no Mecklenburg para reflectir sobre a purificação da doutrina nazi, por um regresso aos ideais primitivos. Bormann queria fazer do nacional-socialismo uma doutrina estruturada à semelhança do marxismo.

Sempre segundo o filho, o mentor oculto do III *Reich* fizera sua a máxima de Immanuel Kant que diz que o homem não pode «ser considerado um meio mas um fim». Os seus actos estiveram contudo em perfeita contradição com este «imperativo categórico» do idealismo alemão. Duros, violentamente anticlericais e anti-semitas, ele e a esposa Gerda foram nazis fanáticos. Ainda em 1944 ele escrevia à mulher que «o poder dos judeus assustava-o e que a própria guerra não tinha conseguido enfraquecer esta raça porque ela travava as suas guerras com dinheiro e não com sangue». Mais adiante, acrescenta: «A doença e a porcaria não conseguem eliminar estes parasitas. Como poderão então ser destruídos em massa?»

Enclausurada com os seus nove filhos e outras famílias dos dignitários do regime no gueto luxuoso dos dirigentes nazis, em Obersalzberg, na Baviera, Gerda Bormann com toda a certeza nunca tinha visto um campo de concentração. Quando estava em fuga, sob o nome de Bergmann, no Alto Ádige, com oito dos seus filhos, morreu de cancro em Março de 1946, no hospital militar americano-britânico de Meran, depois de ter pedido a assistência do padre católico Theodor Schmitz. Ela, que se tinha separado da igreja protestante para se tornar nazi, copiou para o seu diário, pouco antes da sua morte, o poema de Nietzsche: «A um Deus Desconhecido».

A amante de Bormann, Manya Behrens, filha de mãe checoslovaca e de um advogado de Dresden e actriz a trabalhar para a empresa cinematográfica UFA desde 1936, relatou que com a idade de 22 anos tinha «longas conversas sobre Deus» com o seu amante. Ela, que usava ao pescoço uma medalha com o Menino Jesus de Praga, confirmou ter tomado conhecimento com agrado que em 1944-1945 ele tinha moderado o seu «extremismo» e que enviara um dos seus homens ao Vaticano para colher as boas graças do Papa.

Como outros dirigentes nazis convertidos à poligamia, Bormann dividia-se num triângulo amoroso entre Gerda e Manya, na medida em que as suas actividades ao serviço de Hitler lhe deixavam tempo livre. À boa maneira nazi, ele defendia a ideia que era necessário repovoar a Alemanha e legalizar a bigamia masculina por força das perdas de homens em combate. Este comportamento enquadrava-se no pragmatismo veiculado pelo Partido.

Nascido em 1900, membro do Partido Nazi desde 1927, Bormann começou a fazer-se notar dentro do Partido ao organizar no princípio dos anos 30 a «caixa de auxílio» que angariava fundos destinados aos militantes do Partido feridos em batalhas de rua ou às suas famílias se fossem mortos. No decurso de recontros com os comunistas e com a polícia, os nazis perderam 400 homens.

Bormann fora o gestor dos fundos de origem privada da caixa do Partido e depois da pequena caixa privada do *Führer*. Mais tarde, Hitler confiou-lhe a missão de observar o estilo de vida dos altos dignitários nazis e tornou-o seu adjunto após a defecção de Rudolf Hess. Bormann passou assim a ser o espião de Hitler no seio do movimento nazi e sobretudo o homem que conhecia tudo sobre os dinheiros do Partido. Ele negociou por uma ninharia a compra do ninho da águia de Hitler na Obersaltzberg, em Berchtesgaden, ao expulsar sem indemnização os proprietários e os camponeses dos arredores.

Uma promoção atraía sempre uma outra, pelo que a partir de 1943 Bormann tornou-se secretário pessoal do *Führer* e encarregado dos seus assuntos privados. Finalmente, quando o «*Reich* milenar» sucumbia sobre o furacão que havia desencadeado, Bormann foi o seu executor testamentário.

Quando em 1972 foi descoberto um esqueleto em Berlim identificado com os meios existentes à época como sendo o de Bormann, as especulações sobre a sua sobrevivência deveriam ter cessado. Mas continuaram, nomeadamente por causa do dinheiro. A procuradora de Frankfurt, Hildegard Becker-Toussaint, admitiu que os inúmeros pedidos de reconhecimento da paternidade apresentados depois da descoberta das ossadas de Bormann eram muito pouco desinteressados. «Não temos qualquer indício que nos permita saber onde Bormann terá depositado o dinheiro», afirmava ela. «Seguramente que está muito dinheiro em jogo. No entanto, Bormann nada deixou destinado à educação do filho. O pastor protestante que o educou mal tinha para comer, fundamentalmente no período que se seguiu ao fim da guerra. De qualquer das formas, o pastor nada sabe. É possível que Bormann tenha indicado a outras pessoas onde o ouro ou o dinheiro estavam escondidos, mas não a este pastor.»

Como provavelmente François Genoud, que talvez lhes tenha dado uma utilização diferente da que o secretário de Hitler tinha previsto? Se alguém soubesse alguma coisa seria este financeiro suíço, este homem fora do vulgar que o seu biógrafo Karl Laske definiu como se situando algures «entre Hitler e Carlos». Este «nacional-socialista suíço» que financiou depois da guerra a extrema-esquerda terrorista, mas também a defesa de Klaus Barbie em Lião, levou o segredo consigo para a tumba ao ingerir em 1996, com 81 anos, na sua casa de Pully, perto de Lausana, um delicioso *cocktail* envenenado da sua autoria. «Morreu como sempre desejou – sem deixar uma carta de despedida», declarou a filha.

Este homem que tanto sabia escolheu para morrer a data de 30 de Maio de 1996, aniversário do dia em que encontrara, sessenta anos antes em Budapeste, a judia Klari por quem se apaixonou. No entanto, este cidadão helvético cheio de contradições de quem nunca se soube se pertencia à extrema-esquerda ou à extrema-direita, jamais escondeu a sua admiração por Hitler. Não dizia ele, no fim da vida: «Hitler foi o meu herói – e ainda o é!»

O «banqueiro negro», como chamavam a Genoud, adorava os extremos. Com 15 anos, foi pela primeira vez à Alemanha. Depois, encontrou-se duas vezes com Hitler e espiou para a *Abwehr*. Mas o mais provável é ter sido durante a guerra um agente duplo, alternadamente ao serviço do III *Reich* e de Moscovo. Se sobreviveu à guerra sem ser estorvado e sem problemas de dinheiro, isso deve-se ao seu amigo Paul Dickopf.

Este polícia alemão, promovido a *Untersturmführer SS*, trabalhava no gabinete do almirante Canaris em Estugarda. Em Julho de 1943, Dickopf passou-se para a Suíça, com os bolsos carregados de dinheiro e de documentos, para se encontrar com Genoud. Esta iniciativa valeu-lhe ser apelidado de desertor, e depois resistente, pois uma vez em Berna ofereceu os seus serviços ao representante diplomático americano, Allen W. Dulles. Isto valeu-lhe uma bela carreira após a guerra. Foi nomeado director da polícia federal alemã BKA em 1965, e terminou como director da Interpol no período de 1970 a 1973.

Dickopf tinha garantido a retaguarda na Alemanha. Transmitia informações para Munique, dirigidas à chancelaria de Martin Bormann. Na cidade bávara, Dickopf tinha um amigo, um certo Ludwig Wemmer (1909-1991) que tinha trabalhado com ele em Estugarda e estivera durante sete anos em Munique. Wemmer era no Partido Nazi também o homem oficialmente indicado para a «luta ideológica contra a Igreja».

Assim, foi colocado na Baviera na proximidade dos seus adversários católicos, que acabou por conhecer bem e de quem se aproximou. Wemmer tinha 34 anos quando Bormann decidiu, em Julho de 1943, no momento em Dickopf se passou para a Suíça, enviá-lo como embaixador junto do Vaticano.

Bormann entrou em choque com o Ministério dos Negócios Estrangeiros de Joachim von Ribbentrop. Este teria preferido enviar para Roma um diplomata com mais veterania no cargo, o secretário de Estado Ernst von Weizsäcker. Bormann impôs Wemmer a Weizsäcker como colaborador. Wemmer devia conduzir os contactos com o Vaticano em nome de Bormann. Weizsäcker anotou que Wemmer fora recebido em audiência pelo soberano pontífice, Pio XII; o diplomata fora ultrapassado por Bormann. Wemmer levava consigo propostas de conciliação.

O sucessor de Rudolf Hess junto de Hitler teve a prudência de nunca ir ele próprio em missão, antes enviar alguém da sua confiança. Roma reagira com mais subtileza do que os Britânicos em 1941 quando Hess saltou de pára-quedas sobre o seu território. É verdade que Bormann era seguramente mais inteligente que Hess. Após a derrota alemã, Wemmer foi preso pelos Aliados, mas libertado graças aos bons ofícios de um prelado que o acompanhou até à Sicília. Dali, regressou à sua querida Suábia, via Lião, Paris e Augsburg, num avião americano. Durante o Verão de 1945, regressou a Roma para esvaziar uma conta bancária que alegadamente tinha deixado no Banco do Vaticano.

Tudo isto sugere que Bormann fizera, por intermédio dos seus emissários, contactos que se podem considerar ambíguos, com a Suíça, com os Americanos e com Roma. E se forem tomadas em consideração as declarações da sua amiga, a actriz Manya Behrens, fica-se a saber que um seu parente fazia parte da Orquestra Vermelha. Será que Manya tinha conhecimento?

A partir de 1945 ela fez carreira na Alemanha de Leste, desempenhando mais tarde grandes papéis nos melhores palcos da «capital da RDA», no Volksbühne e no teatro Máximo Gorki. Que ela tenha estado muitas vezes em Obersalzberg, no ninho da águia de Hitler, parece não ter causado grande preocupação os seus novos amos. Casou-se com o cenarista Karl van Appen (1900-1981), que como comunista passara seis anos num campo de concentração. Ela censurava-o por «nunca rezar».

Esta piedosa dama teria aprovado o comportamento de Theodor Schmitz, esse padre católico que esteve prestes a dar a extrema-unção a Gerda Bormann em Merano, no ano de 1946. Pois Schmitz, conselheiro episcopal em Berlim Leste depois da construção do Muro em 1961, tornou-se em 1979 vigário-geral dos católicos alemães orientais. Em 1945 ocupou-se dos filhos de Bormann que a mãe dispersara por várias famílias camponesas do Alto Ádige que ignoravam completamente a sua origem. Antes de morrer, ela pediu-lhe para os adoptar e educar.

O pai tinha expressamente desejado que os filhos, e em particular o mais velho, fossem educados na religião católica e não na ideologia nazi, como nos confirmou a procuradora-geral adjunta de Frankfurt. A senhora Becker-Toussaint precisa a última vontade de Bormann: «Queria que os filhos crescessem num ambiente completamente estranho à ideia nazi.» Durante os seus primeiros anos as crianças não deviam saber o que o pai havia feito. Mas Martin, que já tinha 16 anos aquando do Julgamento de Nuremberga, compreendeu tudo imediatamente quando do pai foi condenado à morte à revelia. Na época, ele considerou este julgamento iníquo. Acreditava que o pai ainda estava vivo.

Martin Bormann filho foi tão bem educado na fé católica que acabou por ser ordenado padre. Após um grave incidente, regressou de África, onde tinha estado durante largos anos como missionário. De regresso à Europa, abandonou o sacerdócio para se casar. No seu gabinete de reformado, a primeira coisa que sobressai é um retrato de seu pai. Ele deseja cumprir com o 4.º Mandamento da Lei de Deus: «Amarás o teu pai e a tua mãe...» e confia no que o profeta Isaías diz no Antigo Testamento para esperar que os pecados do secretário de Hitler lhe sejam perdoados. Este homem distinto, com um rosto nobre e um pouco triste não tem qualquer semelhança, mesmo ténue, com Bormann, mas sim com a mãe, de quem herdou a beleza.

Pacifista, altruísta, idealista, Martin Bormann filho encontra-se regularmente com um grupo de filhos de criminosos de guerra, como ele, criado pelo psicólogo israelita Dan Bar-On. Ainda está marcado pela recordação daquele que entre 1930 e 1939 foi o companheiro permanente da sua infância e que depois fisicamente desapareceu, tragado pelo turbilhão da política nazi. Entre 1939 e 1945, Bormann não passou mais de quinze dias com os filhos.

Talvez nunca venhamos a ter um esclarecimento completo sobre os canais por onde foi tragado o dinheiro de Bormann pai e sem dúvida também os documentos. Gerda Bormann e os filhos fugiram para a Áustria em direcção ao Alto Ádige, sob a protecção do *Gauleiter* Franz Hofer, que gabava a «fortaleza dos Alpes», mas que fizera já contactos com agentes americanos. É neste momento que aparece em cena o suíço Genoud para levar algumas caixas que os fugitivos carregavam «inutilmente».

Genoud surgiu não se sabe donde, numa enorme viatura com matrícula francesa. O governo de Vichy já se encontrava em Sigmaringen. Quem lhe pediu para se encarregar daquelas caixas? Seguidamente, publicou o diário de Goebbels e excertos da correspondência privada de Bormann, garantindo que os originais lhe tinham sido entregues pelo editor italiano Edilio Rusconi. Há quase a certeza que este tenha recebido algumas «recordações» de Gerda Bormann. Mas tratava-se de vinte aguarelas dos tempos de juventude de Hitler que estiveram expostas em 1984 no Palazzo Vecchio em Florença, um ano após a morte de Rusconi.

Aquelas publicações renderam algum dinheiro a Genoud. Como Gerda Bormann tinha nomeado o abade Schmitz seu herdeiro universal, Genoud entregou ao padre alguns tostões. Por exemplo, em

1949, após o baptismo de um dos filhos de Bormann em Lubeque, algumas centenas de marcos. Dá ideia que Genoud ou recebeu ou se apossou do dinheiro de Bormann e que não o entregou a quem dele tinha direito, antes o guardou para as suas próprias operações.

Bormann sabia que, graças às relações desenvolvidas por Dickopf e Wemmer, Genoud e outros iriam sobreviver à tormenta que viria a abalar o III *Reich*. Estaria Hitler ao corrente? Provavelmente Bormann terá agido à revelia do seu patrão. Com quem mais teria este homem estranho feito outros pactos?

Simon Wiesenthal, que investigou longamente, sem sucesso, o ex-adjunto de Hitler, contou-nos que «os Soviéticos faziam circular regularmente falsas informações sobre ele». Com que finalidade? «Era um método usado pelas "fontes soviéticas" para fazer crer em todos os países de Leste que ainda havia perigo do regresso dos nazis. Naquela época eu não ia aos países de Leste. Mas em 1946 as autoridades checas convidaram-me, dizendo que me iriam entregar documentação.» Quando chegou um funcionário aproximou-se e disse-lhe: «Não sou comunista, mas tenho de fazer o meu trabalho», juntando à laia de confidência: «Os comunistas jamais permitirão que um Bormann regresse à Alemanha e reocupe o nosso país.»

Wiesenthal não se deixou enganar, compreendendo que com a ajuda do nome Bormann Moscovo mantinha acesa a lenda do «revanchismo» nazi. «Eu próprio», prosseguiu ele, «escrevi que afirmavam que tinha sido avistado no Chile e na Argentina. Num dos meus livros, dediquei-lhe um capítulo porque confiava de algum modo nessas fontes. Isto só terminou em 1970 quando os Alemães concluíram com Moscovo um tratado de amizade. A partir desse momento, o nome de Bormann nunca mais foi encontrado num jornal comunista.» A desinformação soviética serviu-se deste espantalho para justificar a presença do exército russo na Europa que ele supostamente deveria proteger.

A propósito da personagem mais curiosa da clique nazi tudo pode ser imaginado. Teria sido um agente dos Soviéticos ou o honrado correspondente da rede suíça *Viking Line*? Pensa-se que as preciosas informações fornecidas por esta rede, que nunca foi descoberta pela *Abwehr*, tinham origem nos mais próximos de Hitler. Mas estas indicações eram mais de carácter militar que político. Em todo o caso parece terem existido acordos com o Vaticano para garantir uma porta de saída para os nazis após a derrota. Adiante veremos que ele próprio não beneficiou dela.

2

A Operação Terra do Fogo

A 10 de Agosto de 1944, na Estrasburgo da era alemã, industriais germânicos, dignitários nazis e representantes do Crédit Suisse e do Banco Comercial de Basileia encontraram-se no hotel Maison-Rouge, acabado de ser renovado.

Foi comunicado que um agente americano tinha interceptado correspondência que Emil Puhl, número dois do Reichsbank, enviara ao seu presidente Walther Funk, dando-lhe conta do «prosseguimento de certos pagamentos». Esta fonte teria inspirado ao autor inglês Frederick Forsyth o seu romance e o filme *O Dossier Odessa* (*) que relatam a fuga dos nazis para a América do Sul.

Mas parece mais que Forsyth lera o capítulo 5 do livro de Simon Wiesenthal, *The Murderers Among Us* (**), publicado em 1967. No filme realizado a partir do romance de Forsyth, o actor que desempenha o papel de Wiesenthal afirma que os bens dos nazis estão provavelmente escondidos em caves de Zurique e de Basileia. Uma frase premonitória, vinte anos antes da descoberta do ouro nos bancos suíços.

Wiesentahl cita no seu livro o relatório de um agente da «segunda repartição» francesa especialista em questões da França ocupada. É este texto, e não a pretensa informação de um agente americano, que dava conta dos conciliábulos ocorridos a 10 de Agosto de 1944 no hotel de Estrasburgo.

(*) Título original: *The Odessa File*; edição portuguesa: *Odessa*, Livros do Brasil, Lisboa, 1984, Colecção Dois Mundos. (*N. do T.*)

(**) Edição portuguesa: *Os Assassinos Entre Nós*, Lisboa, Portugália Editora, 1968, Colecção Documentos Humanos. (*N. do T.*)

Os Alemães presentes falaram dos bens de que se tinham apoderado, bem como dos planos e resultados das investigações sobre esses mesmos bens, e da melhor forma de os esconder para que não caíssem nas mãos dos Aliados.

O *Obergruppenführer SS*, Dr. Scheid, director da sociedade Hermansdorff und Schenburg, presidiu a este encontro. Segundo ele, era preciso fazer sair de França todos os bens industriais, dado a batalha de França estar perdida, devendo refugiar-se na Linha Siegfried.

Scheid acrescentou que a indústria alemã devia compreender que a guerra não podia ser ganha e que era necessário preparar uma campanha comercial para o pós-guerra. Cada industrial deveria entrar em contacto com empresas estrangeiras e firmar alianças a título individual, sem chamar demasiadamente as atenções. Seria também necessário estarem na disposição de investir somas consideráveis no estrangeiro.

Dizia este industrial nazi que «a partir de agora o governo alemão devia emprestar aos industriais somas consideráveis de dinheiro para que estes possam constituir fundos de segurança no estrangeiro. As reservas financeiras existentes no estrangeiro devem ser postas à disposição do Partido para que se possa criar um império alemão sólido após a derrota. Torna-se necessário que as grandes fábricas alemãs criem no estrangeiro pequenos departamentos de investigação técnica totalmente independentes, sem qualquer relação com a fábrica [...] A partir do momento em que o Partido Nacional volte a ser suficientemente forte para restaurar a supremacia da Alemanha, os industriais serão recompensados pelos seus esforços e pela sua cooperação mediante a outorga de concessões e de encomendas.»

Durante a guerra, a exportação de capitais estivera estritamente interdita. Esta interdição devia ser suspensa a fim de se executar «uma nova política nazi pela qual os industriais exportarão tanto quanto possível os seus capitais com a ajuda do governo». Este homem que não tinha dúvidas acrescentava: «As anteriores exportações de capitais alemães para países neutros foram realizadas de forma clandestina e por força de relações especiais. Agora, o Partido Nazi apoia os industriais e incentiva-os a obterem fundos fora da Alemanha para criarem postos avançados do Partido tendo em vista as operações do pós-guerra. Os industriais alemães não deverão só adquirir propriedades agrícolas na Alemanha mas também colocar os seus fundos no estrangeiro, em particular em países neutrais. Dois grandes bancos

A Operação Terra do Fogo

pelos quais se podem fazer estas exportações de capitais são o Basler Handelsbank e o Schweizerisch Kreditanstalt de Zurique. Existem também algumas agências na Suíça que ali vendem propriedades cobrando uma comissão de 5%.»

Com o aproximar da capitulação, em Março e Abril de 1945 Emil Puhl foi obrigado a apreciar todos estes projectos. Seguiu para a Suíça, onde permaneceu durante cinco semanas, nunca se escondendo, antes frequentando assiduamente os «meios suíços», ou dito de outra maneira, bancários, com os quais fizera negócios durante nove anos. Os banqueiros suíços não viam nele o nazi fanático que era, mas um colega apreciado pela sua competência e cordialidade. Foi por indicação sua que em Abril de 1945 os Suíços acabaram por adquirir a última quantidade de ouro vendida pelo Deutsche Reichsbank.

Por fim, Puhl dirigiu-se a Constança para se encontrar com os Americanos. Estava convencido que fariam dele o presidente do novo banco do Estado alemão. Em lugar de lhe fazerem essa gentileza, enfiaram-no numa prisão. A partir do seu cárcere, Puhl serviu como testemunha contra os seus amigos suíços, obrigando-os a restituir uma parte do seu ouro, eles que tinham nele depositado uma confiança quase total.

Quando Himmler tomou consciência do carácter irrevogável da derrota, em 1943, a *Gestapo* acelerou a caça ao ouro e aos valores a fim de preparar a reinstalação de dirigentes nazis no Médio Oriente e na América do Sul. Estes saques de guerra foram executados por equipas de agentes especializados chamadas *Devisenschultzkommando* (grupo de protecção de divisas), operando no seio da *Wehrmacht* sem conhecimento dos seus comandantes, à semelhança dos pelotões de execução da *Gestapo* e do SD que seguiam atrás da intendência.

Até nas tropas do marechal Erwin Rommel a *Gestapo* tinha instalado um *Devisenschultzkommando* encarregado de desencantar numerário, e que seguiu sempre o *Afrika Korps* durante as suas operações para fazer a colheita. A «raposa do deserto» seguramente que não estava ao corrente.

Infelizmente para os nazis, o tesouro reunido por este destacamento de guerra, especializado em assaltos à mão armada, afundou-se no Mediterrâneo, ao largo de La Spezia, quando era transportado por barco. Encerrado em seis caixas de madeira envoltas em cintas de ferro, compunha-se de moedas de ouro, lingotes de ouro e de platina, peças de ourivesaria, pedras preciosas e quadros de Chagall e

Picasso. Parte destas riquezas tinham sido retiradas aos judeus do Norte de África a título de resgate.

Mas também houve transferências privadas. Além do ouro «oficial», proveniente das transacções do Reichsbank, numerosos dignitários e beneficiários do III *Reich* tinham depositado os seus valores na Suíça, fosse para os fazer render, fosse como medida de precaução em caso de a guerra correr mal. Entre eles, os arquivos americanos abertos em 1996 – relativos a 30 de Outubro de 1945 – referem um tal Richard Holtkott de Colónia, especialista em desvio e compra de bens pertencentes ou que tinham pertencido a judeus. Não operava unicamente na Alemanha, mas também na Polónia, Noruega e Checoslováquia. A fortuna considerável que assim realizou foi reinvestida na Suíça em numerosas empresas, nomeadamente em Zurique.

Em Julho de 1996, um relatório dos arquivos americanos inflamou a polémica ao indicar que os depósitos privados alemães só na cidade de Basileia tinham atingido 114,5 milhões de francos suíços repartidos por vinte e quatro instituições de crédito. Outro relatório dos serviços de informações americanos, datado de 10 de Dezembro de 1941 e publicado no Outono de 1996, afirma que o total dos depósitos alemães era na realidade três vezes mais elevado.

Este último documento avança que os dignitários do nazismo «possuem fortunas», mas que «mesmo a arraia miúda dispõe de somas consideráveis, a saber, mais de um milhão de francos suíços». O mecanismo de colocação do dinheiro estava bem afinado. Primeiro as contas eram abertas em dólares, depois eram mudadas para francos suíços, depois ainda muitas vezes transformadas em ouro que era depositado nos cofres «no caso de…». O anonimato era garantido e os clientes utilizavam muitas vezes pseudónimos. Os serviços americanos conseguiram no entanto as listas nominais.

A publicação do rol das contas órfãs pela Associação Bancária Suíça em 1997 corroborou esta hipótese. Alguns nomes eram mais que suspeitos. Ao lado de um cunhado de Franco, encontravam-se os dignitários nazis. O que fez pensar que as relações entre a Suíça e os dirigentes do III *Reich* talvez tenham sido mais íntimas do que até ali se pensava. Também foi nomeada uma comissão independente, chefiada pelo antigo presidente do banco central americano, Paul Volcker, destinada a esclarecer estes enigmas.

Para além dela, uma comissão de historiadores, presidida por Jean--François Bergier, de Zurique, foi «encarregada de esclarecer o comportamento da Suíça durante a Segunda Guerra Mundial, o ouro pilhado pelos nazis, as obras de arte espoliadas, os ganhos obtidos pela "arianização" das empresas». Foram-lhe concedidos cinco anos para rescrever a História que foram utilizados para investigar as listas suíças e para as comparar com as americanas e elucidar o que se escondia por detrás de alguns pseudónimos, não havendo a certeza de que tudo possa ser decifrado.

Uma parte do ouro dos nazis foi encaminhada para paragens mais distantes. O que ficou serviu para garantir uma retirada protegida aos ladrões em fuga, entre eles Adolf Eichmann, Josef Mengele, Josef Schwammberger, Franz Stangl e Alois Brunner.

No fim da Guerra, quando o destino da Alemanha já estava ditado, Martin Bormann, montou a operação Terra do Fogo, a *Aktion Feurland*, destinada a evacuar o ouro e os valores com destino a «países seguros» como a Argentina. Esta designação foi escolhida porque as primeiras caixas com metais preciosos deveriam ser depositadas na ilha do arquipélago de Magalhães que dá por esse nome, bem no sul do continente americano.

Com a intenção de encontrar no estrangeiro um refúgio para os ideais do III *Reich*, Bormann previra escapatórias de recurso. Persuadiu Emil Puhl a transferir uma parte da conta Max Heilinger, onde estava depositado o ouro dos campos de concentração, para o departamento económico do NSDAP, dirigido pelo seu acólito Erich von Hummel. No princípio de 1944, Bormann tinha assinalado a importância desta conta sob pseudónimo. Em meados desse mesmo ano, quando Berlim teve a certeza de que o desembarque na Normandia não era uma manobra de diversão, comboios alemães e depois suíços encaminharam o ouro para Espanha e Portugal, via Suíça, mas também através de França, em princípio para comprar ligas metálicas, armas e munições, para continuar a guerra, mas igualmente para ser embarcado em submarinos no porto de Cádiz.

Na revista *Historia*, Remi Kauffer referiu o nome dos três agentes alemães que negociaram o embarque destes preciosos carregamentos: o general Wilhelm Faupel, antigo director do Instituto Latino-Americano, na altura colocado em Madrid num posto diplomático; o capitão de fragata Dietrich Niebuhr, ex-adido naval alemão em Buenos Aires expulso em 1942 em razão das suas actividades de espionagem (era o financiador das redes da *Abwehr*), e por fim Gottfried Sandstene, referenciado pelo Intelligence Service como agente alemão na Argentina. Sempre segundo a exposição de Kauffer, os submarinos carregados com o ouro atravessaram o Atlântico e foram descarregados discretamente, mas não o suficiente para escaparem aos serviços de informações argentinos. As redes nazis na Argentina, no Brasil e na Bolívia estavam bem guarnecidas e Bormann tinha conhecidos seus a operar nelas. Mas, depois de Junho de 1944, os resistentes franceses passaram à ofensiva e a via terrestre tornou-se demasiado perigosa. As caixas com o ouro foram então transportadas para Espanha por via aérea.

O destinatário dos submarinos na Argentina era Rudolf Freude, aliás Ludovico, titular de dupla nacionalidade alemã e argentina, embaixador oficioso do *Reich* em Buenos Aires e chefe da espionagem alemã. Era um dos amigos de Eva Duarte, companheira do general Juan Domingo Peron, ministro do Trabalho e do Bem-estar Social. Freude era secundado por Ricardo Staudt, gerente de uma imensa *estancia*, o Rancho Lahousen, por Heinrich Dörge, antigo colaborador do Ministério da Economia alemão e conselheiro do banco central da Argentina, e por Ricardo Leute, procurador do Banco Aleman Transatlantico. As transferências continuaram até pouco depois da capitulação do *Reich*. O último submarino chegou no fim de Julho de 1945 em condições muito difíceis. Para o recuperar, conta Kauffer, foi preciso recrutar de repente alguns marinheiros que tinham escapado ao afundamento do cruzador *Admiral Graf Spee* ocorrido no princípio da guerra em águas argentinas e que ali tinham permanecido.

E eis os nazis presa da chantagem de Peron e da sua sedutora esposa que ao reclamarem a sua parte meteram Freude, *o Magnífico* na prisão. Peron nomeia-se administrador dos «bens inimigos confiscados», recupera três quartos do tesouro enviado pelos submarinos e transfere 800 milhões de dólares de dinheiro nazi para a Suíça. Segundo Kauffer, «cerca de três quartos das somas de dinheiro e metais preciosos depositados pelas SS no Reichsbank sob o nome de Max Heilinger terminaram ao fim de alguns anos nos cofres do casal Peron». O cálculo é difícil, mas ficou o suficiente desta enorme riqueza para permitir sustentar 2000 quadros do regime nazi demasiado comprometidos para poderem encarar uma nova vida na Europa. Entre eles havia gente como Eduard Roschmann, comandante do campo de concentração de Riga, e Gerhard Bohne, director do programa de eutanásia em Berlim que fugiu após 1945 usando passaportes da Cruz Vermelha. A partir de 1946, o dinheiro dos exilados foi reinvestido em 175 aplicações financeiras, industriais e bancárias bem como em 17 *estancias* e em 149 sectores diversos.

Em 1965 Simon Wiesenthal tornou pública uma carta da embaixada dos Estados Unidos na Argentina, dirigida ao Departamento de

Estado em Washington, com data de 11 de Abril de 1945. Dizia o despacho que «é difícil calcular a grandeza da propriedade alemã na Argentina como nos é pedido pela circular do Departamento datada de 7 de Abril, dado que a embaixada não tem contactos com as autoridades argentinas que nos poderiam ajudar. Iremos procurar a cooperação do governo após o restabelecimento de relações diplomáticas. No entanto, podemos estimar essas propriedades assim, em milhões de pesos: companhias de seguros, 40 milhões; quintas e ranchos, 500; bancos, 105; sociedades comerciais, 500. Patentes, cartas de crédito, liquidez e outros não incluídos somam certamente inúmeros milhões de pesos, mas nesta data não podem ser calculados.»

«Confirma», perguntámos a Wiesenthal, «que uma parte do ouro dos nazis foi transportado por submarinos até à Argentina?»

«Tudo é possível. As pessoas que queriam partir para a Argentina tinham interesse em viver de alguma coisa. Vários milhares de nazis refugiaram-se na Argentina.»

«Com passaportes falsos?»

«E não só. Após Estaline ter ocupado a Europa de Leste, apresentaram-se como refugiados de Leste que tinham perdido os seus documentos e diziam ser húngaros ou croatas. E a Caritas católica pagou todas as facturas para a sua travessia do oceano por barco. Entre as centenas de milhares de refugiados que abandonaram a Europa naquele momento, havia vários milhares de nazis. Alguns foram igualmente para o Médio Oriente, para a Síria e outros locais.»

Um relatório americano de 21 de Outubro de 1946, assinado por um agente do Tesouro, Emerson Bigelow, afirmava que 200 milhões de francos suíços, principalmente em moedas de ouro, foram depositados nos cofres do Vaticano pelos responsáveis Ustachi que tinham feito da Croácia uma antecâmara do *Reich* nazi e enviado para a morte centenas de milhares de judeus e de ciganos. Este ouro teria servido para financiar a linha de fuga em direcção à Argentina dos nazis de Roma onde permaneciam no mosteiro de Bonnaventura, na colina Frascati.

Foi assim que Eichmann se aproveitou, tal como Priebke, oficial das SS condenado em 1997 em Itália a 15 anos de prisão, e Ante Pavelic, comandante dos Ustachi; todos eles desembarcaram em Buenos Aires vestidos de padres e com passaportes emitidos pela Cruz Vermelha. Mas o Vaticano contestou esta versão. O seu porta-voz, Joaquin Navarro-Valls, disse: «Nada existe de verdadeiro nesse relatório Bigelow».

Em 1992, desejoso de eliminar do seu país os odores nauseabundos, o Presidente Carlos Menem autorizou a abertura limitada dos arquivos secretos respeitantes aos nazis imigrados. Mas a documentação do banco central da Argentina permanece encerrada. Será que durante a guerra já tinha recebido dinheiro do *Reich*? Em Julho de 1998, a Argentina acordou com os Estados Unidos, Israel e Alemanha proceder a troca de informações na Internet respeitantes aos criminosos de guerra. A fonte argentina chama-se INADIS (Instituto Nacional Contra a Discriminação e o Racismo).

A Argentina acabou por entregar o croata Dinko Sakic, ex-comandante do campo de concentração de Jasenovac, o Auschwitz dos Balcãs. Em 1995, extraditou para Itália o oficial das SS Erich Priebke que há 40 anos vivia em território argentino. Sakic, de 76 anos, estava refugiado na Argentina desde 1947.

Muitos nazis conseguiram desaparecer. Heinrich Müller, chefe da *Gestapo* desde 1939 e, como já vimos participante da Conferência de Wannsee em Janeiro de 1942, «perdeu-se na natureza». Alguns conseguiram refazer as suas carreiras sob a sua própria identidade, nomeadamente quando se tratava dos chamados *Schreibtischtäter*, os «criminosos de colarinho branco», ou com identidades falsas.

Herbert Hagen, colaborador de Eichmann e posteriormente chefe da Secção Antijudaica do SD, organizou as rusgas em Bordéus e depois em Paris. Condenado em 1955 à revelia a prisão perpétua por um tribunal militar de Paris, o antigo oficial das SS desapareceu e refez a sua vida na Alemanha como director comercial. Desmascarado por Serge e Beate Klarsfeld, foi condenado em Fevereiro de 1980 a 12 anos de prisão pelo tribunal de Colónia que ordenou que a pena fosse cumprida na prisão de Hamm.

O casal Klarsfeld descobriu igualmente Kurt Lischka, ex-chefe do Serviço dos Assuntos Judaicos da *Gestapo* (Secção IV B), com jurisdição sobre todo o *Reich*. Enviado em missão a Paris em 1940, foi um dos principais responsáveis pela deportação de 73 000 judeus franceses. Condenado em 1950 à revelia a trabalhos forçados perpétuos por um tribunal militar francês, desapareceu na Alemanha. Encontrado pelos Klarsfeld, que o tentaram raptar, foi julgado e condenado em Colónia em 1979, juntamente com Hagen e Heinrichsohn.

Remi Kauffer pensava que Martin Bormann, «após o seu exílio clandestino em Itália», procurara abrigo entre os refugiados na Argentina, tendo dado o número do seu processo, 20 748, dos arquivos secretos do governo argentino. No entanto, o braço direito de Hitler tinha perdido o último comboio para Buenos Aires.

Nas listas das contas publicadas pela Associação de Bancos Suíços, encontra-se até o nome do comandante de um campo de concentração. Por vezes as mulheres serviam-lhes de testas-de-ferro, pois nem todos eles se podiam dirigir directamente à Suíça. Muitos dos dirigentes nazis não acreditavam na vitória final. Colocavam discretamente o dinheiro sob nomes falsos ou em contas numeradas por receio de serem marcados pela *Gestapo*?

Foi comprovado em Janeiro de 1943, através da intercepção de mensagens telefónicas oriundas de bancos suíços, que Adolf Hitler em pessoa possuía contas pessoais na USB, em Basileia, geridas por um oficial alemão que dava pelo nome de Max Amann. O *Führer* confiara à Suíça a gestão dos seus direitos de autor do *Mein Kampf*. Assim, é mais que provável que para estas contas os nazis tenham preferido a discrição para poderem ser utilizadas após a Guerra.

A partir da publicação de 2000 contas pela ABS em Julho de 1997, o Centro Simon Wiesenthal fez saber que a conta aberta com o nome de Vojtech Tuka era na realidade o pseudónimo do ministro-presidente Josef Tiso, colocado à frente do governo da Eslováquia pelos nazis. Tiso foi o responsável pela deportação de 107 000 judeus eslovacos. Antigo padre católico, substituiu em 1938 o seu chefe, Hlinka, à cabeça do Partido Popular eslovaco que lutava contra os Checos pela independência do país. A partir de Outubro de 1938, tornou-se primeiro-ministro. Tiso governou até 1945 a Eslováquia autónoma, fazendo todos os possíveis por manter o seu país fora da guerra, à semelhança de Franco em Espanha e Horthy na Hungria.

«Rodeado por Alemães, teve de fazer concessões às potências do Eixo, razão pela qual, pelo nosso lado, muito o criticámos. Mas graças à sua política, os Eslovacos foram de todos os povos desta região os que menos sofreram com a guerra. As desgraças começaram somente com a chegada das tropas soviéticas», afirmou-nos o deputado europeu Otto de Habsburg. Tiso conseguiu esconder-se num mosteiro em Altötting, na Baviera. Apressados em entregar os colaboradores, os Americanos enviaram-no para a Checoslováquia, que o executou, à semelhança de Quisling na Noruega e Laval em França. «Uma falta política grave cometida pelo checo Benes», considera Habsburg que acrescenta: «Pois um morto não pode perdoar.»

O Centro Simon Wiesenthal chamou a atenção para o nome de Elise Eder. Tratava-se da mulher do SS austríaco e co-organizador do extermínio dos judeus, Ernst Kaltenbrunner. Sucessor de Heydrich à frente da *Gestapo*, artesão da «Solução Final», Kaltenbrunner comandava o conjunto dos campos de concentração. Foi enforcado em Nuremberga. Wiesenthal salientou outros nomes de dignitários nazis, como Willi Bauer, Karl Jäger, Hermann Eser, Hermann Schmitz e Heinrich Ernst Hofmann.

Bauer era nem mais nem menos que Anton Berger, adjunto de Eichmann, comandante do campo de concentração de Theresienstadt na Checoslováquia e responsável pela deportação de 10 000 judeus gregos. Morreu em 1992 na Alemanha. Jäger seria o oficial das SS responsável pela deportação de 130 000 judeus lituanos. Eser era um dos antigos companheiros de Hitler. Tornou-se vice-presidente do *Reichstag* nazi e morreu em 1981. Já aqui mencionámos Schmitz, presidente da IG Farben e co-director do BPI. Heinrich Ernst Hofmann era o fotógrafo pessoal de Hitler que lhe tinha apresentado Eva Braun. Condenado em Nuremberga, seguidamente foi viver para a RDA, provavelmente sob a protecção da STASI, onde ensinou fotografia ao homem que espiava Willy Brandt, o agente da STASI e do KGB Günther Guillaume. Por fim, Karl Jäger, que fora o chefe dos serviços de segurança das SS na Lituânia, foi preso em 1959, tendo-se suicidado de seguida.

Os serviços americanos reuniram outros indícios. Como escreveu Jean-Alphonse Richard em *Le Figaro*, a rede de informações *Safehaven*, colocada sob a tutela directa do Presidente Roosevelt, que estava encarregada de seguir as finanças secretas do III *Reich*, detectara em 1944 que dois altos dignitários do *Reich*, Hermann Göring e Joachim von Ribbentrop, bem como o antigo chanceler von Papen, que passara o testemunho a Hitler, tinham depositado dinheiro na Suíça. Von Papen tinha ali colocado, na Raiffeisenkasse de Saint-Gall, 500 000 francos suíços em nome dos seus filhos por intermédio de um antigo conselheiro da instituição.

Ribbentrop esteve em contacto com uma antiga funcionária do consulado alemão, Gertrude von Gasse, que habitava o número 15 da rue du Mont-Blanc em Genebra e estava encarregada de receber o dinheiro que chegava de Berlim. O chefe da diplomacia do *Reich* teria depois investido numa empresa de transportes da cidade de Basileia. Em Setembro de 1944, Göring delegou competências em vários representantes seus na Suíça. Estes depositaram somas avultadas na agência de Davos do Bündener Kantonal Bank bem como no Waatlander de Lausana. Proveniente do Verkehrskredit-Bank de Karlsruhe, o dinheiro transitava por uma casa de câmbios de Basileia.

Foi o deputado britânico, Greville Janner, que falou em primeiro lugar, segundo parece, destes arquivos americanos já desclassificados. Ele afirmou ter-se deparado com eles por acaso. Mas estes tinham-lhe sido confiados pelo Congresso Mundial Judaico do qual ele é o vice-presidente em Londres e que emprega numerosos investigadores. Janner colocou uma questão a Malcolm Riffkind, à época ministro dos Negócios Estrangeiros de John Major. Riffkind revelou num relatório de 23 folhas o que os Britânicos sabiam.

Um artigo do *Sonntags-Zeitung* de Zurique relatou em Dezembro de 1997 que pouco antes do fim da Guerra, lingotes e uma tonelada de moedas de ouro tinham chegado à embaixada alemã em Berna, expedidas da Alemanha por Joachim von Ribbentrop. Após o fim das hostilidades, este ouro teria sido declarado propriedade do Estado suíço e nunca mais se ouviu falar deles.

3

O Argentino, o Brasileiro e o Amigo dos Árabes

Bormann, Eichmann, Mengele e outros beneficiaram do dinheiro transferido para o estrangeiro no fim da Guerra?

O rasto de Bormann perdeu-se. Segundo algumas fontes, conseguiu fugir clandestinamente para Itália. Outros afirmaram, nomeadamente os serviços secretos britânicos, que se tinha escapado do *bunker* de Berlim e fugido de canoa para o Ocidente, pois a cidade estava rodeada por canais, lagos e regatos. Após se ter esfalfado durante doze dias, teria sido apanhado pelo exército britânico. Churchill teria ordenado que o trouxessem para Londres. Uma história rocambolesca que cheira a desinformação soviética.

Outros pensavam que Bormann se teria refugiado no Egipto ou no Paraguai. Em Abril de 1993, o repórter da *Stern*, Gerd Heidemann, inventor dos falsos cadernos de Hitler, «telefonou» a um certo Martin Bormann, tendo-o familiarmente tratado por «Martin». Heidemann afirmou estar mesmo na posse de fotografias que mostravam Bormann no Paraguai após a guerra.

Nos finais de 1944, um ex-agente do KGB, um certo Tartarowski, escreveu num jornal moscovita que Bormann fora seu colaborador, e que se tinha refugiado na Rússia onde teria morrido. Era esta também a opinião manifestada pelo primeiro chefe dos serviços secretos alemães ocidentais (o BND), Reinhard Gehlen, nas suas memórias redigidas antes da sua morte no princípio dos anos 80. Gehlen, que desempenhara um papel nos serviços do III *Reich* como especialista de assuntos de Leste (*Fremde Heere Ost*), afirmou sob juramento perante um tribunal que tinha recebido a informação de «duas fontes que não podia revelar». Esta velha raposa da guerra das sombras parece ele próprio ter sido vítima de desinformação soviética.

Um colaborador da revista *Stern*, Jochen von Lang, de 46 anos, lançou-se em 1964 no rasto de Bormann. Deu com um funcionário dos correios de Berlim, Albert Krumnow, o qual afirmava ter enterrado os corpos de Martin Bormann e do Dr. Ludwig Stumpfegger, o último médico particular de Hitler, na proximidade de uma estação de metropolitano de Berlim, Lehrter Bahnhof, na noite de 2 de Maio de 1945. Esta estação, no centro da cidade, situava-se perto da Porta de Brandenburgo e do local do antigo *bunker* do *Führer*.

O seu testemunho vem de encontro ao do antigo chefe da Juventude Hitleriana, Arthur Axmann. O ex-*Reichsjugendführer* relatara que após o suicídio de Hitler, Bormann tinha tentado fugir acompanhado por Axmann e Stumpfegger. Axmann tinha visto os dois homens vivos pela última vez perto da Lehrter Bahnhof, na Invalidenstrasse, tornou a vê-los pouco depois mas já mortos e sem apresentarem quaisquer ferimentos.

Jochen von Lang informou as autoridades alemãs do resultado do seu inquérito. Como deviam começar nos finais de 1972 trabalhos de remoção de terras, junto à Lehrter Bahnhof, foi pedido aos trabalhadores para utilizarem as escavadoras com prudência. Depararam com um primeiro esqueleto bastante completo, depois um segundo, não longe do primeiro. Todos os indícios, desde as fracturas à forma do crânio, passando pela dentição, eram concordantes. Era muito possível que fossem os crânios de Bormann e Stumpfegger. Encontraram-se pedaços de vidro na dentição dos dois corpos, os restos das cápsulas de cianeto.

Persuadido de que Borman se tinha suicidado em Berlim, dois dias após Hitler ter feito o mesmo, o procurador de Frankfurt, Joachim Richter, redigiu as suas conclusões num processo datado de 7 de Abril de 1973, numerado Js 11/61. Ele escreveu: «As investigações respeitantes a Martin Bormann estão definitivamente encerradas.» No dia 24 de Setembro do mesmo ano, deferiu um pedido de exumação apresentado pelos filhos do morto: «É autorizada a inumação dos restos do esqueleto do antigo *Reichsleiter* Martin Bormann que foram encontrados em [...].» No entanto com uma condição: «Deve ser excluída a cremação. O esqueleto deve permanecer intacto para efeito de investigação científica.» Na época, a genética estava a dar os seus primeiros passos.

Os descendentes de Bormann não quiseram as ossadas. Pretendiam que a campa de seu pai não se tornasse num local de peregrinação para os nostálgicos do nazismo (como veio a acontecer depois com a tumba de Rudolf Hess em Wunsiedel). Assim, as ossadas foram con-

No Rasto dos Tesouros Nazis

servadas dentro de uma caixa de cartão de arquivo na polícia judici-
ária, a *Landeskriminalamt* (LKA) de Wiesbaden. Mas os rumores
que continuavam a circular transcendiam os dois filhos do defunto, o
mais velho, Martin Bormann, nascido em 1930, ex-padre, e Gerhard
Bormann, nascido em 1934, motorista de longo curso nos arredores
de Munique. A advogada da família, Dra. Besold, confirma que «foi
por esta razão que a família pediu uma peritagem genética».

O gabinete do Ministério Público do Hesse remeteu então as
ossadas de Bormann para o célebre Instituto de Genética de Munique, dirigido pelo professor Wolfgang Eisenmenger, para serem es-
tudadas pela via da biologia molecular. Conservadas durante 24 anos
em local seco desde a sua exumação, este «fóssil» precioso estivera
anteriormente quase 28 anos em solo húmido. O exame mostrou-se
muito delicado se não mesmo impossível pois a parede craniana estava deteriorada no lado esquerdo, por acção da escavadora, e os outros ossos apresentavam-se afectados por bactérias. Os restos orgânicos estavam destruídos, o que tornava improvável uma análise do
ADN, explicou-nos em Fevereiro de 1998 Hildegard Becker-
-Toussaint, porta-voz do Procurador da República em Frankfurt, ela
própria também procuradora.

Disse-nos aquela jurista: «Tentámos então uma análise ao ADN
mitocondrial que só é possível fazer pela linha materna. Trata-se do
mesmo exame que foi efectuado em Anastácia, Kaspar Hauser e na
família do czar da Rússia. Como da comparação com o sangue do
filho de Bormann nada tinha resultado, foi preciso colher sangue de
várias mulheres suas parentes. Mas são necessários vários meses de
trabalho aos geneticistas para reconstituir os elementos do seu
genoma. E ainda não está pronto, pois este tipo de análise dura muito
tempo e o seu resultado pode ser aleatório.

«De qualquer das formas», acrescentava ela, «isso não nos pres-
siona porque não temos a menor dúvida de que aquele crânio é o de
Bormann. A análise complexa do seu registo dentário é perfeitamente coincidente com a dentição de Bormann quando vivo. Possuímos
as fichas das consultas que fez aos dentistas nazis. Os dignitários do
Partido tinham um dentista pessoal que lhes colocava coroas feitas
com uma amálgama especial destinada somente às primeiras figuras
do *Reich*. Por outro lado, o esqueleto mostra uma fractura no ombro.
Bormann tinha sofrido uma fractura da omoplata exactamente naquele local. Por fim, o crânio tem medidas particulares, sendo mais
largo na zona frontal e com a forma quadrada, o que constituía igual-

mente um traço particular do secretário de Hitler, uma forma de crânio muito rara. Com ajuda do computador, o crânio foi comparado com inúmeras fotografias de Bormann. Também aqui se verificou compatibilidade.»

Esta análise do ADN mitocondrial pareceu igualmente necessária aos filhos de Bormann porque «várias mulheres pretendiam ser mães de filhos de seu pai, nomeadamente uma argentina». «Uma outra na Grã-Bretanha», prosseguiu a senhora Becker-Toussaint, «garantia ter vivido com ele na altura em que pretensamente estaria na Argentina. [...] Tratava-se então do mínimo que se podia fazer por todas estas pessoas, incluindo os filhos, isto é, ir o mais longe possível na identificação. Ninguém como nós, a Justiça, está habilitado a requerer esta análise que é cara e será então realizada por etapas. No caso de Kaspar Hauser a nódoa de sangue existente no seu vestuário era muito antiga, mas fora conservada em local seco. Desde que exista humidade, as bactérias surgem. Portanto, seria útil haver uma certa prova suplementar e irrefutável para pôr fim a todos estes rumores.»

Um mês mais tarde, a senhora Becker-Toussaint telefonou-nos para nos transmitir que o exame científico da descodificação genética do *Reichsleiter* tinha chegado ao fim. Os sete filhos de Bormann tinham consentido em doar ao instituto amostras das suas células.

Depois o Ministério Público do Hesse anunciou o diagnóstico na semana de 4 de Maio de 1998. De acordo com os filhos do secretário de Hitler, os seus advogados confirmam: na verdade trata-se de Martin Bormann.

A advogada de Munique, Florian Besold, explicou-nos que toda a especulação que pretendesse demonstrar que Bormann ainda estava vivo seria assim objecto de acções judiciais e que a família desejava «evitar a existência de um memorial que atraísse os irredutíveis ou cabeças vítimas de confusões mentais ou induzidas em erro», pelo que decidiu que as suas cinzas seriam dispersas num local que não revelariam, provavelmente no mar, como aconteceu com as de Adolf Eichmann. Assim, ele não seria objecto de peregrinação. O III *Reich* não renasceria das suas cinzas.

Quanto a Eichmann, a sua última acção em Budapeste, com início em Abril de 1944, foi particularmente mortífera. Utilizando o ardil do costume, juntou aos seus serviços de deportação um conselho judaico que pretensamente o «ajudava» nas selecções. Ele fingia que a população judia devia ser afastada da linha da frente e transferida para campos de trabalho. Acreditando que estava a evitar o pior, este conselho entregou-lhe listas e agrupava os seus irmãos de fé em guetos. Infelizmente, o relato de dois evadidos de Auschwitz, Rosenberg e Wetzler, que denunciaram o genocídio, só foi difundido em Budapeste em 1944.

Eichmann também tinha entabulado negociações com a Comissão de Salvação Sionista de Joel Brand e de Rodolf Kasztner para permitir a saída de judeus contra o pagamento de resgates. Joel Brand, que se deslocou várias vezes ao estrangeiro, mas deixando a sua esposa e os seus dois filhos como reféns, descreveu-o como um «empregado de comércio normal mas com uns olhos fora do vulgar, azul da cor do aço, penetrantes como se nos quisessem trespassar. [...] Vestia um uniforme elegante e os seus gestos eram bruscos. Falava de uma forma estranha. Deixava cair algumas palavras, depois calava-se. Fazia-me lembrar salvas de metralhadora. Não falava um dialecto, mas cometia vários erros no seu alemão falado. Por exemplo, ele dizia "em estado de recriar" quando queria significar "procriar".»

Todas as suas ofertas eram manobras. E, por outro lado, Brand esbarrou com a indiferença dos Aliados. Eichmann desobedeceu até às ordens do seu chefe Himmler quando continuou com as deportações apesar deste, em Agosto de 1944, as ter mandado parar para ficar bem visto perante os Aliados. Mas Eichmann teve de enfrentar um adversário corajoso e determinado, o sueco Raul Wallenberg, o «anjo de Budapeste», mandatado e financiado pelo governo americano. Wallenberg salvou mais 100 000 judeus húngaros ao tomá-los sob protecção da Suécia em refúgios extraterritoriais. O nazi tentou mandar matar Wallenberg, mas o atentado falhou.

Após a derrota, Eichmann refugiou-se em casa do seu amigo Kaltenbrunner que mandou que lhe fosse entregue dinheiro, mas que não o recebeu. Eichmann queixou-se: não pretendia dinheiro mas sim ordens. Sem ordens, ele parecia perdido. Fugiu a pé, em trajos civis, juntamente com um camarada das SS, em direcção a Salzburgo e depois para a Alemanha. Apanhado por uma patrulha americana, identificado como SS graças a sua tatuagem no antebraço, foi metido num campo juntamente com milhares doutros prisioneiros na pessoa do «oficial subalterno das SS Otto Eckmann».

Acusado à revelia em Nuremberga, conseguiu evadir-se, permaneceu cinco anos na Alemanha sem quaisquer problemas com a sua documentação em nome de Otto Henninger, trabalhou como lenhador e batedor de caça. A sua mulher, Vera Liebl, declarou aos Americanos que se tinha divorciado, que não tinha nenhuma fotografia do marido e tentou que fosse declarado falecido mediante o depoimento de uma testemunha… que era o seu cunhado. Simon Wiesenthal desmontou esta patranha. Como o risco estava a aumentar, Eichmann organizou ele mesmo a sua fuga. Alguns eclesiásticos em Roma, entre eles o bispo austríaco Alois Hudal, conseguiram-lhe um passaporte. Em Junho de 1950, deixou a Europa de barco acompanhado por dois passadores e chegou à Argentina a 14 de Julho de 1950, sob o nome de Ricardo Klement, católico, celibatário e apátrida.

Encontrou trabalho na empresa CAPRI, uma firma duvidosa, oficialmente responsável pelos serviços de água de Tucuman e Santiago del Estero, mas financiada por antigos nazis e oficiais da *Wehrmacht* recrutados como conselheiros militares pelas forças armadas argentinas. Mas Wiesenthal não o deixou em paz. O escritório do antigo caçador de nazis em Linz localizava-se em frente de uma oficina de electricista denominada «Eichmann & Filhos», um homónimo do SS. Um dia um barão austríaco veio visitá-lo e mostrou-lhe uma carta de um amigo de Buenos Aires que tinha visto Adolf Eichmann.

Já em 1953 Wiesenthal tinha transmitido ao Estado de Israel, através de um intermediário da sua embaixada em Viena, uma informação onde se dizia que o adjunto de Himmler vivia na Argentina e trabalhava para uma sociedade de distribuição de água, pormenor que depois se revelou correcto. Em 1957, o procurador de Frankfurt, Fritz Bauer, deu à embaixada de Israel na Alemanha o endereço exacto de Eichmann na Argentina. Mas como se fica a saber ao ler o livro de Zwi Ahroni e Wilhelm Dietl, *The Hunter, Operation Eichmann*, o director do Mossad à época, Isser Harel, não reagiu. O Dr. Bauer decidiu ir a Israel, determinado a fazer um escândalo caso os Israelitas não passassem à acção.

A 23 de Maio de 1960, da tribuna do Knesset, o primeiro-ministro Ben Gurion anunciou ao mundo que, enviado no maior segredo para Telavive, o «carniceiro do povo judeu» iria ser julgado. A 18 000 quilómetros de Israel, no dia 1.º de Maio, agentes do Mossad enviados pelo seu chefe Isser Harel tinham raptado Ricardo Klement, aliás Adolf Eichmann. Condenado à morte em Dezembro de 1961, Eichmann, o grande tecnocrata do genocídio, foi enforcado a 31 de Maio de 1962 e depois cremado. As suas cinzas foram dispersas em águas internacionais para não conspurcar o solo de Israel.

O Yad Vashem, que estava perfeitamente ao corrente do papel determinante desempenhado neste assunto por Wiesenthal, convidou-o para ir a Jerusalém e dar uma conferência de imprensa para relatar a sua acção. O governo israelita pediu-lhe para seguir *in loco* o processo de Eichmann e ofereceu-lhe uma estadia de seis semanas para esse efeito.

Mas que se passou com o terrível Dr. Mengele? Ele que se sentia nos campos de concentração como se estivesse em casa. Ele que, quando em Auschwitz, mandou vir a mulher visitá-lo. Davam passeios em redor do campo durante os quais ela apanhava amoras para fazer compota. Em Janeiro de 1945, quando foi preciso fugir, voltou a ser o médico de Gross-Rosen na Silésia onde foram utilizados prisioneiros russos para experiências de guerra bacteriológica.

Mas tornou-se necessário fugir de novo. Trocou o seu uniforme de SS pelo cinzento da *Wehrmacht* e misturou-se com as tropas em retirada, chegando a 2 de Maio, sempre acompanhado pelos seus queridos documentos «científicos», ao hospital de campanha 2591 dirigido pelo seu antigo colega de Frankfurt, o Dr. Hans Otto Kahler, perito em «higiene racial». Ali, Mengele teve um caso com uma enfermeira a quem confiou os seus documentos. Após a guerra, voltou a casa dela para os recuperar, tendo-os deixado à guarda da sua família em Günzburg.

De fuga em fuga, chegou a Weiden, na Baviera, onde foi preso pelos Americanos como soldado raso, a quem deu o seu nome verdadeiro. Não foi possível provar que tivesse pertencido às SS porque a sua extrema vaidade nunca permitiu que lhe fosse tatuado o seu grupo sanguíneo na axila, como a todos os outros, argumentando que na qualidade de médico isso não era necessário.

No entanto, desde Abril de 1945 que se encontrava na lista dos criminosos de guerra elaborada pelos Americanos. Todavia, o caos instalado impedia que as informações circulassem rapidamente. Contou a outro seu colega detido, que exercia as funções de secretário do campo, os seus nobres feitos praticados em Auschwitz. Este acabou por lhe forjar uma falsa identidade e conseguir a sua libertação sob o nome de Fritz Hollmann. Depois trabalhou como ajudante de farmacêutico, conseguindo em 30 de Outubro ser contratado como trabalhador agrícola pelo proprietário de uma quinta de Mangolding, perto de Rosenheim, na Baviera.

Reecontrou-se com a sua mulher Irene. Os dois esposos já não tinham qualquer relacionamento, mas ela decidiu, juntamente com o clã Mengele, salvá-lo, apesar da polícia americana a ter ido visitar por duas vezes para a interrogar. Irene Mengele afirmou que o marido tinha desaparecido, pôs luto, frequentou a igreja onde rezava por alma do defunto desaparecido na frente. O comandante de Auschwitz,

Höss, falou dele ao Tribunal de Nuremberga e em Agosto de 1947 os médicos dos campos foram condenados. No entanto o general americano Telford Taylor informou por escrito uma antiga detida em Janeiro de 1948 que «o Dr. Mengerle» (*sic*) estava morto.

O gerente da empresa Mengele, Hans Sedlmeier, preparou a fuga do filho do patrão. Mengele passou no Outono de 1948 a fronteira italiana pelos Alpes auxiliado por um guia, apanhou um comboio, munido de um passaporte emitido em nome de Helmut Gregor, para o Alto Ádige onde Sedlmeier se lhe juntou para lhe entregar dinheiro e uma parte dos seus documentos «científicos» de Auschwitz. De seguida, Mengele embarcou em Génova para a Argentina onde viveu durante onze anos sob o seu verdadeiro nome e, de seguida, após a prisão de Eichmann, instalou-se no Paraguai e no Brasil. A família, que tinha ficado em Günzburg, manteve-se em contacto com ele a ajudava-o financeiramente.

Após um princípio difícil como marceneiro, reencontrou alguns «camaradas», entre eles o antigo SS holandês Willem Sassen, que se tinha tornado chefe das relações públicas do ditador Alfredo Stroessner. Sassen ajudou-o, tendo-o apresentado a Adolf Eichmann. Depois encontrou o antigo ás da *Luftwaffe* Hans Rudel e acabou como vendedor das máquinas agrícolas da empresa de seu pai no Paraguai. O seu amigo Rudel trabalhava na aeronáutica argentina ao serviço de Peron.

Por uma vez, Mengele não conseguiu resistir à tentação e escreveu um artigo sobre hereditariedade na revista germano-sul-americana *Der Weg*. Durante todo este tempo, o cientista alemão que o tinha orientado nessa área, o Dr. Otmar von Verschuer, refez a sua carreira em Münster no domínio «da genética humana».

O filho, Rolf, visitou-o incógnito em 1977 no Brasil. Recorda um homem abatido, assustado. Pensa que o pai não foi totalmente responsável. «Por que não foi punido o superior que mandou o meu pai trabalhar para Auschwitz? O meu pai não era mais que uma pequena peça da grande engrenagem. Mas ter estado em Auschwitz é considerado um crime.»

Rolf Mengele, nascido em 1944, não conhecia toda a verdade. Durante vários anos, a mãe e outros membros da família tinham-lhe contado que o pai caíra na frente russa depois de se ter batido como um herói. Só o viu pela primeira vez em 1956, quando Josef Mengele aproveitou o funeral de seu pai para rever a família na Alemanha. Mengele não foi muito amável para com o filho, comparando-o com o primo, «que era melhor que ele em tudo». De seguida, uma fotografia mostra Mengele rodeando com os braços Rolf e um rapaz mais velho, o seu filho adoptivo. A imagem foi captada nos Alpes suíços onde tinham ido fazer esqui.

Quando tinha 16 anos, Rolf soube que o seu pai tinha sido o «médico de Auschwitz». Este choque lançou o adolescente na vergonha e no insucesso escolar. Escreveu ao pai. As resposta foram bastante desagradáveis, cheias de repreensões. Mengele não mudara: na cabeça deste homem havia alguma coisa que não funcionava normalmente. Apesar destas perseguições sofridas à distância, Rolf conseguiu licenciar-se em Direito e estabeleceu-se em 1972 como advogado em Friburgo. Ano e meio após a visita do filho ao Brasil, o pai morreu com a idade de 77 anos. Para Rolf foi um grande alívio.

Esta relação constituía para ele uma situação crítica. Em 1986, Mengele voltou a ser falado na imprensa e Rolf decidiu mudar de nome: «Os meus filhos têm o direito de fazer as suas vidas sob um outro apelido. Penso que meu pai teve a sorte que merecia. Não o lamento de todo.» Rolf Mengele renunciou definitivamente.

Wiesenthal partilha o convicção do procurador de Frankfurt, segundo a qual Mengele teria morrido acidentalmente, afogado quando nadava perto de uma praia brasileira a 7 de Fevereiro de 1979. Em 1985, foram exumados os restos mortais de um homem falecido naquela data e sepultado em Embu sob o nome alemão muito comum de Wolfgang Gerhard. Era o apelido de um amigo de Mengele. Decidiu-se efectuar uma análise genética. O seu ADN, comparado com as amostras de sangue, uma da mãe de Mengele e outro do seu filho, Rolf, forneceu um resultado sem ambiguidades: o alemão exumado em Embu era na realidade o médico de Auschwitz. A sua impressão genética era idêntica à do seu filho.

O procurador de Frankfurt, Eberhard Klein que tinha ordenado a peritagem, declarou então Mengele morto, determinando que «não era admissível nenhuma dúvida razoável» e que na verdade «se tratava do pai de Rolf, Josef Mengele». Acrescentava lamentar «não poder apresentar um Mengele vivo para que um tribunal se pronunciasse sobre a sua culpabilidade e prover assim à necessidade de reparação das vítimas». Klein sabe que inúmeras pessoas ainda são visitadas por Mengele nos seus pesadelos e não podem imaginar que ele já não pertença a este mundo. «Não acreditaria se um dia um homem se apresentasse no meu gabinete e me dissesse: "Sou Josef Mengele"», concluiu ele.

Esta peritagem não convenceu Menachem Russek, de 74 anos, inspector da polícia israelita reformado e antigo detido em Auschwitz, que não consegue admitir que Mengele tenha escapado à justiça. Nascido em Lodz na Polónia, Russek escapou de Auschwitz porque, sendo ainda um jovem muito bem constituído à época, no Outono de 1944, foi considerado apto para o trabalho. Russek passou os últimos 13 anos da sua carreira policial como director do Centro de Pesquisa Central de Israel dos Crimes Nazis. O mesmo acontece com Menashe Lorenzi, já citado, que afirmou em 1997 à revista alemã *Focus*: «Estamos certos que Mengele ainda está vivo. É protegido por uma vasta rede conspirativa que trabalha para si e na qual Israel participa.»

É esta também a opinião de Zeev Duchovny, de 47 anos, perito em compostos de alta tecnologia nascido em Paris e chegado a Israel em 1960, depois de ter crescido em Buenos Aires: «Os meus pais só me falaram do Holocausto alguns dias antes da morte de meu pai. Foi naquele momento que soube que tinha tido uma irmã morta em Auschwitz.» Zeev Duchovny teve dificuldade em aceitar a conclusão oficial do processo de Mengele, em 1985. Tentou falar com Shimon Peres e Itzak Shamir. «Mas eles troçaram de nós.» Após anos de investigações e de muito reflectir sobre o assunto, tirou as suas próprias conclusões: «Mesmo o nosso governo esconde a verdade. Os Americanos pediram que cessassem as averiguações sobre Mengele. Caso contrário, acabar-se-ia por saber que eles o tinham protegido porque, após a guerra, tinham ficado com os resultados das suas pesquisas. O meu próprio governo, que depende deles, concordou com esta tragédia.»

O mesmo pensa o presidente do Knesset, o advogado Dov Shilansky, nascido na Lituânia, antigo detido de Auschwitz. Afirma Shilansky: «Eu sou a voz daqueles que já não vivem. O mundo quer que esqueçamos Josef Mengele. Pouco importa se ele ainda vive. Nós sabemos que foi sepultado um falso Mengele. Isso dá-nos força para irmos em busca do verdadeiro», disse ele à revista *Focus*. Contra todo o bom senso, mas em nome de uma mística…

Russek chama a atenção para uma osteomielite – uma inflamação da espinal medula – doença que afectou Mengele entre 1926 e 1927. No esqueleto de Embu não havia vestígio algum dessa doença, garante ele. O morto de Embu apresentava vestígios de uma fractura na bacia. Seriam as sequelas de um acidente de moto de que Mengele tinha sido vítima em 1943? Este acidente não deve ter sido muito grave, pois o médico de Auschwitz retomou o serviço quatro semanas mais tarde. O tratamento de uma fractura na bacia exige muito mais tempo. A perna esquerda do esqueleto media menos 1,5 centímetros que a direita. Ora,

Mengele não coxeava. A sua omoplata e clavícula apresentavam sinais de fracturas consolidadas. Mas na biografia de Mengele não se encontra qualquer indicação concreta de que tais acidentes tenham ocorrido. Entretanto, o maxilar superior do esqueleto apresentava um buraco com 8 milímetros, que teria sido causado por um prego do caixão ou por uma bala? Por fim, o crânio do morto de Embu tinha um perímetro de 57 centímetros enquanto que o de Mengele só media 50,5 centímetros. Russek descobriu ainda incongruências na narrativa do afogamento do presumível Josef Mengele.

Este contra-inquérito culmina com a observação de que os documentos do dentista Kasumasa Tutiya, que tinha tratado Mengele, tinham sido alterados. Maria Helena Bueno Vieira de Castro, dentista, declara ter tratado em Abril de 1970 um paciente chamado Pedro Müller cuja identificação corresponde exactamente à de Mengele. Este doente afirmou-lhe ser geneticista e amigo do Presidente Stroessner. Por fim, em 8 de Março de 1979, quatro semanas após a morte do presumível Mengele, chegou vinda de Berlim uma carta de seu filho Rolf e da família deste onde era desejado um feliz aniversário a Josef Mengele. Rolf Mengele e o antigo gerente da antiga empresa da família em Günzburg, Hans Sedlemeier, foram visitar entre 1980 e 1983 o antigo médico SS Hans Wilhelm Münch para lhe perguntar quais eram «as hipóteses de um eventual processo contra Mengele».

Eram razões suficientes para enviar uma equipa do Mossad em 1983 ao Paraguai a fim de trazer consigo o médico das SS. Mas voltou de mãos a abanar, afirmando que o homem estava guardado por dez guarda-costas. A informação foi publicada edição de 23 de Fevereiro de 1996 do jornal israelita *Maariv*. Teriam na verdade dado com ele?

Mas ainda havia Aloïs Brunner. Com fundos secretos, o antigo chefe da segurança das SS, sucessor de Heydrich após o seu assassinato por guerrilheiros, criou nos anos 50 uma sociedade comercial em Damasco, na Síria. Ao serviço de Egípcios e Sírios, actuando no domínio do tráfico de armas e conselheiro para questões de «segurança», o que quer dizer mostrando como podem ser eliminados os opositores políticos, a sua empresa dava emprego a uma centena de antigos nazis. Os serviços prestado aos hóspedes sírios e egípcios foram tão importantes que passaram a proteger Brunner depois de terem deixado cair Carlos.

Nascido a 8 de Abril de 1912 na Áustria, Brunner inscreveu-se no Partido Nazi aos 19 anos. Com 22 anos passou para as SA, depois para a *Gestapo* e por fim para as SS, ele que queria ter uma cafetaria. Será antes o funcionário da morte, um dos principais adjuntos de Eichmann na secção antijudaica da *Gestapo*, responsável pela deportação de 120 000 judeus da Europa, nomeadamente de 22 247 judeus de Drancy.

Em 1995, um artigo publicado no quotidiano uruguaio *El Pais*, referindo-se à Interpol, afirmava que Brunner se tinha mudado para a Argentina. Os colaboradores de Simon Wiesenthal escreveram todos ao mesmo tempo ao Presidente Hafez el-Assad solicitando informações sobre Brunner e ao director do FBI, Louis Freeh, para lhe pedir que solicitasse aquela informação às polícias sul-americanas. Pediram também a Jacques Chirac um gesto financeiro comparável ao dos *Länder* alemães que ofereceram 250 000 dólares pela prisão de Brunner.

O responsável pelo escritório europeu do Centro Simon Wiesenthal, Shimon Samuel, foi à Argentina onde o ministro do Interior, Carlos Corach, lhe mostrou os documentos da Interpol. Mas o jornalista argentino só tinha uma vaga «informação» que lhe fora dada por um agente da polícia do norte do país. A pista argentina chegara a um impasse.

Com a derrota, em 1945, Brunner transformou-se em cabo da *Wehrmacht* sob o nome de Aloïs Schmaldienst. Beneficiou de uma confusão: o seu homónimo na *Gestapo*, Anton Brunner, tinha sido dado como morto em Viena às mãos dos Soviéticos. Pensava-se que Anton/Aloïs Brunner havia sido executado. Identificado em 1950 pela polícia alemã que, por sua vez, pediu um mandato de prisão à Interpol de Viena, acabou por beneficiar da cumplicidade de antigos nazis austríacos que trabalhavam para a Interpol e que não deram seguimento ao pedido. Uma nova identidade permitiu-lhe encontrar um emprego como motorista numa base americana, e depois, munido de um passaporte já com um visto, refugiou-se na região de Essen, onde residiu até 1953.

Nesse ano, a polícia alemã foi de novo no seu encalço. Um antigo funcionário das forças de ocupação em França, George Fischer, que era parecido com ele, ofereceu-lhe o passaporte. Bastou mudar o corte de cabelo para ficar quase igual à fotografia. Condenado à morte à revelia em 1954 pelos tribunais das Forças Armadas de Paris e de Marselha, Brunner partiu para Damasco pelo atalho romano do cardeal austríaco Hudal.

Após uma paragem no Cairo, Brunner surgiu em plena capital síria num centro de acolhimento de antigos nazis, que passou a dirigir. Foi reconhecido em 1960 por um antigo elemento do serviço de segurança do *Reich* (RSHA), Wilhelm Beissner, que o denunciou a um agente francês.

Depois, foi identificado novamente por um jornalista quando conversava com o antigo nazi Rademacher, autor do plano Madagáscar. A *Spiegel* revelou a ocorrência deste encontro. O que não o impediu de tornar a juntar os veteranos da Divisão Brandenburgo para raptarem o presidente do Congresso Mundial Judaico, Nahum Goldmann, a fim de ser trocado por Eichmann. Mas um dos seus homens trabalhava para a contra-espionagem da Alemanha Ocidental, a Verfassungsschultz, que passou a vigiar os seus movimentos na Síria. Revelado, o seu plano de rapto foi publicado nas suas grandes linhas do diário vienense *Arbeiter Zeitung*.

A 3 de Setembro de 1961, os serviços israelitas enviaram-lhe uma encomenda armadilhada. Os dois portadores que lhe entregaram o embrulho foram mortos. «Fischer» foi dado como morto pela polícia síria. Mas sobreviveu, gravemente ferido na face e tendo perdido o olho esquerdo. Segundo algumas fontes, a bomba poderia ter sido remetida pelo SDECE francês, pois Brunner era um dos financiadores da FLN.

Depois da Alemanha, foi a vez da Áustria pedir a sua extradição. Mas Brunner, aliás Fischer, prosseguiu as suas actividades de homem de negócios com total impunidade. Os Franceses deixaram de o perseguir. A hora é de clemência para com os antigos nazis. Ele quis ir à Suíça para tratar o seu olho ferido. Simon Wiesenthal alerta o procurador de Ludwigsburg. Avisado por antigos combatentes austríacos da Cruz Vermelha alemã e austríaca, Brunner desiste da viagem.

Beate e Serge Klarsfeld encarregam um detective privado de vigiar a correspondência da sua esposa que se mantinha em contacto. Era impossível pedir a sua extraditação. O Mossad reúne todas as informações possíveis. Quatro dias após um atentado contra o Presidente sírio Al Assad, Brunner recebeu novamente uma carta armadilhada, remetida pelos «Amigos da Planta Medicinal» de Karlstein na Áustria. Adepto das plantas medicinais, está em contacto com aquele grupo, pelo que de nada desconfia e abre o envelope. A explosão arranca-lhe todos os dedos da mão esquerda com excepção do polegar.

Beate Klarsfeld telefona-lhe, fazendo-se passar pela secretária de um magistrado alemão que se preocupava com ele. Serge Klarsfeld queria inculpá-lo pela morte de seu pai. Desembarca em Damasco

O Argentino, o Brasileiro e o Amigo dos Árabes

com o processo de Brunner, mas fazem-no retroceder. Em Outubro de 1985, Brunner concede uma entrevista acompanhada por fotografias a alguns neonazis alemães que a oferecem à revista *Bunte*. Nela revela que se sente verdadeiramente em segurança na Síria, que não perdeu o seu ódio anti-semita e lamenta não ter consumado o «trabalho» de extermínio.

Foi visto pela última vez dentro de uma ambulância que o transportava para tratamentos. Contudo, a sua morte foi anunciada em 1992 através de uma carta confidencial publicada em Paris.

«O meu grande caso pessoal foi o do comandante de Treblinka, Franz Stangl», diz com orgulho o caçador de nazis de Viena. «Encontrei-o no Brasil e esta foi a primeira extradição de um nazi feita por um país da América do Sul na década de 60. Pensávamos que ele era responsável apenas pela morte de 500 000 pessoas. Entretanto, ficámos a saber que mandara matar 850 000. O processo desenrolou-se em Düsseldorf. Foi condenado a prisão perpétua, tendo acabado por morrer na prisão. Este foi um dos raros processos a que quis assistir. Eu disse às pessoas que se não tivesse feito mais nada na minha vida excepto entregar este homem à justiça, pelo menos não teria vivido em vão.»

Depois Simon Wiesenthal relata um outro caso: «Penso no processo do oficial encarregado dos transportes de Eichmann, Franz Nowak. Ele conduziu mais de um milhão de pessoas para Auschwitz das quais, provavelmente, só 25 000 sobreviveram. Era um austríaco, mas com um nome eslavo. Havia muita gente com nomes eslavos entre os que cometeram crimes. Pretendiam ser «super-germânicos» e a «germanidade», na época nazi, era sinónimo de crime. Também se comportavam como se esperava que o fizessem quando ocupavam cargos criados para Alemães.»

O director do Centro prossegue: «No primeiro processo, este homem foi condenado a oito anos de prisão. Foi presente a um tribunal de júri, sendo o julgamento anulado em recurso devido a um vício de forma. No seu segundo processo, sempre perante jurados, Nowak foi ilibado. Mas no terceiro processo conseguiu-se que lhe fossem aplicados nove anos de prisão. Ao fim de cinco anos, foi libertado atendendo ao seu bom comportamento. Que querem? Ele nunca bateu em nenhum dos seus colegas de prisão nem atirou com o prato da sopa à cabeça de nenhum guarda. Compare seis anos com um milhão de mortos. Isso dá três minutos e vinte segundos por vítima. Existiram outros processos contra pessoas que tinham alguns milhares de vítimas na consciência. Foram repreendidas com dois ou três dias por vítima. Alguns que mataram menos apanharam três semanas de prisão para cada pessoa assassinada.»

A Justiça mede-se ao cronómetro ou ao calendário? Os crimes contra a Humanidade são puníveis? Infatigável, Wiesenthal não baixa os braços: «Temos o caso, de que actualmente me ocupo, do chefe da *Gestapo* de Katowice, Johannes Thümmler, hoje com 91 anos, que posteriormente foi chefe da *Gestapo* em Auschwitz. Em 1945, este homem retirou-se para Colónia, onde em 12 dias ainda conseguiu mandar prender três pessoas em caves. Os ocupantes franceses apanharam-no em 1946 e um tribunal francês condenou-o a dois anos e meio de prisão, ele que tinha milhares de mortos na consciência. Ainda foi alvo de um segundo processo que foi encerrado em 1971. Eu próprio tentei intervir contra ele em 1975, mas já nada mais se podia fazer. O seu processo ocupou-nos durante bastante tempo. Agora vamos tentar um outro processo, em Estugarda, no seguimento das minhas tentativas de 1971 e 1975. Quando nos empenhamos numa acção de justiça, normalmente passam cinco anos até chegarmos a tribunal. Mas no caso presente esperamos chegar ao fim.»

Mas ainda não é o último. «Os Italianos só começaram a entregar judeus no segundo semestre de 1944. 6000 a 8000 judeus», explica Wiesenthal, «foram enviados de Milão, na Lombardia, para Auschwitz pelo chefe alemão da *Gestapo* de Milão, Theodor Saevecke. Ainda está vivo e nunca foi condenado. As autoridades alemãs pouparam-no. É ainda um processo em aberto.»

VII PARTE

Eles Salvaram a Honra

Um fenómeno alemão?

Incontestavelmente, o fascismo foi durante a década de 30 um fenómeno europeu e não exclusivo da Alemanha. Nenhum povo europeu esteve imune a esta praga. No entanto, o extermínio em massa de populações inteiras permanece um fenómeno tipicamente nacional-socialista, mais do que «fascista».

Simon Wiesenthal dá o exemplo de Itália. Não só o fascismo italiano não liquidou os judeus, como não os entregou a Hitler – como não fez Franco, ele próprio de origem judaica (Franco era um marrano, descendente de judeus convertidos). A Hungria conseguiu também resistir à sede de sangue nazi enquanto não foi ocupada pela *Wehrmacht*. De forma diferente, a sede de sangue dos nazis contaminou mais gravemente a França.

«Durante todo o período em que existiu fascismo em Itália», conta Wiesenthal, «foi executada uma centena de pessoas por razões políticas. Na Alemanha, os nazis começaram por executar 30 000 adversários políticos alemães. Eu próprio vivi essa diferença. Em Lemberg, nós, os detidos, tínhamos de trabalhar nos quartéis italianos. Quando os Italianos souberam que as SS faziam uma razia entre os judeus, esconderam-nos nos quartéis onde trabalhávamos. Nunca ouvi dizer que a *Wehrmacht* tenha feito o mesmo. Alguns, talvez, mas isso nunca chegou ao meu conhecimento. Havia judeus ricos que pagavam para trabalhar para os Italianos.»

Qual a razão por que soldados e diplomatas italianos salvaram judeus enquanto os seus congéneres alemães se tornavam nos executores do seu assassinato? Quando em 1941 os Alemães começaram a deportar os judeus da Grécia e da Croácia ocupadas, os Italianos recusaram entregar os judeus das regiões que ocupavam. Jonathan Steinberg, autor de um livro sobre a Resistência italiana, conseguiu demonstrar que uma cultura humanista ancestral impôs que militares, funcionários e diplomatas italianos se opusessem à ordem de extermínio emitida por Mussolini a exigência do seu aliado Hitler.

Nos países de Leste, o anti-semitismo permitiu aos nazis recrutarem numeroso auxiliares. Mas o contrário também é verdade. «Não era assim tão fácil salvar um judeu, sobretudo numa família», continua Wiesenthal. «Os nazis fuzilavam ou deportavam todos os que ajudassem os judeus. Foi o caso de inúmeras pessoas na Polónia e, contudo, se 40 000 judeus sobreviveram na Polónia isso deve-se unicamente à ajuda que conseguiram obter dos Polacos. Antes da guerra, viviam na Polónia 3,5 milhões de judeus. Não restam mais de 6000. Alguns grupos polacos são anti-semitas. O Estado polaco promulgou leis contra o anti-semitismo que de forma alguma são aplicadas aos grupos anti-semitas. Estou a par de tudo isto porque há Polacos que me visitam e porque falo várias línguas eslavas. Mas repito sempre para mim próprio que, no fim de contas, os Polacos mesmo assim salvaram 40 000 judeus.»

1

Os Justos

No seu livro consagrado aos heróis alemães anónimos que salvaram judeus e adversários do nazismo perseguidos pela *Gestapo*, Herbert Straeten relata que um dia, em Israel, assistiu a uma parada militar impressionante. Ao ouvir este jornalista alemão falar na sua língua materna com os seus colegas, um espectador atirou-lhe: «Veja bem. Estes condutores de tanques e os pilotos são todos eles judeus, todos judeus.» Judeus que os nazis declaravam inaptos para pegarem em armas, ao contrário dos heróis nórdicos, como Siegfried.

Em 1933 este homem era pediatra em Nuremberga e, para o ajudar a subsistir, numerosos parentes alemães pediam-lhe que consultasse às escondidas os seus filhos doentes. Deu ao jornalista alemão a prova de que os seus compatriotas não tinham aderido espontaneamente à propaganda nazi. Motivado por este encontro, Straeten veio mais tarde a escrever este livro no qual relata o caso do médico-chefe de Gelsenkirchen, Rudolf Bertram, que operou e escondeu 17 judeus húngaros deportados para a Alemanha, do soldado Hans Georg Calmeyer, advogado na vida civil, que salvou 2899 judeus holandeses, falsificando os processos na posse do comissário do *Reich* para os Países Baixos, Arthur Seiss-Inquart.

Segundo investigações mais recentes, Calmeyer, um soldado, poderá ter salvo entre 15 000 a 17 000, sendo assim o mais eficaz dos resistentes antinazis, excepção feita a Raul Wallenberg. Straeten também nos fala do pastor protestante de Wurtemberg, Otto Mörike, e de sua esposa Gertrud que, sob o pretexto de alojar compatriotas sem abrigo – as suas casas tinham sido destruídas pelos bombardeamentos –, organizaram uma «rede de fraternidade» para os judeus perseguidos pela *Gestapo*. Mörike percorria os campos em busca de abrigos para os seus protegidos. Conhecido desde 1936 pela sua hostilidade ao nazismo, não procurou esconder-se. Por que não o prenderam? Apesar de ter o nome de um grande escritor alemão do século XIX, Eduard Mörike, não era isso que faria hesitar a *Gestapo*.

O seu caso prova que se podiam correr alguns riscos e passar através das malhas da rede. O estatuto social – médico, diplomata, pastor –, podia impressionar até os nazis mais fanáticos. Mas era uma questão de sorte e geralmente ficava-se a perder. As pessoas simples estavam à mercê da polícia. Como o camponês Heinrich List.

Em Maio de 1993, no museu da sinagoga de Michelstadt, pequena cidade termal do Reno-Meno, os netos dos agricultores Heinrich e Maria List receberam das mãos do embaixador de Israel na Alemanha a Medalha dos Justos entre os Povos. Os seus avós tinham acolhido durante o Inverno de 1941-1942 o judeu Ferdinand Strauss e Heinrich List pagou com a vida este gesto humanitário.

Filho de um comerciante de tecidos de Michelstadt, Ferdinand Strauss tinha fugido de casa de um tio em Frankfurt no seguimento do *pogrom* de 9 de Novembro de 1938 – a Noite de Cristal. Em Novembro de 1941, quando a caça aos judeus se tornou mais acesa, tendo o tio falecido e a tia se envenenado, regressou à sua região natal, procurando refúgio junto da família List, em Ernsbach. Quando chegou a casa deles, Maria List estava sozinha em casa. Não hesitou um segundo. A irmã tinha trabalhado em casa dos Strauss e os List sempre tinham mantido o contacto com aquela família.

Quando Heinrich regressou do trabalho nos campos, encontrou em sua casa um visitante inesperado e concordou imediatamente com a mulher: «O judeu fica cá em casa.» Fernand Strauss ali permaneceu até 16 de Março de 1942, quando a polícia veio prender Heinrich List. Um deportado polaco que trabalhava na quinta deu com a língua nos dentes na aldeia sobre o judeu escondido. Strauss, que conseguiu fugir a tempo, sobreviveu à guerra.

Um simples agente da polícia interrogou o agricultor que declarou: «Admito que desde meados de Novembro até há oito dias escondi o judeu Fernand Strauss. Já não o via desde antes do começo da guerra. Nesse dia andava nos campos. A minha mulher estava em casa e acolheu-o. Perguntei-lhe o que pensava fazer [...] ele disse-me que queria ficar alguns dias em Ernsbach.»

À pergunta do polícia sobre as razões que o tinham levado a acolher um judeu, o camponês respondeu muito simplesmente: «Porque o conhecíamos desde criança e porque estava só.» Não teria ele agido movido por hostilidade ao *Reich*?, insistiu o polícia: «Não, somente porque o conhecíamos bem e porque anteriormente tínhamos tido boas relações de negócios, pelo que tive piedade e o alojei.» Mas como fora possível o polaco dar tantos pormenores?, perguntou o polícia: «O meu empregado polaco e o judeu comiam juntos à nossa mesa. Quando alguém nos visitava, ele escondia-se num outro compartimento. Ele passava os dias num dos quartos. O judeu tomava parte em toda a vida familiar.»

A *Gestapo* colocou Heinrich List em «prisão preventiva» e depois deportou-o para Dachau. Foi em Março de 1942, dois meses após a Conferência de Wansee onde se decidiu a «Solução Final da questão judaica». Quem «favorecesse um judeu» era passível de ser punido com a pena de morte. A mulher do camponês recebeu um «sério aviso» da *Gestapo*. Em Outubro do mesmo ano, o comandante do campo, um *Obersturmbahnführer SS*, informou por carta a senhora List que o marido falecera devido a um «fleumão numa perna» e que «não havia qualquer inconveniente se quisesse vir buscar a urna contendo as suas cinzas». Pouco depois a senhora List soube que o filho tinha sido morto na frente.

Georg Ferdinand Duckwitz era um diplomata alemão. Estudante de Direito, filiou-se no Partido Nazi antes de 1933 e Ribbentrop nomeara-o responsável pelas questões marítimas na missão alemã junto da Dinamarca. Salvou mais de 7000 judeus que, sem ele, teriam sido exterminados em Auschwitz. Duckwitz conhecia bem Copenhaga, onde tinha trabalhado antes da guerra como representante da firma de Bremen Kaffee Hag e onde tinha inúmeros amigos dinamarqueses.

Em Agosto de 1943, o general SS Werner Best, que detinha o governo da Dinamarca e fizera a sua aprendizagem com Heydrich, demonstrou querer ir além da vontade do *Führer* ao propor num telegrama dirigido a Berlim a deportação para um campo de extermínio na Polónia de 8000 judeus dinamarqueses.

Mas ao mesmo tempo, este intelectual cínico, que sentira que o vento estava a mudar após a derrota de Estalinegrado, seis meses antes, escreveu no seu telegrama que existiam dificuldades logísticas e que precisava que lhe fossem enviados reforços para organizar esta operação.

Assim, Duckwitz ficou com tempo para entrar em contacto com a Resistência dinamarquesa e ir a Berlim para travar o telegrama antes que chegasse ao quartel-general do *Führer*. Tarde de mais! A 17 de Setembro, chegava a resposta de Hitler: a deportação fora aprovada. Na noite de 19 de Setembro de 1943, G. F. Duckwitz escreveu no seu diário: «Sei o que tenho de fazer.» E fê-lo apesar do risco de ser preso e condenado à morte. Foi a Estocolmo e informou o primeiro-ministro Per Albin Hansson, pedindo-lhe para intervir junto de Berlim. A intervenção sueca não produziu qualquer efeito. Duckwitz tentou então impedir a deportação por intermédio de amigos alemães altamente colocados. Tempo perdido. Foi falar com Best, pois sabia-o desejoso de sobreviver ao III *Reich*. O astuto *Obergruppenführer SS* assegurou-lhe que «no caso de os judeus partirem ilegalmente, ele não teria meios para o impedir». Duckwitz obteve o concurso de Friedrich Wilhelm Lübke, chefe dos transportes marítimos em Aarhus. Este apresentou a desculpa que os seus navios se encontravam em mau estado, pelo que seria necessário trazer duas embarcações da Polónia para transportar os judeus. Duckwitz utilizou este tempo de espera para arranjar as coisas em segredo com a Resistência e o influente partido social-democrata dinamarquês. Três futuros ministros-presidentes da Dinamarca participaram nas conversações. Foi concertada uma acção de envergadura. O diplomata alemão enviara um emissário a Estocolmo para informar os Suecos da iminência da operação e para que os Suecos preparassem o acolhimento.

Posto ao corrente pelos resistentes, o rabino Markus Melchior comunicou na sinagoga aos seus fiéis que eles deviam preparar discretamente a partida. No mesmo dia, o bispo de Copenhaga, Hans Fuglsand-Damgaard, protestou oficialmente junto das autoridades alemãs contra a perseguição aos judeus e mandou ler nos púlpitos de todas as igrejas do país uma declaração hostil a estas medidas do ocupante. Era portanto necessário agir rapidamente, pois os nazis em Berlim poderiam acelerar a deportação, ao aperceberem-se da crescente resistência.

Dezenas de barcos de pescadores e outras pequenas embarcações transferiram para a Suécia mais de 7000 pessoas, velhos, homens, mulheres e crianças, os quais depois foram escondidas em residências. A marinha alemã fechou os olhos: o comandante do porto era um antigo colega de trabalho e amigo de Duckwitz. O diplomata alemão tinha tantos amigos que escapou à prisão da *Gestapo*. Em 1955 regressou a Copenhaga como amigo e com o título de embaixador da República Federal Alemã.

As formas passivas de resistência mostraram-se insuficientes para derrubar o regime nazi. Mas foram elas que salvaram a honra dos Alemães. Um dos mais eficazes e menos conhecidos salvadores foi

Berthold Beitz. Depois da guerra, director-geral da companhia de seguros Iduna de Hamburgo, a seguir, a partir de 1953 e durante mais de 20 anos, procurador do grupo Krupp – um nome que para os Franceses de uma certa época só evoca lembranças de guerra –, este rapaz de origem modesta, filho de um oficial subalterno dos Ulanos, tornou-se secretário da filial do Reichsbank em Demnin, na Pomerânia. Com 28 anos, em 1941, fez-se notado pelo seu talento como economista, tendo sido nomeado director da companhia petrolífera Beskiden-Öl – mais tarde Karpathen-Öl – antiga filial da Shell. Tinha sob as suas ordens 1500 trabalhadores, na sua maior parte judeus. A sua única preocupação quando tomou posse do seu cargo era fazer carreira.

Em Borislav, na Galícia, no dia 15 de Fevereiro de 1943 o responsável do estado-maior das SS pelos judeus e pelos campos de trabalho, Friedrich Hildebrand, desencadeou uma operação de extermínio contra os operários judeus amontoados no gueto, fazendo executar imediatamente todos os jovens e encerrando os restantes no cinema Coliseu. Um desses infelizes, Aleksander Hauer, um especialista em petróleos que trabalhava com Beitz, conseguiu fugir e alertou o seu patrão. Beitz dirigiu-se imediatamente de carro ao Coliseu e exigiu que a polícia libertasse várias pessoas, familiares próximos dos seus colaboradores, o que lhe foi concedido.

Os 600 prisioneiros foram embarcados em camiões e conduzidos até ao matadouro da cidade para aí serem fuzilados. Beitz seguiu de carro as viaturas e a alguns metros do local da execução conseguiu uma vez mais parar o comboio e que a empregada de limpeza do seu escritório, Lorka Altbach, descesse, afirmando que se tratava da sua secretária e que não tinha com ela os seus documentos de identificação. Assistiu ao massacre, perpetrado em público pelo responsável pelos judeus da *Sicherheitspolizei* (SIPO), Josef Gabriel, e por polícias bêbados. Muitas das vítimas ainda não estavam mortas quando foram enterradas vivas. Soldados e funcionários civis alemães, polícias, SS, ucranianos e polacos assistiram à cena sem poderem ou sem quererem intervir.

A secretária de Beitz, Hilde Berger-Olsen, relatou que o seu chefe regressou ao escritório «lívido como um morto», dizendo que «um dia, o mundo inteiro saberia que tais coisas se tinham passado e que o povo alemão por inteiro pagaria pelos seus crimes». A partir dali, Berthold Beitz mudou de campo. Senhor de uma forte personalidade, tanto do ponto de vista físico como moral, modelo conforme a ideia que os nazis faziam de um capitão da indústria germânica, consagrou a maior parte do seu tempo, com o apoio da família e de amigos, a salvar judeus em perigo de vida. «Não se tratava nem de antifascismo nem de um acto de resistência», disse ele, «simplesmente era preciso que nos comportássemos como seres humanos. Quando se vê fuzilar uma mulher com o filho nos braços, a nossa reacção muda completamente.» Todas as testemunhas dessa época que conheceram Beitz e a esposa são unânimes em louvar o seu sentido de humanidade.

Hoje, Beitz recorda-se ainda dessas cenas terríveis, em particular do acontecido a 8 de Agosto de 1942, conforme nos conta: «Eu tinha adiado uma viagem de negócios e fiquei em Boryslav porque me tinham dado a informação da existência de uma ordem vinda de Lemberg que implicava a deportação imediata de 5000 judeus. A *Gestapo* e as SS tinham transportado pessoas das comunas dos arredores em camiões e viaturas para a estação de caminho-de-ferro. Era de noite mas vi crianças vestidas com os seus pijamas às riscas iluminadas por aquela luz difusa. Depois vieram os outros que eles tinham andado a procurar por todo o lado e começaram a contá-los à medida que os obrigavam a entrar para os vagões. Cada um devia levar consigo um dos miúdos que ali se encontravam. Um dos homens declarou que era médico e foi-lhe dito em ar de brincadeira: "No céu, também teremos necessidade de médicos…" Não é possível imaginar a atmosfera que ali reinava. Eles arrastavam os seus pertences atrás de si e havia aquela lâmpada que difundia uma luminosidade estranha. Ali estavam todos, de pé, guardados por um punhado de homens, e esperavam, inclinados para o chão, pacientes, humildes […] Era notável a docilidade e a humildade com que se comportavam, de pé, sem se defender nem fugir, esperando sempre que os salvassem ou que fossem levados para algum sítio onde poderiam sobreviver. Era na verdade uma atmosfera estranha […] E toda aquela gente, para mim enquanto ser humano, a coisa mais inverosímil de todas, aquela gente não contava para nada, eram apenas números, mercadoria ou qualquer outra coisa do género. A polícia, então, tratava estes seres humanos com uma indiferença e uma brutalidade inacreditáveis. Por vezes, quando nos tentamos lembrar, é como se revíssemos um *western* onde se abatem pessoas a tiro de pistola ou de espingarda.»

Nessa noite, Berthold Beitz conseguiu salvar muita gente destinada à deportação e à morte. Mas, mesmo para um homem tão altamente colocado como ele, o risco era muito grande. Acabou por ser momentaneamente detido pela *Gestapo* em «prisão preventiva» na gare. O historiador Thomas Sandkühler registou no seu livro *A Solução Final na Galícia* como a *Gestapo*, a SS e as milícias ucranianas abateram durante essa noite de São Bartolomeu os judeus, homens, mulheres, crianças, nas suas casas, nos seus locais de trabalho, os doentes nas suas camas de hospital. Chamavam a isto «selecções». O historiador evoca o caso das crianças do orfanato de Boryslav, arrancadas ao sono a meio da noite para serem deportadas, sendo as mais jovens imediatamente fuziladas no local.

Já saberia Berthold Beitz em 1942 que os deportados iam ao encontro da morte? Ele responde-nos: «Falavam-nos de "recolonização". Não havia dúvida que as pessoas que eram transportadas iam para campos de concentração. Hoje, sabe-se que era sinónimo de morte. Mas repetiam-nos, estavam somente a ser transferidas para outros locais. Tinha informação que toda aquela gente era reinstalada e nunca poderia ter imaginado na época que estavam a caminho da liquidação total. Os Alemães não sabiam, naquela altura, que, por exemplo no campo de Belzec se assassinavam pessoas.» Milhar a milhar e meio de judeus que foram deportados devido a esta rusga morreram em Belzec na câmara de gás, relata Sandkühler.

Em Julho de 1943, Beitz era o único dirigente da empresa de petróleos dos Cárpatos a não ter «dado» um único judeu; «dado» significava: à morte. Ele geriu também o seu grupo de empresas de forma a poder manter o maior número possível de judeus declarados como indispensáveis. Qualquer decisão industrial podia significar a salvação ou a morte de centenas de pessoas. Por força das funções que ocupava, foi declarado *UK*, o que significa «inapto para a guerra». Mas teve de intervir junto da direcção da sua empresa, em Berlim, para obter do ministério de Speer a indicação de que os quadros da indústria petrolífera não seriam mobilizados. A sua dispensa devia no entanto ser renovada todos os seis meses e foram precisas outras intervenções da sua empresa para que pudesse manter o cargo. Em 1944, Bleitz foi mobilizado para o Exército e enviado para a frente.

2

Os Alemães Sabiam?

Nas décadas de 50 e 60, muitos alemães tinham vergonha do «que fora feito em seu nome», segundo a fórmula oficial. Preferimos dizer «do que os Alemães fizeram contra os Alemães», porque em 1939, um milhão de Alemães, sem contar os judeus alemães, que não eram menos alemães, estavam presos em campos de concentração. Alguns foram ali postos ainda nos anos 1933-1934.

Que tenham tido «vergonha» não quer dizer que se sentissem «culpados», a não ser por omissão. Na nossa concepção republicana do Direito, a culpabilidade não pode ser colectiva, ao contrário da responsabilidade e da solidariedade. Ora, o Presidente alemão Roman Herzog confirmou que os Alemães sentiram uma «vergonha colectiva». Quando o Presidente Chirac, por seu lado, disse que os Franceses carregam uma parte dessa vergonha muito contribuiu para a reaproximação entre Alemães e Franceses. Na Europa deixou de haver acusadores (os Aliados) e acusados (os Alemães). Qual a razão por que somente três polícias invocaram a cláusula de consciência aquando da rusga do Vélodrome d'Hiver? O peso do silêncio que se abatia tinha-se tornado intolerável no ambiente de então.

Inúmeros Franceses certamente deram asilo e salvaram judeus durante a Ocupação. Mas aqueles que sucumbiram àquilo que Henri Amouroux chama «o pecado da indiferença» foram em muito maior número. A partir de Agosto-Setembro de 1941, Vichy fora entregue aos Alemães e tinha multiplicado as leis de excepção. Depois em Agosto de 1942, os 10 000 judeus pretensamente «apátridas», refugiados na zona sul, para lá da linha de demarcação, foram entregues aos Alemães.

As coisas não se passaram de maneira diferente na Alemanha, mas os Alemães salvaram judeus arriscando muito mais que os Franceses. Dos 50 000 judeus que permaneceram em Berlim após a subida ao poder de Hitler, 4000 sobreviveram escondidos por compatriotas não judeus. Contaram-nos a história de um senhor de Düsseldorf que tinha um filho ainda jovem. Todas as semanas ia com ele à Holanda para lhe comprar chocolates. «Como todos sabem, é na Holanda que se encontra o melhor chocolate», dizia aos funcionários da alfândega alemã, que talvez não fossem completamente tapados. No entanto o filho deste senhor nunca era o mesmo. De cada vez era um rapazinho judeu diferente que tinha o pai ou mãe internados num campo de concentração. Este desconhecido salvou assim centenas de crianças.

Nos anos 1970, o filme *Holocausto*, retransmitido depois na televisão, emocionou milhões de telespectadores alemães. Desde que começou a ser exibido nas salas alemãs, o filme de Steven Spielberg, *A Lista de Schindler* que retrata a vida de um industrial alemão que salvou mais de um milhar de judeus da morte pelo facto de os manter ao seu serviço, despertou a atenção em vários milhões de espectadores.

Estamos sempre mais de sobreaviso depois do golpe ter sido dado. Recriminam-se os Alemães e os Franceses da Ocupação por terem feito resistência e serem antinazis *a posteriori*. Mas as coisas não se passaram de modo diferente com a maioria dos intelectuais da Alemanha Ocidental face à ditadura comunista da RDA, à qual achavam um certo encanto… até 1989. E contudo, eles não se tinham submetido à violência totalitária.

Uma vez instalado o totalitarismo, qualquer acção subversiva, a mais ínfima das críticas, pode saldar-se pela tortura ou pela morte. E raros são os homens e as mulheres suficientemente corajosos ou temerários para aceitarem sacrificar-se pela hipotética salvação da colectividade. Ficou conhecida da época a expressão o *deutscher Blick*, literalmente o «olhar alemão», que ridicularizava o vocabulário da tirania. Não designava o olhar arguto e perscrutante do ariano de olhos azuis, mas sim o olhar apurado por cima do ombro de todo o cidadão para se certificar de que nenhum informador se encontrava por perto a escutar o que ele dizia.

A partir de 1942-43, quando por fim a roda da fortuna começou a mudar, muitos Alemães gostariam de se ter desembaraçado deste regime e concluído uma paz honrosa. Compreenderam então como a extraordinária perfídia e as mentiras diabólicas de Hitler os tinham enganado.

Esta constatação foi um dos móbiles do último grupo de opositores que se conseguiu juntar, apesar da infiltração ideológica e os vazios abertos intencionalmente nas suas fileiras: os oficiais antinazis da *Wehrmacht*. Mas os Aliados não lhes estenderam a mão. Estes queriam a capitulação da Alemanha, queriam ser eles mesmos a derrotar Hitler. Entre a população, as mulheres, os idosos e as crianças não pensavam noutra coisa: escapar aos tapetes de bombas lançadas sobre as suas cidades pelos aviões aliados. Quanto aos homens, na frente, o seu problema era sobreviverem a cada momento ao fogo da metralha enquanto esperavam pelo fim do pesadelo.

Mesmo se conhecesse a existência dos campos de concentração, o alemão médio não tinha capacidade para intervir. No momento do extermínio total dos judeus, esfomeado e miserável, sob a vigilância do *Blockwart*, o guarda do prédio, à mercê dos informadores e da maldade dos seus vizinhos de patamar, por vezes atormentado pela dor provocada pela perda de entes queridos, caídos na frente ou queimados pelas bombas de fósforo, cada um pensava mais em salvar a vida, permanentemente ameaçada. Não se pode acusar ninguém por ter cedido ao instinto da sobrevivência.

Cada um de nós deve interrogar o seu íntimo e a sua consciência sobre o que teria feito e se teria sido capaz de discernir desde o início a malignidade do nazismo. A grande maioria dos Alemães que viveu sob o III *Reich* e que se cruzou com este regime totalitário já faleceu. Uma minoria considerável, e em certos momentos, perante os sucessos de Hitler, talvez uma maioria, aclamou-o. Deixando de lado aqueles que não foram muito bafejados pela inteligência para entenderem os avisos da História, é necessário conceder aos seus filhos e netos o benefício do perdão colectivo para os crimes que eles próprios não cometeram.

Perita em psicologia e psicanalista em Munique, Gudrun Brockhaus publicou em 1998 um livro intitulado *Schauder and Idylle* («Calafrio e Idílio») que explica a hipnose exercida por Hitler sobre os Alemães seus contemporâneos. O fascismo apresentava-se como «uma promessa de experiências vitais». Segundo ela, não foram nem o comportamento grandiloquente dos nazis nem a própria personalidade de Hitler que cegaram as pessoas, mas sim a ilusão de que o movimento nacional-socialista podia sublimar a vida quotidiana, a que se juntava o grande entusiasmo provocado pela audição dos cânticos marciais e das marchas cadenciadas, bem como a encenação dos discursos do *Führer*, os feixes de luz e as multidões presentes no congresso do Partido no estádio de Nuremberga.

A principal «promessa» dos nazis consistiu em garantir às pessoas que iriam poder esquecer a tristeza e a mediocridade das suas vidas quotidianas. O apelo à exaltação e a oferta de experiências vitais, bem como de mitos, dissimulavam a realidade, cheia de misérias e contradições. Brockhaus baseou-se em filmes, livros, nas mentiras do mito e da ideia de «comunidade» e «ascese» difundidas pelo Partido Nazi. O mérito da sua obra é ter chamado a atenção para o aspecto emocional e colectivista do nazismo. Mas adesão e medo entrelaçam-se, como vários historiadores alemães já sublinharam.

Gudrun Brockhaus pensa que, sob o verniz da democratização, tanto na Alemanha como noutras paragens, o terreno ainda está úbere para tais emoções. Igual opinião tem Laurence Rees que cita o filósofo Karl Jaspers, refugiado na Suíça durante o III *Reich*: «O que aconteceu foi um aviso. Esquecê-lo seria um pecado. É preciso ser lembrado continuamente. Foi possível que isto se tenha produzido e isso pode acontecer a todo o momento. Isto só pode ser impedido pelo conhecimento.»

A utilização de símbolos nazis constitui hoje na Alemanha um delito. Os que usam a cruz gamada, tornada tabu ou provocação, não têm quaisquer hipóteses de ser bem sucedidos.

Gudrun Brockhaus chama a atenção para o alastrar das seitas. Numerosas pessoas têm necessidade de se «injectarem» com emoções colectivas para fugir ao quotidiano. Uma necessidade que a política não consegue satisfazer nos nossos Estados democráticos.

No princípio dos anos 70 discutimos este fenómeno com um diplomata da embaixada da URSS em Berlim Leste, que era evidentemente o homem local do KGB. Este confiou-nos que na sua embaixada passavam filmes de actualidades do período nazi para que se percebesse a astúcia com que Hitler e Goebbels tinham conseguido conquistar a simpatia das massas. Ele não a conseguiu detectar.

As situações históricas não são recreáveis. É impossível hoje, sobretudo para os jovens, colocarem-se mentalmente na situação que se vivia nos anos 30. O ambiente e o simbolismo dos anos 30 (por exemplo o prestígio e autoridade dos uniformes e das insígnias) desapareceram e, com eles, a aspiração que habitava todo um povo tornado infeliz pela incerteza, brecha por onde Hitler e os seus cúmplices penetraram.

A 27 de Janeiro de 1997, a televisão alemã leu perante um público de crianças e adolescentes o *Diário* de Lisi Block, uma Anne Frank bávara, iniciativa destinada a fazer reviver essa época com palavras de uma das suas irmãs. Os jovens ouvintes foram depois convidados a dar as suas opiniões. Percebeu-se que eles viviam num outro contexto. Dizia uma jovem: «Não consigo facilmente por-me no seu lugar, nas suas ideias, na forma como vivia, na sua família, é de tal modo diferente da minha vida que tenho grande dificuldade em fazer a ligação. Na verdade, é muito triste e isso dá que pensar, mas não consigo verdadeiramente transportar-me para aquela época através do pensamento.»

Será que à juventude de hoje também falta imaginação histórica? De seguida, pediu-se a um grupo de estudantes do Liceu Albert Einstein de Munique que entrevistasse pessoas idosas que tinham vivido o III *Reich*, sobre a política e as possibilidades de naquela época se estar informado. A pergunta sistemática era: «Não sabia que os judeus estavam a ser perseguidos?» E quando a resposta era negativa, ouvia-se um riso de troça no grupo de jovens. Mais, as perguntas revelaram uma desinformação radical do que é a vida sob uma ditadura, da prisão mediática, da imprensa e rádio censuradas e dirigidas por um Ministério da Propaganda, do perigo omnipresente da prisão e da execução.

Entre 1933 e 1945, sabiam os Alemães do extermínio dos judeus? Relançada pelo livro controverso de Daniel Jonah Goldhagen, *Hitler's Willing Executioners: Ordinary Germans and the Holocaust* (*), esta pergunta muitas vezes feita começou a receber um princípio de resposta. Apesar do secretismo que rodeava o Holocausto, 27% dos Alemães com mais de 65 anos ainda vivos declaram ter sido informados do extermínio dos judeus durante o III *Reich*, embora pensassem até agora que imensa maioria da população alemã nada soubera.

Foi isto que deu a conhecer em 5 de Setembro de 1996 um instituto de Mogúncia, o Agrupamento de Pesquisas Eleitorais, após ter interrogado 1300 alemães daquela geração. Segundo a sondagem, 8,3% tinham «percebido por eles próprios» que os detidos eram exterminados em campos de concentração, enquanto que 18,7% «tinham ouvido falar». Um em cada dois alemães estava ao corrente das deportações dos judeus, mas 70% declaravam que só no final da guerra ficaram a saber das execuções em massa nos campos.

Esta coexistência entre «os que sabiam» e «os que nada sabiam» pode ser explicada pelas condições de vida que reinavam sob a ditadura nazi. Falar de assunto proibido podia ser punido com a pena de morte. A informação não saía do seio familiar. O director deste insti-

---

(*) *Os Carrascos Voluntários de Hitler*, Lisboa, Editorial Notícias (*N. do T.*).

tuto, Mathias Jung, pensa no entanto que o número de pessoas que estava ao corrente deve ter sido mais elevado, acreditando que se interpôs aqui «um processo de recalcamento» e que todas as pessoas interrogadas «não responderam necessariamente com sinceridade», se bem que a sondagem fosse anónima.

É frequente dizer-se que os Alemães das gerações que conheceram o III *Reich* e a guerra não gostam de falar desses assuntos, que fizeram sobre eles um voto de silêncio mesmo quando entre família. Isto não é verdade. Na realidade, a memória humana, selectiva, tende a apagar as recordações negativas. Mas algumas são tão difíceis de carregar que há a necessidade de falar sobre elas, sobretudo quando o seu preço foram anos de liberdade e de alegria, como durante o III *Reich*, que roubou parte das vidas dos Alemães, incluindo os que não morreram na frente ou por força das bombas. No entanto, não falam à toa e com quem quer que seja. É necessário penetrar e viver na intimidade alemã para o saber. O que não foi seguramente o caso de um investigador americano como Daniel Goldhagen.

Antes de redigir o seu livro, o acusador dos Alemães só tinha passado alguns meses na Alemanha. É pouco para conhecer um país tão complexo. Este americano não teve mais que um conhecimento superficial daquele povo. A publicação do seu livro permitiu-lhe conhecer por fim a Alemanha contemporânea graças a uma digressão de conferências e debates.

Mas os Alemães são estranhos. Goldhagen, cujo livro *Hitler's Willing Executioners* é uma seta apontada ao povo alemão, recebeu em Março de 1997 na cidade de Bona o Prémio Democracia 1997. Numerosos políticos ligados aos Verdes e ao Partido Social-Democrata, o líder do Partido Comunista (PDS) Gregor Gysi, burgomestre de Bona, e um público muito numeroso, vieram assistir à conferência de imprensa. Na entrega do prémio, a vasta sala de concertos do Beethovenhalle estava a rebentar pelas costuras.

Uma semana antes, em Bona, tinha sido apresentado, num quadro mais modesto, o livro de Herbert Straeten sobre a resistência alemã ao nazismo. Estiveram presentes o embaixador de Israel e um ministro de Estado alemão. Nenhuma personalidade política assistiu e só uma meia dúzia de jornalistas, alguns amigos do autor, o vieram escutar. Felizmente, alguns dos seus compatriotas que são evocados por Straeten têm os seus nomes inscritos no Parque dos Justos entre outros 300 nomes de alemães, nos quais se inclui Oskar Schindler, na vizinhança do memorial do Yad Vashem em Jerusalém.

3

E no Estrangeiro, Sabia-se?

Gerhart Riegner, uma das testemunhas convidadas para participar num colóquio organizado em Paris, no princípio de Dezembro de 1997, pelo Centro de Documentação Judaica Contemporânea, contava como quando estivera colocado «num dos mais importantes postos de observação da sorte dos judeus na Europa» rapidamente ficou ao corrente, através de testemunhos irrefutáveis e condizentes dos que escaparam, dos massacres perpetrados contra a população judaica dos territórios conquistados pelo Exército alemão e, depois, graças ao testemunho de um grande industrial alemão que tinha negócios com a Suíça, da preparação e da execução da Solução Final. Tinha sido delegado do Congresso Mundial Judaico em Genebra durante a guerra e transmitiu todas estas informações aos representantes dos países aliados. «Mas ninguém me acreditou», garante ele.

Na sua obra *Qui savait quoi?*, Renée Poznanski, cientista da Universidade de Beersheda em Israel, analisou este «bloqueio da tomada de consciência» do martírio dos judeus na Europa. Segundo ela, uma das causas seria a ausência de um precedente («tinha havido o massacre dos Arménios»... interveio Henri Amouroux) e sem dúvida também o receio de ver afluir uma mole de imigrantes. A 6 de Julho de 1938, a Conferência Internacional para os Refugiados que teve lugar no Hotel Royal em Evian foi um fracasso. E Chamberlain recusou integrar a questões dos refugiados no tratado assinado em Munique no dia 29 de Setembro de 1938.

O resultado foi a odisseia dos paquetes *Saint Louis*, *Ordina*, *Quanza* e *Flanders* que tentaram evacuar os judeus expulsos dos campos alemães e que tinham sido recusados por quase todos os países (excepção para Batista, o ditador cubano) e tiveram de trazer de volta os passageiros a países da Europa onde mais tarde foram entregues ao ocupante e pereceram nos campos.

No seu livro *Breaking the Silence*, Laqueur e Breitman contaram a história desse industrial alemão de nome Eduard Schulte. Foi ele, este industrial «desconhecido», que, em primeira mão, revelou ao mundo exterior que Hitler tinha começado a exterminar a totalidade dos judeus. De acordo com estes historiadores, o embaixador americano na Suíça, Leland Harrisson, foi o primeiro destinatário da informação que, por sua vez, a transmitiu ao Departamento de Estado no final de 1942, que depois a passou ao OSS, em Washington, qualificando-a como um «rumor absurdo», inspirado pelos receios dos judeus. Mais tarde, Schulte entrou em contacto com Dulles e conseguiu convencê-lo, bem como ao Presidente Roosevelt, desta horrível verdade.

Outros historiadores puseram em dúvida esta versão, pensando antes que esta informação deve ser atribuída a um economista alemão, Arthur Sommer, que, em Heidelberg, tinha pertencido ao círculo de amigos do poeta Stefan George, do qual fazia parte igualmente o conde Claus von Stauffenberg que não conseguiu matar Hitler no dia 20 de Julho de 1944. Sommer foi à Suíça para se encontrar com universitários judeus emigrados, dos quais o professor Edgar Salin, originário de Frankfurt, que ensinava Economia na Universidade de Basileia. Segundo informações fornecidas por Estaline depois da guerra, Sommer enviou-lhe em 1942 uma carta em que lhe transmitia que tinham sido construídos campos de extermínio na Europa de Leste com a finalidade de matar todos os judeus da Europa, bem como a maior parte dos prisioneiros russos, por meio de gases tóxicos.

Laqueur, que relata estes factos no seu livro, afirma que passou muito tempo a esclarecer quem estava na origem da informação, se Schulte ou Sommer ou Salin, inclinando-se mais para Schulte. Teria sido um historiador, antigo aluno de Salin, Haim Pazner, quem transmitiu a informação do seu antigo mestre aos Aliados. De todo o modo, ele afirma que ela lhe chegou por duas fontes, separadas por alguns meses ou semanas.

Apesar das ameaças de sanções graves pela escuta de «rádios inimigas» (as *Feindsender*), milhões de Alemães escutaram durante a guerra o Serviço Alemão da BBC. Durante o debate provocado pelo lançamento do livro de Goldhagen, a emissora britânica foi acu-

No Rasto dos Tesouros Nazis

sada de ter falado muito pouco e muito moderadamente dos campos de extermínio nazis. Difícil de infirmar ou de confirmar pois já não existem quaisquer documentos da época relativos a essas emissões.

No entanto, entre 1 de Julho e 15 de Setembro de 1942, sete emissões da BBC tinham sido consagradas às perseguições contra os judeus. Existe também o texto de uma emissão de 27 de Dezembro de 1942 subordinado ao tema *The War Against the Jews*, emitido dois dias depois de os deputados da Câmara dos Comuns se terem levantado para guardar dois minutos de silêncio em memória dos judeus perseguidos na Alemanha. Anthony Eden lera no Parlamento uma declaração assinada pela Grã-Bretanha, União Soviética e Estados Unidos na qual era relatada, conforme dizia a BBC, «a extraordinária brutalidade com que o governo de Hitler assassinava friamente centenas de homens, mulheres e crianças totalmente inocentes, simplesmente pelo facto de serem judeus».

O comentador afirmava que «nunca antes tal coisa sucedera na história da humanidade, nunca se vira um crime com esta magnitude». Era «o espectáculo mais repugnante de todos os tempos [...] esta tragédia dos judeus [...] ao mesmo tempo a tragédia dos Alemães». Seguia-se uma enumeração das violências e massacres cometidos desde 1938 na Alemanha e nos territórios ocupados. Pela primeira vez foram determinadas as dimensões do genocídio. Dez dias antes, Lindley Fraser tinha falado do «extermínio dos judeus» no seu *Discussion of the Week*.

O manuscrito referente a esta emissão desapareceu, mas resta o texto de um comentário feito sobre a mesma e datado de 19 de Outubro de 1944, no qual este redactor qualificava Auschwitz «como o mais sinistro, o mais terrível de todos os campos de concentração nazis». Fraser concluía o seu comentário com um aviso: «Quem participa como instigador, como cúmplice ou autor destes crimes ou que permite que sejam cometidos sem intervir deve reflectir bem sobre o que lhe acontecerá no final de uma guerra perdida. Estes homens que apelam agora ao levantamento em massa dos combatentes ao suicídio nacional, ao *Volkssturm*, são os mesmos que arcam com a responsabilidade destes crimes inimagináveis, como os que são cometidos em Auschwitz, são os homens que conspurcaram para sempre a honra alemã.»

Não se pode assim afirmar que os crimes dos nazis tenham passado em silêncio e que os Aliados desconheciam o que se passava. Desde 1942 que o assunto era falado nas rádios. Durante o Verão de

1942, o ministro da Informação britânico, Brendan Bracken, declarou que as notícias respeitantes ao extermínio dos judeus eram por si só tão medonhas que era preciso acreditar que não se tratavam de «mentiras de propaganda idênticas às de Goebbels». Em Dezembro de 1942, a BBC retomou o relato de uma emissora clandestina polaca em que se falava de 700 000 judeus assassinados pelo Governo Geral da Polónia. Resta saber se os emissores aliados difundiram suficientemente estes crimes. Observavam a regra democrática de não comprometerem a sua credibilidade com a difusão de notícias excessivas. Só no começo de 1943, segundo Henri Amouroux, é que publicações em francês e em ídiche, com origem em militantes judeus, começaram a falar das câmaras de gás. Numa das emissões da BBC, foi divulgada a existência de «câmaras de gás montadas sobre rodas».

Sem dúvida uma alusão aos camiões utilizados para gasear os judeus e que tanto tinham desagradado a Eichmann. Certamente que existiram testemunhas que viram o que se fazia no exterior dos campos, mas não lá dentro. E a informação estava sempre atrasada. Nunca se poderia imaginar...

O que foi infligido aos judeus dificilmente pode ser imaginado por um cérebro humano normal. Raymond Aron, ele próprio citado pelo historiador referido, disse que de Londres, onde se encontrava, «não se podia imaginar, ele não soubera» da existência das câmaras de gás e do assassinato industrial de seres humanos. O historiador francês evoca igualmente o testemunho de um judeu polaco recolhido em 1944 e publicado nos *Cadernos da Shoah*, que dizia: «A razão humana não pode conceber que seja possível destruir assim dezenas de milhares de judeus.» E para terminar, Walter Laqueur, no seu livro *O Terrível Segredo,* explica então o pouco vigor das reacções anglo-saxónicas: «O anúncio do massacre de milhões de seres não representava grande coisa para os leitores. As pessoas conseguiam identificar-se com a sorte de um indivíduo ou de uma família, mas não com a sorte de milhões de vítimas.»

4

Eternos Acusados, os Alemães...

A propósito da tese de Daniel Goldhagen sobre a culpa colectiva dos Alemães, Simon Wiesenthal afirma: «Li essa obra. Já conhecia muitas das coisas que ele escreveu. Mas o que não me convence na sua análise é a generalização. Precisamente por Goldhahen ser judeu e os judeus terem sido durante dois mil anos vítimas de generalizações. Quando um judeu fazia qualquer coisa, todos os judeus eram responsabilizados por isso. Ele tem razão em certas passagens onde fala dos nazis. Mas, por vezes, ele escreve: "três nazis" e mais adiante: "três alemães", quando se trata das mesmas pessoas. Isto perturbou-me um pouco.»

Segundo Goldhagen, o genocídio estava «programado automaticamente pelo anti-semitismo profundo dos Alemães». Segundo a sua interpretação, foi tolerado ou mesmo aprovado. O primeiro a reagir foi o ministro dos Negócios Estrangeiros alemão, Klaus Kinkel, perante o Congresso Mundial Judaico em Nova Iorque no mês de Maio de 1996. Kinkel declarou que «a culpa é sempre individual e não colectiva ou transmitida por herança. Quem afirma que a História é determinada antecipadamente priva os indivíduos da sua responsabilidade individual». O próprio Goldhagen admitiu que não esperava ter provocado um tal brado de indignação na Alemanha. Pensava certamente que os Alemães, após meio século de vida democrática bem sucedida, ainda iriam baixar a cabeça.

Sem dúvida, escreveu Enrico Syring, um próximo de Helmut Kohl, no *Rheinischer Merkur*, que «as violências anti-semitas na Alemanha pós 1933 não foram todas executadas por ordem das autoridades e muitas mortes não provocaram quaisquer remorsos». Mas, no mesmo semanário, o professor Michael Wolffsohn criticava Goldhagen por não ter querido ver que a Alemanha tinha mudado radicalmente e por ter feito uma generalização abusiva.

Historiadores israelitas também apontaram a este autor americano «falhas técnicas» e «generalizações apressadas». O perito em matéria de Holocausto, Yehouda Bauer, escreveu: «As teses de Goldhagen sobre as origens do anti-semitismo alemão não só são simplistas, como simplesmente falsas. Os Alemães não participaram no massacre dos judeus tomados por um entusiasmo patológico, mas sim porque um grupo dirigente de nacionais-socialistas era anti-semita em grau extremo, sendo quem dominava a sociedade alemã.» Historiador em Jerusalém, Moshe Zimmermann resumiu assim as suas impressões: «Por um lado, os Alemães sofreriam de um anti--semitismo inato contra o qual nada podiam. Por outro, seriam responsáveis pelos crimes que cometeram. Ou seja, em 1945 teriam conseguido debelar esta doença hereditária. O desaparecimento da doença é tão misterioso como a própria doença.»

Em Janeiro de 1998, Russel A. Berman, professor de História da Literatura Alemã na Universidade de Stanford (Califórnia) escalpelizou o livro de Goldhagen perante o Fórum Einstein em Potsdam, um clube de debates intelectuais visivelmente favorável ao autor americano. Criticou-lhe a imprecisão da sua noção de «cultura» que lhe permitiu afirmar que os Alemães desde há séculos, muito antes de 1933, já eram portadores da tendência de um «anti-semitismo eliminador».

Ao remontar até ao historiador latino Tácito para demonstrar que os Germânicos sempre tiveram tendência para a violência, Goldhagen faz da História uma linha de caminho-de-ferro orientada em direcção a Auschwitz. Contudo, nem quando da Revolução Alemã de 1848 e da proclamação passageira da República, na Paulskirche de Frankfurt, nem com a proclamação do *Reich* na Galeria dos Espelhos de Versalhes em 1871, nem ainda com a rebentar da Guerra de 1914--1918, Goldhagen não conseguiu descortinar o menor vestígio de anti-semitismo.

«Evidentemente, os judeus alemães não tiveram o golpe vista étnico de Goldhagen que lhes teria permitido descobrir junto dos seus compatriotas alemães o que este fez os Alemães: caricaturas antiquadas que só estavam à espera de Hitler para dar início ao massacre», afirmou Berman.

Segundo este investigador, o sucesso do livro de Goldhagen, especialmente na Alemanha e nos Estados Unidos, explica-se pela tendência actual para «a revolta contra as culturas estabelecidas» e pela rejeição do pensamento científico em proveito dos estereótipos em voga. Sempre segundo este professor, o livro de Goldhagen justifica o direito da cultura americana intervir em todas as partes do mundo, inclusive na Europa, como potência dominante.

O próprio Goldhagen parece ter mais ou menos feito marcha atrás, nomeadamente perante as críticas de historiadores alemães como Erberhard Jäckel, Hans-Ulrich Wehler, Klaus Hildebrand e Hans Mommsen, que não mostram qualquer simpatia pelo III *Reich*, sendo ao mesmo tempo dos melhores conhecedores da questão. Eles criticaram-no pelas suas inexactidões e a sua parcialidade. «Nunca defendi que na Alemanha da época do nacional-socialismo todos os Alemães tenham apoiado o Holocausto. A culpa colectiva não existe. A minha tese afirma que muitos mais Alemães do que se imaginava se tornaram culpados por estes crimes», admitiu Goldhagen em Maio de 1996, ao diário holandês *De Volkskrant*.

«A imagem dos Alemães doutrinados e radicalizados, forçados a assassinar judeus porque lhes era apontado uma pistola à cabeça, é completamente falsa. É a única coisa que quis afirmar e demonstrar», acrescentou, qualificando no entanto de «vergonhoso» o facto de parte da imprensa alemã ter escrito que «a sua origem judaica o influenciara na escrita do seu livro». Goldhagen sublinhou naquela entrevista que não foi motivado por qualquer «desejo de vingança». «Pelo contrário, penso que a Alemanha moderna é um país brilhante e estou convencido que os Alemães de hoje não são mais anti-semitas que os Belgas ou os Holandeses.»

Conclusão

Porquê então crucificar os Alemães da primeira metade do século XX, cuja vida esteve longe de ser fácil? Porquê acusar então os Franceses de Vichy sem conseguir imaginar o ambiente da Ocupação alemã da França da época? E porquê fazer dos banqueiros suíços, dos industriais suecos ou do Vaticano os bodes expiatórios?

Sem dúvida que o terceiro milénio impele muita gente a deitar um derradeiro olhar sobre esse século XX simultaneamente mortífero e inventivo. Alguns temem o esquecimento definitivo, uma vez virada a página do século. Outros perseguem a injustiça não reparada e o crime impune. Alguns ainda esperam recuperar o dinheiro e os bens que consideravam perdidos. Outros querem saber por que mutações cidadãos comuns se conseguem transformar em carrascos.

A partir dos anos 50, as gerações de historiadores que se interessaram pelo fenómeno nazi ou o viveram pessoalmente ou recolheram depoimentos autênticos dos seus pais ou avós.

Toda uma geração que cresceu entre as décadas de 40 e 60 foi alimentada por estas lembranças, com o mote: «Nunca mais», «uma vez bastou». Sobreviventes da tirania e da ditadura, herdeiros dos sobreviventes, interrogavam-se como os homens e as mulheres da sua geração se tinham deixado seduzir pelos nazis e tenham embarcado nesta aventura mortífera. Escutaram-se os registos magnéticos em 48 rotações dos discursos de Adolfo, *o Louco*. Como foi possível que tais bolsados tivessem seduzido milhões de pessoas?

Que coisas como estas se tenham produzido num país tão civilizado com a Alemanha, num país que devia os elementos distintivos da sua cultura aos judeus assimilados, acrescenta à abjecção do crime uma nota pavorosa. O país dos poetas e pensadores, *das Land der Dichter und Denker*, afinal não estava imunizado?

Após a queda do comunismo na Europa de Leste, o III *Reich* suscita um renovado interesse. Não somente entre os neonazis e quejandos, que se deixam tentar pela moda do horrível, macaqueando os tiques dessa época execrável. Mas, felizmente, também entre os historiadores e os democratas que sabem que «o ventre donde saiu esse flagelo ainda é fértil», como escreveu Bertolt Brecht. A tentação totalitária é inerente à política como o cancro o é às células sãs.

Um dos mais brilhantes historiadores da geração alemã do pós-guerra, Ulrich Herbert, de 47 anos, professor em Friburgo, assinalou recentemente que as menções ao Holocausto cobrem menos de 5% de páginas da bibliografia científica consagrada ao III *Reich*. Contrariamente, 15% das análises do nazismo são dedicadas à guerra e 80% ao período anterior a 1939, antes do extermínio sistemático dos judeus europeus. Esta apreciação parece-nos exagerada, tanto mais que não nos podemos socorrer de um número de páginas para julgar o impacto de uma ideia. A referência ao Holocausto mostrou sempre ser mais importante que qualquer outro aspecto do período nazi.

Mas Herbert tem sem dúvida razão no que diz respeito à bibliografia dos anos 50 e 60. Um novo conflito mundial, talvez nuclear, ameaçava o mundo livre e a guerra não fora esquecida, nem pelos antigos combatentes nem pelos antigos resistentes. A recordação da guerra esbateu a da ditadura e dos massacres.

E eis que, libertada a cabeça dos horrores da Guerra Fria, novas gerações de investigadores que não conheceram o nazismo, guiados por vezes por alguns sobreviventes mais idosos, se debruçam de novo sobre este caso flagrante da tendência do Homem para oprimir e exterminar os seus semelhantes. Para o professor Herbert, a abolição do comunismo não é a única causa para o recrudescimento do interesse pela tragédia. A curiosidade renovada que rodeia o nazismo resulta igualmente do render das gerações.

Animados pelo desejo de impedir que tal coisa se repita, os historiadores nascidos durante o III *Reich* procuraram essencialmente saber como os nazis tinham conseguido chegar ao poder e interessaram-se prioritariamente pelos acontecimentos que sucederam no interior do *Reich*. Mas as gerações seguintes de investigadores interrogam-se sobre quais os mecanismos que possibilitaram que essa ditadura violenta, autoritária e xenófoba, mas que no seu início ainda não era destruidora nem necrófila, se tenha transformado a partir de 1938-1940 numa máquina exterminadora, não somente na Alemanha, mas à escala europeia.

Compreender é prevenir contra os riscos do futuro. Perfilam-se os fenómenos marcantes do século XXI. Mas o século XIX já não tivera a premonição dos acontecimentos do século XX. Os nossos antepassados não conseguiram perceber o que se tramava. Ao acumularem fortunas consideráveis num oceano de miséria, não compreenderam o grito de Proudhon, «a propriedade é um roubo». Não ouviram o apelo ao ódio que saía do *Manifesto Comunista* de dois marginais, Marx e Engels. No fermento das utopias sociais e das teorias radicais, faltou-lhes imaginação para pressentir a supressão de populações inteiras e a negação da civilização e da cultura.

Após os sangrentos acontecimentos do Terror de 1793 em França, as elites europeias do século XIX estavam obcecadas pelo pavor da guilhotina, pelo receio dos soldados do Ano Dois e pelo Ogre Napoleão. Assim, dedicaram-se a reprimir os motins e as revoluções e a montar guarda às suas fronteiras.

Quando, no virar do século, o nível de vida e o bem-estar se começaram a difundir amplamente entre as populações, na Alemanha, em França e até na Rússia, era demasiado tarde para travar o pulsar das ideologias. Somos nós hoje mais capazes do que eles? Diz-se que os militares têm sempre em preparação a última guerra. Influenciados pelos historiadores, os governantes tomam geralmente precauções contra os perigos vividos no século que precedeu o seu.

No presente, estamos obnubilados pelo receio dos genocídios e das ditaduras que deixaram um sulco sangrento na terra arada pelo século XX. Enquanto os massacres colectivos se prolongaram para sul e para leste do nosso continente, muitas das decisões do comunidade internacional e da Europa, da adesão à Carta do Atlântico em 1949 à instituição em 1998 de um tribunal das Nações Unidas para julgar os crimes contra a humanidade, são assim reacções contra os pesadelos do passado.

As propostas do Presidente Herzog em Bergen-Belsen em 1995 inscrevem-se nesta linha. Contudo, o Presidente alemão colocou a tónica no carácter *inédito* dos totalitarismos do futuro. Estes perigos sem precedentes germinam já entre nós. Revolução abortada, a rebelião pseudo-intelectual de 1968 desempoeirou agradavelmente as nossas sociedades, mas questionou as normas da vida social. Prefigurava talvez então, mal grado o seu refluxo, algumas das perturbações do século seguinte, da mesma forma que os fanatismos religiosos vão eles também no sentido de uma atitude radical.

Quais são os novos sintomas? Como o final do século XIX, o final do século XX viveu atentados e assassinatos políticos. Por ou-

No Rasto dos Tesouros Nazis

tro lado, o crescimento colossal das populações extra-europeias e a nova mobilidade que coloca o nosso continente a algumas horas de avião de qualquer ponto do globo são um fenómeno novo.

Ao contrário do fim do século XIX, a passagem para o terceiro milénio é acompanhada por uma prodigiosa revolução tecnológica e científica. Fez exactamente cem anos em 1998, escrevia-se em *La Ilustration*, por ocasião do Primeiro Salão Internacional do Automóvel de Paris: «O homem comum é um pouco ultrapassado por todas estas invenções extraordinárias que se sucedem: o telégrafo, o telefone, o gramofone, o cinema dos irmãos Lumière, os raios X e agora uma viatura sem cavalos!»

Podemos comparar este desenvolvimento de há um século ao das técnicas de comunicação e da realidade virtual, do código genético e da biotecnologia, da exploração do espaço e de outras dimensões novas que preparam hoje o nosso futuro.

Mas não esqueçamos os futuros déspotas, aqueles que tentarão aproveitar-se das almas dos nossos filhos e netos para os induzir em erro, ou já nasceram ou estão neste momento a nascer. Neste aspecto, a magistral retrospectiva do século publicada no fim do ano de 1998 por Hans-Peter Schwarz, que provavelmente é o maior historiador alemão actual, serve de aviso. Schwarz lembra-nos que os tiranos do século XX já eram nascidos antes da Primeira Guerra Mundial que derrubou todas as barreiras e protecções e lançou a Europa num banho de sangue gravemente enfraquecedor do potencial humano e intelectual da Alemanha e de França.

Sem esta hemorragia, sem o progresso técnico e sem a necessidade de retomar as revoluções inacabadas do século precedente, os monstros nascidos em finais do século XIX, entre eles Lenine, Estaline, Trotsky, Hitler, Mao Tsé-Tung, para não referir mais, não teriam podido cometer tantos crimes nem causar tantas ruína. Assim, torna-se necessário seguir-se de perto a evolução das jovens gerações e colmatar as lacunas do Direito, travar as derivas morais e suturar as falhas psicológicas por onde se infiltra a tentação totalitária. No princípio de um novo século, devemos identificar os rebentos nocivos, sem saber ainda quais as plantas venenosas que deles poderão sair.

Tenhamos sempre presente que os nazis não foram os inventores dos campos de concentração. A expressão nasceu no princípio do século XX na África do Sul, durante a guerra fratricida dos Britânicos contra os Boers. O primeiro grande genocídio do século foi cometido pelos Turcos contra os Arménios em 1917. E o estalinismo foi uma cria de Lenine. Jean-Charles Deniau descobriu nos arquivos soviéticos um telegrama datado de Março de 1919, assinado por Vladimir Ilitch Ulianov, aliás Lenine, e Felix Dzerdjinsky, fundador da polícia política soviética *Tcheka*, criando os campos de concentração, um por região e outros, enormes, na Sibéria.

Para criar a *Gestapo* e os *KZ*, Adolf Hitler, Heinrich Himmler e Reinhard Heydrich mais não fizeram que copiar o que já havia sido feito um pouco mais para leste.

Bibliografia

Livros

Karl Heinz ABSHAGEN, *Canaris, Patriot und Weltbürger*, Union Deutsche Verlagsgesellschaft. Estugarda, 1949.

ADLER, *Der verwaltete Mensch. Studien zur Deportation des Juden aus Deutschland*, J. C. B. Mohr, Tübingen, 1974.

Carl AMERY, *Hitler als Vorläufer, Auschwitzder Beginn das 21 Jahrhunderts?*, Luchterhaud, Munique, 1998.

Abraham BARKAI, *Vom Boykott zur «Entjudung», 1933-1945*, Fischer Taschenbuch, Frankfurt-am-Main, 1987.

Edgar BONJOUR, *Geschichte der Schweizerischen Neutralität*, Basileia, 1970.

Robert BOSCH e o entendimento franco-alemão. *Politisches Denken und Handeln im Spiegel des Briefwechsels*, Boscharchiv Schriftenreihe.

Willy BRANDT e Kari Dietrich BRACHER (orgs.), *La conscience se révolte. Portraits de résistants allemandes 1933-1945*, Hase & Koehler, Mogúncia, 1996.

Gudrun BROCKHAUS, *Schauder und Idylle. Faschismus als Erlebnisangebot*, Kunstmann, Munique, 1998.

Jean-Philippe CHENAUX, *La Suisse stupéfiée*, L'Âge d'Homme, Paris, 1997.

Francine CHRISTOPHE, *Une petite-fille privilégiée*, L'Harmattan, Paris, 1991.

Kimberley CORNISH, *The Jew of Linz*, Century, Londres, 1998

Stéphane COURTOIS, *Qui savait quoi?*, La Découverte, Paris, 1997

Adolf DIAMANT, *Gestapo in Leipzig*, Frankfurt-am-Main, 1990.

Deborah DWORK, *Kinder mit dem gelben Stern. Europa 1933-1945*, C. H. Beck, Munique.

Paul ERDMAN, *Compte Suisse. Roman*, Plon, Paris, 1991.

Robert FAURISSON, *Réponse à Jean-Claude Pressac. Sur le problème des chambres à gaz*, R.H.R., Colombes, 1994.

Saul FRIEDLÄNDER, *Das Dritte Reich und die Juden*, C. H. Beck, Munique

Lothar GALL, Gerald FELDMANN, Harold JAMES *et al*, *Die Deutsche Bank, 1870-1995*, C.H. Beck, 1995.

Willi GAUTSCHI, *General Henri Guisan: Die schweizerische Armeeführung im Zweiten Weltkrieg*, Zurique, 1989.

Jürgen GRAF, *L'Holocauste au scanner*, Guideon Burg Verlag, Basileia, Setembro 1993, traduzido do alemão: *Der Holocaust auf dem Prüfstand*, mesma editora.

Alfred GROSSER, *Mein Deutschland*, Hoffmann und Campe, Hamburgo, 1993.

Frank GRUBE, Gerhard RICHTER, *Alltag im Dritten Reich. So lebten die Deutschen 1933-1945*, Hoffmann und Campe, Hamburgo, 1982.

Sebastian HAFFNER, *Anmerkungen zu Hitler*, Fischer, Berlim, 1987.

Raul HILBERG, *La Destruction dês juifs d'Europe*, Éditions Fayard, 1987.

Heinz HÖLNE, *L'Ordre noir*, Éditions Casterman, 1972.

Erin E. JACOBSSON, *A Life for Sound Money: Per Jacobsson, His Biography*, Oxford, 1979.

Hans JENSEN, *Le Plan Madagascar*, publicação do Centro Simon-Wiesenthal, Viena, prefaciada por Simon Wiesenthal.

Guido KNOPP, *Hitlers Helfer. Täter und Vollstrecker*, C. Bertelsmann, Munique, 1998.

Peter Ferdinand KOCH, *Geheim-Depot Schweiz. Wie Banken am Holocaust verdienen*, List Verlag, Munique/Leipzig, 1997.

Walter LAQUENT, *Der Mann, der das Schweigen brach*, Ullstein, Berlim, 1986.

Eugen KOGON/RÜCKERL/LANGBEIN, *Les chambres à gaz, secret d'État*, Éditions de Minuit, Paris, 1984.

Karl LASKE, *Ein Leben zwischen Hitler und Carlos*, Limmat Verlag, Zurich, 1996; e Pierre PÉAN, *L'Extrémiste*, Éditions Fayard, Paris, 1966.

Jenö LAVAL, *Eichmann in Ungarn*, Pannoira, Budapeste, 1961

Peter LONGERICH, *Politik der Vernichtung*, Piper, Munique, 1998.

Johannes LUDWIG, *Boykott-Enteignung-Mord. Die «Entjudung» der deutschen Wirtschaft*, Facta Oblita, Hamburgo, Munique, 1989 (sobre o papel do Dresdner Bank).

Callum MACDONALD, *The Killing of SS Obergruppenführer Reinhard Heydrich*, Nova Iorque, 1989.

David MARSH, *Die Bundesbank. Geschäfte mit der Macht*, Carl Bertelsmann, Munique, 1992.

BIBLIOGRAFIA

Filip MÜLLER, *Sonderbehandlung*, Steinhausen, 1979.

Robert PENDORF, *Mörder und Ermordete. Eichmann und die Judenpolitik des Dritten Reiches*, Rütten und Loening, Hamburgo, 1961

Jean-Claude PRESSAC, *Les Crématoires d'Auschwitz. - la machinerie du meurtre de masse*, Éditions du CNRS, Paris, 1993.

Laurence REES, *The Nazis. A Warning from History*, BBC Books, Londres; *Die Nazis. Eine Warnung der Geschichte*, Diana Verlag AG, Munique/Zurique, 1997.

Werner RINGS, *Raubgold aus Deutschland. Die Goldscheibe Schweiz im zweiten Weltkrieg*, Piper-Verlag, Munique, 1996

Thomas SANDKÜHLER, *«Endlösung» in Galizien. Der Judenmord in Ostpolen und die Rettungsinitiativen von Berthold Beitz, 1941-1944*, Dietz, Bona, 1996.

Hans Peter SCHWARZ, *Das Gesicht des Jahrhunderts*, Siedler, Berlim, 1998.

Jorge SEMPRUN, *Quel beau dimanche!*, Éditions. Grasset, Paris, 1980.

Herbert STRAETEN, *Andere Deutschen unter Hitler*, von Hase & Koehler, Mogúncia, 1997.

Margit SZÖLLÖSI-JANZE, *Fritz Haber, 1868-1934. Eine Biographie*, C. H. Beck, Munique, 1998.

Gian TREPP, *Bankgeschäfte mit dem Feind*, Berna, 1993.

Ulrich VÖLKLEIN, *Hitlers Tod. Die letzten Tage im Führerbunker*, Steidl, Göttingen, 1998.

Rudolph VRBA e Alain BESTIC, *Je me suis évadé d'Auschwitz*, Éditions Ramsay, 1988.

Leni YAHIL, *Die Shoah*, Luchterhand, Munique, 1998.

Jean ZIEGLER, *Die Schweiz, das Gold und die Toten*, Carl Bertelsmann Verlag, Munique, 1997.

Os números das reparações alemãs até 1997 constam de uma brochura do serviço de imprensa do governo alemão intitulada *Deutsche Widergutmachungsleistungen für jüdische Opfer des Nationalsozialismus*.

Artigos (ordenados por anos)

"Die währungs- und wirtschaftspolitische Eingliederung Österreichs", Kari BLESSING; *Braune Wirtschafts-Post*, Joachim Berger Verlag, Heft, 26/27, 1938.

"Les survivants du nazisme" (dossier), *Historia* n.° 589, Janeiro de 1996.

"Es gibt keine Sünde, die nicht verziehen werden kann", Martin BORMANN JUNIOR, Entrevistado por Ingrid MÜLLER-MÜNCH, *Frankfurter Rundschau* de 3/6/96.

"Que va devenir le nid d'aigle de Hitler en Bavière?" J.-P. PICAPER, *Historia* n.º 589, Janeiro de 1996.

"Wallenberg, Autopsie d'une disparition", Jean-Charies DENIAU, emitido na France 3 a 6 de Junho de 1996, e publicado na *Historia*, n.º 594 de Junho de 1996

"Nicht jeder war ein Vollstrecker. Judenvernichtung und Judenrettung in Galizien: Das Beispiel Berthold Beitz", Thomas SANDKÜHLER, *Die Welt* de 21/9/96.

"La Suède rattrapée par l'or nazi", Marie-Laure LE FOULON, *Le Figaro* de 24/1/97, e "7 tonnes d'or nazi dans les coffres suédois", Olivier TRUC, *Historia* n.º 609, Setembro de 1997.

"Schändliche Sperrfrist. Wie die BBC über den Massenmord an den Juden berichtete", Gerhard E. GRÜNDLER, *Die Welt*, de 11/1/1997.

"Des victimes du nazisme réclament leurs comptes en Suisse», Aymar DU CHATENET, *Historia* n° 589, Janeiro de 1996, e "40 milliards dormiraient dans les banques suisses", F. de MONICAULT e J. BRUNO, *Historia* n° 609, Setembro de 1997.

"Die Degussa AG und die schwierige Aufarbeitung der Vergangenheit", Britta BODE e Vardina HILLOO, *Handelsblatt* de 2/6/97.

"Die Wege des Nazigoldes", Hubertus CZERNIN, com Gabriele ANDERL e Hersch FISCHLER, *Berliner Zeitung* de 29-30/11/97, de 1/12/97 e "Das Geheimnis des Melmer-Goldes", *Berliner Zeitung* de 3/12/97.

"Les circuits de l'or nazi" (dossier), *Historia* n° 609, Setembro de 1997.

"7 tonnes d'or nazi dans les coffres suédois", Olivier TRUC, *Historia* n° 609, Setembro de 1997.

"Der grosse Nazi-Goldraub", *Bild* de 18/1/97.

"Comment le IIIe Reich fit main-basse sur les grandes entreprises juives d'Allemagne" J.-P PICAPER, *Historia* n° 609, Setembro de 1997.

"Dans les camps de la mort, Oswald Pohl organise le vol des biens juifs", Annette WIEWORKA, *Historia* n° 609, Setembro de 1997.

"Les U-Boote évacuent le trésor nazi vers l'Argentine", Remi KAUFFER, *Historia* n.º 609, Setembro de 1997.

"Martin Bormann im west-östlichen Zwielicht", Hans-Jakob STEHLE, *Die Zeit* de 6/6/97.

"Le compte suisse d'Adolf Hitler", Jean-Alphonse RICHARD, *Le Figaro* de 14/11/97.

"Les juifs allemands à la recherche de leur héritage dans l'ex-RDA", Valérie LEROUX, *Despacho AFP* de 19/6/97.

"La résistance allemande à Hitler" (dossier), *Historia* n° 618, Junho de 1998.

BIBLIOGRAFIA

"Auf den Staat abgeschoben", entrevista de Ignatz BUBIS, *Wirtschaftswoche* de 11/6/98.

"Der Vorstand wusste nichts. Die Frankfurter Grossbanken und das Nazi-Raubgold", *Die Welt* de 26/6/98.

"Die DDR hat massenhaft Nazitäter gedeckt und für sich eingespannt", *Hannoversche Allgemeine Zeitung*, de 13/5/98.

"Deutsche Banken sorgen sich um Imageverlust", *Handelsblatt* de 4/5/7/98.

"Le premier verdict du procès Papon: l'histoire et la justice ne font pas bon ménage", par Henri AMOUROUX, *Le Figaro Magazine* de 14/3/98.

"Les États américains sanctionnent la Suisse" Laurent Mossu, *Le Figaro* de 4/7798.

"Les origines secrètes d'Hitler", François KERSAUDY, *Historia* n.º 616, Abril de 1998.

"Milliardenklage irritiert die Banken", *Die Welt* de 5/6/98.

"Überraschender Schwenk von VW bei der Entschädigung von Zwangsarbeitern", *Frankfurter Allgemeine Zeitung* de 10/7/98.

"Vor geschlossenen Türen. Die Flüchtlingskonferenz von Evian war die vorletzte Station auf dem Weg zum Holocaust", Arno LUSTIGER, *Frankfurter Allgemeine Zeitung* de 4/7/98.

"Fonds juifs: les assureurs suisses mis en cause", Laurent Mossu, *Le Figaro* de 18/2/98.

"Or nazi: la Suisse se rebiffe", Jean LALANDE, *Le Point* de 25/7/98.

"Die Probleme der Eidgenossen mit der Solidarität", *Handelsblatt* de 1/7/98.

"Akten über Nazi-Zahngold wahrscheinlich vernichtet», *Handelsblatt*, de 23/7/98.

"Zentralrat der Juden fordert Aufklärung bei Nazigold-Akten", *Despacho DPA* de 29/7/98.

"Friedmann fordert Aufklärung über Verbleib von Nazigold-Akten», *Despacho DPA*, de 29/7/98.

NS-Opfer/Entschädigung. "Rechtsanwalt: Nun müssen auch deutsche Banken Entschädigungen zahlen », *Despacho ddp/AND*, Berlim, 13/8/98.

"Die Naziopfer wehren sich: Deutsche Unternehmen im Zwielicht. Urbayer, Yuppie, Einzelkämpfer zahlen". Der Münchner Anwalt Michael Witti", Oliver SCHUMACHER, *Die Zeit* de 27/8/98.

"Zwangsarbeiter verklagen deutsche Unternehmen", *Handelsblatt* de 31/8/98.

"Avoirs juifs: après la Suisse, la France?", Georges QUIOC, *Le Figaro* de 14/8/98.

"Avoirs juifs: Ax fouille dans ses archives", Véronique GUILLERMARD e Sophie ROQUELLE, *Le Figaro* de 22/8/98.

"WV zahlt 20 millionen Mark an NS-Opfer", Bettina SEIP, *Die Welt* de 12/9/98.

E as informações fornecidas pelo Centro Simon-Wiesenthal: Dokumentationszentrum des Bundes Jüdischer Verfolgter des Naziregimes. Salztorgasse 6/IV/5, A-1010 Wien, telefone. 533 91 3, fax 535 0397.

Índice

I PARTE. MERKERS OU A DESCIDA AOS INFERNOS

Comemorações 7
   1. O ouro 11
   2. A morte 31
   3. A memória 43

II PARTE. A QUEM APROVEITOU O CRIME?

A cólera de Edgar Bronfman 51
   1. A Suíça sai-se bem e a baixo custo 52
   2. Estrangular a economia alemã? 67
   3. Indemnizações colossais 81

III PARTE. O BANDO DE HITLER

Uma villa *sobre o Wannsee* 91
   1. O ogre solta os seus lobisomens 95
   2. O *Reichsführer SS* e os seus amigos dedicados 106
   3. Sociedade anónima «SS & C.ª» 114
   4. O roubo dos bens dos judeus 120

IV PARTE . SELECÇÃO E RECICLAGEM

Os défices de ouro da Alemanha 133
   1. O cândido inventor da asfixia moderna 135
   2. O organizador da carnificina 153
   3. As minas de ouro de Auschwitz-Birkenau 165

V PARTE. O Triângulo das Bermudas

A nova Europa monetária	175
1. O eixo Reichsbank-BPI	179
2. Um homem só: Hersch Fischler	187
3. A odisseia do ouro belgo-luxemburguês	203
4. Circuitos ibéricos e circuitos nórdicos	207

VI PARTE. O Apocalipse Infame

Berlim, Kolonnadenstrasse	217
1. O secretário de Mefistófeles	225
2. A Operação Terra do Fogo	233
3. O argentino, o brasileiro e o amigo dos Árabes	244

VII PARTE. Eles Salvaram a Honra

Um fenómeno alemão?	259
1. Os Justos	261
2. Os Alemães sabiam?	268
3. E no estrangeiro, sabia-se?	274
4. Eternos acusados, os Alemães…	278

Conclusão	281
Bibliografia	287